ŒUVRES

DE

J. Michelet

OEUVRES
DE
J. Michelet

HISTOIRE DE LA RÉVOLUTION

TOME HUITIÈME

PARIS

ALPHONSE LEMERRE, ÉDITEUR

27-31, PASSAGE CHOISEUL, 27-31

M DCCC LXXXVIII

CHAPITRE III

MORT DE MARAT

(13 JUILLET 1793)

*État moral de Marat. — Les Girondins à Caen (juillet 93).
— Charlotte Corday. — Les Girondins n'eurent aucune
influence sur elle. — Son arrivée à Paris, 11 juillet 93. —
La maison de Marat. — Sa mort.*

'HISTOIRE des Girondins de Nantes, les résistances qu'ils opposèrent au seul homme qui pût les défendre et leur sauver Carrier, indique assez dans quelle ignorance profonde ils étaient de la situation.

Les Girondins de Caen la connaissaient peut-être moins encore. Ne voyant rien qu'à travers la haine et la rancune des représentants fugitifs, ils admettaient les romans insensés que ceux-ci, égarés par le malheur, par une sombre imagination, faisaient sur la Montagne. C'était une chose établie parmi eux, un axiome dont personne n'aurait osé douter, que Montagnard était synonyme d'Orléaniste, que Robespierre, Marat, Danton, étaient des agents salariés de la faction d'Orléans.

Tout Montagnard, pour eux, était également terroriste. Ils ne voyaient pas que beaucoup ne l'étaient que par terreur même, que bien des *violents*, qui avaient cru pouvoir haïr toujours, défaillaient déjà dans la haine.

Tels étaient tous les dantonistes, spécialement Bazire au Comité de Sûreté générale, jeune homme ardent et pur, mais sans mesure ni force, et qui, après avoir été loin dans la fureur, alla très loin dans l'indulgence, se précipita, se perdit.

Une lettre de Camille Desmoulins (du 10 août) témoigne de cet état d'esprit. Elle est faible, désolée et désespérée.

Des hommes de Septembre, Sergent, Panis, sont maintenant des hommes doux, humains. Des présidents des Cordeliers ou du Tribunal révolutionnaire, Osselin, Roussillon, Montané, Dobsent, sont devenus des *modérés*.

Nous avons vu combien, de mars en juin, Marat avait changé. L'ex-prédicateur du pillage poursuit en juin ceux qui répètent ses paroles ; il est sévère, impitoyable pour les nouveaux Marat, pour Leclerc et Jacques Roux.

Marat avait beau faire, il allait malgré lui, par

la force invincible de sa situation, à l'écueil où périrent l'une après l'autre les générations révolutionnaires. Il arrivait fatalement à son âge d'indulgence et de modération.

Il s'agitait en vain, en vain voulait rester Marat, dénonçait aujourd'hui tels généraux, demain voulait qu'on mît à prix la tête des Capets. Plusieurs anecdotes curieuses de ses derniers temps le dénoncent et le mettent à nu : il devenait humain *.

S'écartait-il de sa nature, ou y revenait-il? Il avait eu dans tous les temps d'étranges accès d'humanité. Il était par moments généreux et sensible. Il sauva le physicien Charles, son critique et son ennemi.

C'est un problème de savoir s'il aurait conservé sa popularité dans son rôle nouveau de modérateur et d'arbitre.

Le seul homme pourtant qui pût hasarder de le prendre, c'était lui, sans nul doute. Avec quelle force et quelle autorité aurait-il proposé ce qui perdit Danton et Desmoulins : le Comité de la Clémence?

Mais revenons au Calvados.

L'ignorance, nous l'avons dit, y était complète. On en était comme au 10 mars. On croyait que Marat menait tout, faisait tout. Marat était le nom commun sous lequel on plaçait tous les crimes réels ou possibles. On arrêta un homme à Caen, suspect d'accaparer l'argent *pour le compte de Marat.*

Chose puérile, qu'on hésite à dire, mais qui peint la légèreté aveugle des haines, on mêlait volontiers dans les imprécations publiques (pour la rime peut-être) les noms de *Marat et Garat;* les Girondins confondaient avec l'apôtre du meurtre cet homme faible et doux, qui, à ce moment même, voulait venir à eux et traiter avec eux.

Le dimanche 7 juillet, on avait battu la générale et réuni sur l'immense tapis vert de la prairie de Caen les volontaires qui partaient pour Paris, *pour la guerre de Marat.* Il en vint trente. Les belles dames qui se trouvaient là avec les députés étaient surprises et mal édifiées de ce petit nombre. Une demoiselle, entre autres, paraissait profondément triste : c'était mademoiselle Marie-Charlotte Corday d'Armont, jeune et belle personne, républicaine, de famille noble et pauvre, qui vivait à Caen avec sa tante. Pétion, qui l'avait vue quelquefois, supposa qu'elle avait là sans doute quelque amant dont le départ l'attristait. Il l'en plaisanta lourdement, disant : « Vous auriez bien du chagrin, n'est-il pas vrai, s'ils ne partaient pas ? »

Le Girondin, blasé après tant d'événements, ne devinait pas le sentiment neuf et vierge, la flamme ardente qui possédait ce jeune cœur. Il ne savait pas que ses discours et ceux de ses amis, qui, dans la bouche d'hommes finis, n'étaient que des discours, dans le cœur de mademoiselle Corday étaient la destinée, la vie, la mort. Sur cette prairie de Caen, qui peut recevoir cent mille hommes et qui n'en avait que trente, elle avait vu une chose que personne ne voyait : *la patrie abandonnée*.

Les hommes faisant si peu, elle entra en cette pensée qu'il fallait la main d'une femme.

Mademoiselle Corday se trouvait être d'une bien grande Noblesse : la très proche parente des héroïnes de Corneille, de Chimène, de Pauline et de la sœur d'Horace. Elle était l'arrière-petite-nièce de l'auteur de *Cinna*. Le sublime en elle était la nature.

Dans sa dernière lettre de mort, elle fait assez entendre tout ce qui fut dans son esprit : elle dit tout d'un mot, qu'elle répète sans cesse : « *La paix ! la paix !* »

Sublime et raisonneuse, comme son oncle, à la normande, elle fit ce raisonnement : La Loi est la Paix même. Qui a tué la Loi, au 2 juin ? Marat surtout. Le meurtrier de la Loi tué, la Paix va refleurir. La mort d'un seul sera la vie de tous.

Telle fut toute sa pensée. Pour sa vie, à elle-même, qu'elle donnait, elle n'y songea point.

Pensée étroite, autant que haute. Elle vit tout en un homme ; dans le fil d'une vie, elle crut couper celui de nos mauvaises destinées, nettement, simplement, comme elle coupait, fille laborieuse, celui de son fuseau.

Qu'on ne croie pas voir en mademoiselle Corday une virago farouche qui ne comptait pour rien le sang. Tout au contraire, ce fut pour l'épargner qu'elle se décida à frapper ce coup. Elle crut sauver tout un monde en exterminant l'exterminateur. Elle avait un cœur de femme, tendre et doux. L'acte qu'elle s'imposa fut un acte de pitié.

Dans l'unique portrait qui reste d'elle, et qu'on a fait au moment de sa mort, on sent son extrême douceur. Rien qui soit moins en rapport avec le sanglant souvenir que rappelle son nom. C'est la figure d'une jeune demoiselle normande, figure vierge s'il en fut, l'éclat doux du pommier en fleur. Elle paraît beaucoup plus jeune que son âge de vingt-cinq ans. On croit entendre sa voix un peu enfantine, les mots même qu'elle écrivit à son père, dans l'orthographe qui représente la prononciation traînante de Normandie : « Pardonnais-moi, mon papa... »

Dans ce tragique portrait, elle paraît infiniment sensée, raisonnable, sérieuse, comme sont les femmes de son pays. Prend-elle légèrement son sort? Point du tout : il n'y a rien là du faux héroïsme. Il faut songer qu'elle était à une demi-heure de la terrible épreuve. N'a-t-elle pas un peu de l'enfant boudeur? Je le croirais : en regardant bien, l'on surprend sur sa lèvre un léger mouvement, à peine une petite moue... Quoi! si peu d'irritation contre la mort!... contre l'ennemi barbare qui va trancher cette charmante vie, tant d'amours et de romans possibles. On est renversé de la voir si douce; le cœur échappe, les yeux s'obscurcissent, il faut regarder ailleurs.

Le peintre a créé pour les hommes un désespoir, un regret éternel. Nul qui puisse la voir sans dire en son cœur : « Oh ! que je sois né si tard !... oh ! combien je l'aurais aimée ! »

Elle a les cheveux cendrés, du plus doux reflet; bonnet blanc et robe blanche. Est-ce en signe de son innocence et comme justification visible? Je ne sais. Il y a dans ses yeux du doute et de la tristesse. Triste de son sort, je ne le crois pas, mais de son acte, peut-être. Le plus ferme qui frappe un tel coup, quelle que soit sa foi, voit souvent, au dernier moment, s'élever d'étranges doutes.

En regardant bien dans ses yeux tristes et doux, on sent encore une chose, qui peut-être explique toute sa destinée : *elle avait toujours été seule.*

Oui, c'est là l'unique chose qu'on trouve peu rassurante en elle.

Dans cet être charmant et bon, il y eut cette sinistre puissance : *le démon de la solitude.*

D'abord, elle n'eut pas de mère. La sienne mourut de bonne heure : elle ne connut point les caresses maternelles ; elle n'eut point dans ses premières année ce doux lait de femme que rien ne supplée.

Elle n'eut pas de père, à vrai dire. Le sien,

pauvre noble de campagne, tête utopique et romanesque, qui écrivait contre les abus dont la Noblesse vivait, s'occupait beaucoup de ses livres, peu de ses enfants.

On peut dire même qu'elle n'eut pas de frère. Du moins, les deux qu'elle avait étaient, en 92, si parfaitement éloignés des opinions de leur sœur, qu'ils allèrent rejoindre l'armée de Condé.

Admise à treize ans au couvent de l'Abbaye-aux-Dames de Caen, où l'on recevait les filles de la pauvre Noblesse, n'y fut-elle pas seule encore ? On peut le croire, quand on sait combien, dans ces asiles religieux qui sembleraient devoir être les sanctuaires de l'égalité chrétienne, les riches méprisent les pauvres. Nul lieu, plus que l'Abbaye-aux-Dames, ne semble propre à conserver les traditions de l'orgueil. Fondée par Mathilde, la femme de Guillaume-le-Conquérant, elle domine la ville, et, dans l'effort de ses voûtes romanes, haussées et surexhaussées, elle porte encore écrite l'insolence féodale.

L'âme de la jeune Charlotte chercha son premier asile dans la dévotion, dans les douces amitiés de cloître. Elle aima surtout deux demoiselles, nobles et pauvres comme elle. Elle entrevit aussi le monde. Une société fort mondaine des jeunes gens de la Noblesse était admise au parloir du couvent et dans les salons de l'abbesse. Leur futilité dut contribuer à fortifier le cœur viril de la jeune fille dans l'éloignement du monde et le goût de la solitude.

Ses vrais amis étaient ses livres. La philosophie du siècle envahissait les couvents. Lectures fortuites et peu choisies, Raynal pêle-mêle avec Rousseau. « Sa tête, dit un journaliste, était une furie de lectures de toutes sortes. »

Elle était de celles qui peuvent traverser impunément les livres et les opinions sans que leur pureté en soit altérée. Elle garda, dans la science du bien et du mal, un don singulier de virginité morale et comme d'enfance. Cela apparaissait surtout dans les intonations d'une voix presque enfantine, d'un timbre argentin, où l'on sentait parfaitement que la personne était entière, que rien encore n'avait fléchi. On pouvait oublier peut-être les traits de mademoiselle Corday; mais sa voix, jamais. Une personne qui l'entendit une fois à Caen, dans une occasion sans importance, dix ans après, avait encore dans l'oreille cette voix unique, et l'eût pu noter.

Cette prolongation d'enfance fut une singularité de Jeanne d'Arc, qui resta une petite fille et ne fut jamais une femme.

Ce qui plus qu'aucune chose rendait mademoiselle Corday très frappante, impossible à oublier, c'est que cette voix enfantine était unie à une beauté sérieuse, virile par l'expression, quoique délicate par les traits. Ce contraste avait l'effet double et de séduire et d'imposer. On regardait, on approchait, mais dans cette fleur du temps quelque chose intimidait, qui n'était nullement du temps, mais de l'immortalité. Elle y allait, et la voulait. Elle vivait déjà entre les héros, dans l'Élysée de Plutarque, parmi ceux qui donnèrent leur vie pour vivre éternellement.

Les Girondins n'eurent sur elle aucune influence. La plupart, nous l'avons vu, avaient cessé d'être eux-mêmes. Elle vit deux fois Barbaroux *, comme député de Provence, pour avoir de lui une lettre et solliciter l'affaire d'une de ses amies de famille provençale.

Elle avait vu aussi Fauchet, l'évêque du Calvados; elle l'aimait peu, l'estimait peu comme prêtre, et comme prêtre immoral. Il est inutile de dire que mademoiselle Corday n'était en rapport avec aucun prêtre, et ne se confessait jamais.

A la suppression des couvents, trouvant son père remarié, elle s'était réfugiée à Caen chez une vieille tante, madame de Bretteville. Et c'est là qu'elle prit sa résolution.

La prit-elle sans hésitation ? Non ; elle fut retenue un moment par la pensée de sa tante, de cette bonne vieille dame qui la recueillait, et qu'en récompense elle allait cruellement compromettre. Sa tante, un jour, surprit dans ses yeux une larme : « Je pleure, dit-elle, sur la France, sur mes parents et sur vous... Tant que Marat vit, qui est sûr de vivre ? »

Elle distribua ses livres, sauf un volume de

Plutarque qu'elle emporta avec elle. Elle rencontra dans la cour l'enfant d'un ouvrier qui logeait dans la maison; elle lui donna son carton de dessins, l'embrassa, et laissa tomber une larme encore sur sa joue. Deux larmes! assez pour la nature.

Charlotte Corday ne crut pouvoir quitter la vie sans d'abord aller saluer son père encore une fois. Elle le vit à Argentan, et reçut sa bénédiction. De là, elle alla à Paris dans une voiture publique, en compagnie de quelques Montagnards, grands admirateurs de Marat, qui commencèrent tout d'abord par être amoureux d'elle et lui demander sa main. Elle faisait semblant de dormir, souriait, et jouait avec un enfant.

Elle arriva à Paris le jeudi 11, vers midi, et alla descendre dans la rue des Vieux-Augustins, nº 17, à l'hôtel de la Providence. Elle se coucha à cinq heures du soir, et, fatiguée, dormit jusqu'au lendemain du sommeil de la jeunesse et d'une conscience paisible. Son sacrifice était fait; son acte, accompli en pensée : elle n'avait ni trouble ni doute.

Elle était si fixe dans son projet, qu'elle ne sentait pas le besoin de précipiter l'exécution. Elle s'occupa tranquillement de remplir préalablement un devoir d'amitié qui avait été le prétexte de son voyage à Paris. Elle avait obtenu à Caen une lettre de Barbaroux pour son collègue Duperret, voulant, disait-elle, par son entremise, retirer du ministère de l'Intérieur des pièces utiles à son amie, mademoiselle Forbin, émigrée.

Le matin, elle ne trouva pas Duperret, qui était à la Convention. Elle rentra chez elle, et passa le jour à lire tranquillement les *Vies* de Plutarque, la bible des forts. Le soir, elle retourna chez le député, le trouva à table, avec sa famille, ses filles inquiètes. Il lui promit obligeamment de la conduire le lendemain. Elle s'émut en voyant cette famille qu'elle allait compromettre, et dit à Duperret d'une voix presque suppliante : « Croyez-moi, partez pour Caen ; fuyez avant demain soir. » La nuit même, et peut-être pendant que Charlotte parlait, Duperret était déjà proscrit ou du moins bien près de l'être. Il ne lui tint pas moins parole, la mena le lendemain matin chez le ministre, qui ne recevait point, et lui fit enfin comprendre que, suspects tous deux, il ne pouvait guère servir la demoiselle émigrée.

Elle ne rentra chez elle que pour éconduire Duperret qui l'accompagnait, sortit sur-le-champ, et se fit indiquer le Palais-Royal.

Dans ce jardin plein de soleil, égayé d'une foule riante, et parmi les jeux des enfants, elle chercha, trouva un coutelier, et acheta quarante sous un couteau, frais émoulu, à manche d'ébène, qu'elle cacha sous son fichu.

La voilà en possession de son arme; comment s'en servira-t-elle? Elle eût voulu donner une grande solennité à l'exécution du jugement qu'elle avait porté sur Marat.

Sa première idée, celle qu'elle conçut à Caen, qu'elle couva, qu'elle apporta à Paris, eût été d'une mise en scène saisissante et dramatique. Elle voulait le frapper au Champ-de-Mars, par-devant le peuple, par-devant le ciel, à la solennité du 14 Juillet ; punir, au jour anniversaire de la défaite de la royauté, ce roi de l'anarchie. Elle eût accompli à la lettre, en vraie nièce de Corneille, les fameux vers de *Cinna* :

> *Demain au Capitole il fait un sacrifice...*
> *Qu'il en soit la victime, et faisons en ces lieux*
> *Justice au monde entier, à la face des dieux.*

La fête étant ajournée, elle adoptait une autre idée, celle de punir Marat au lieu même de son crime, au lieu où, brisant la représentation nationale, il avait dicté le vote de la Convention, désigné ceux-ci pour la vie, ceux-là pour la mort. Elle l'aurait frappé au sommet de la Montagne. Mais Marat était malade ; il n'allait plus à l'Assemblée.

Il fallait donc aller chez lui, le chercher à son foyer, y pénétrer à travers la surveillance inquiète de ceux qui l'entouraient ; il fallait, chose pénible, entrer en rapport avec lui, le tromper. C'est la seule chose qui lui ait coûté, qui lui ait laissé un scrupule et un remords.

Le premier billet qu'elle écrivit à Marat resta sans réponse. Elle en écrivit alors un second, où se marque une sorte d'impatience, le progrès de la passion. Elle va jusqu'à dire : « Qu'elle lui révèlera des secrets ; qu'elle est persécutée, qu'elle est malheureuse..., » ne craignant point d'abuser de la pitié pour tromper celui qu'elle condamnait à mort comme impitoyable, comme ennemi de l'humanité.

Elle n'eut pas besoin, du reste, de commettre cette faute ; elle ne remit point le billet.

Le soir du 13 juillet, à sept heures, elle sortit de chez elle, prit une voiture publique à la place des Victoires, et, traversant le pont Neuf, descendit à la porte de Marat, rue des Cordeliers, n° 20 (aujourd'hui rue de l'École-de-Médecine, n° 18). C'est la grande et triste maison avant celle de la tourelle qui fait le coin de la rue.

Marat demeurait à l'étage le plus sombre de cette sombre maison, au premier, étage commode pour le mouvement du journaliste et du tribun populaire, dont la maison est publique autant que la rue, pour l'affluence des porteurs, afficheurs, le va-et-vient des épreuves, un monde d'allants et venants. L'intérieur, l'ameublement, présentaient un bizarre contraste, fidèle image des dissonances qui caractérisaient Marat et sa destinée. Les pièces fort obscures qui étaient sur la cour, garnies de vieux meubles, de tables sales où l'on pliait les journaux, donnaient l'idée d'un triste logement d'ouvrier. Si vous pénétriez plus loin, vous trouviez avec surprise un petit salon sur la rue, meublé en damas bleu et blanc, couleurs délicates et galantes, avec de beaux rideaux de soie et des vases de porcelaine, ordinairement garnis de fleurs. C'était visiblement le logis d'une femme, d'une femme bonne, attentive et tendre, qui, soigneuse, parait pour l'homme voué à ce mortel travail le lieu du repos. C'était là le mystère de la vie de Marat, qui fut plus tard dévoilé par sa sœur; il n'était pas chez lui, il n'avait pas de *chez lui* en ce monde. « Marat ne faisait point ses frais (c'est sa sœur Albertine qui parle); une femme divine, touchée de sa situation, lorsqu'il fuyait de cave en cave, avait pris et caché chez elle l'*Ami du peuple*, lui avait voué sa fortune, immolé son repos. »

On trouva dans les papiers de Marat une promesse de mariage à Catherine Évrard. Déjà il l'avait épousée *devant le soleil, devant la Nature.*

Cette créature infortunée et vieillie avant l'âge se consumait d'inquiétude. Elle sentait la mort autour de Marat; elle veillait aux portes, elle arrêtait au seuil tout visage suspect.

Celui de mademoiselle Corday était loin de l'être; sa mise décente de demoiselle de province prévenait pour elle.

Dans ce temps, où toute chose était extrême, où la tenue des femmes était ou négligée ou cynique, la jeune fille semblait bien de bonne vieille roche normande, n'abusant point de sa beauté, contenant par un ruban vert sa chevelure superbe sous le bonnet connu des femmes du Calvados, coiffure modeste, moins triomphale que celle des dames de Caux. Contre l'usage du temps, malgré une chaleur de juillet, son sein était sévèrement recouvert d'un fichu de soie qui se renouait solidement derrière la taille. Elle avait une robe blanche, nul autre luxe que celui qui recommande la femme, les dentelles du bonnet flottantes autour de ses joues. Du reste, aucune pâleur, des joues roses, une voix assurée, nul signe d'émotion.

Elle franchit d'un pas ferme la première barrière, ne s'arrêtant pas à la consigne de la portière, qui la rappelait en vain. Elle subit l'inspection peu bienveillante de Catherine, qui, au bruit, avait entr'ouvert la porte et voulait l'empêcher d'entrer. Ce débat fut entendu de Marat, et les sons de cette voix vibrante, argentine, arrivèrent à lui. Il n'avait nulle horreur des femmes, et, quoique au bain, il ordonna impérieusement qu'on la fît entrer.

La pièce était petite, obscure. Marat, au bain, recouvert d'un drap sale et d'une planche sur laquelle il écrivait, ne laissait passer que la tête, les épaules et le bras droit. Ses cheveux gras, entourés d'un mouchoir ou d'une serviette, sa peau jaune et ses membres grêles, sa grande bouche batracienne, ne rappelaient pas beaucoup que cet être fût un homme. Du reste, la jeune fille, on peut bien le croire, n'y regarda pas. Elle avait promis des nouvelles de la Normandie : il les demanda, les noms surtout des députés réfugiés à Caen ; elle les nomma, et il écrivait à mesure. Puis, ayant fini : « C'est bon ! dans huit jours ils iront à la guillotine. »

Charlotte, ayant dans ses mots trouvé un surcroît de force, une raison pour frapper, tira de son sein le couteau, et le plongea tout entier jusqu'au manche au cœur de Marat. Le coup, tombant ainsi d'en haut, et frappé avec une assurance extraordinaire, passa près de la clavicule, traversa tout le poumon, ouvrit le tronc des carotides et tout un fleuve de sang.

« A moi, ma chère amie ! » C'est tout ce qu'il put dire, et il expira.

CHAPITRE IV

MORT DE CHARLOTTE CORDAY

(19 JUILLET 93)

Interrogatoire de Charlotte Corday. — Charlotte Corday en prison. — Charlotte Corday au Tribunal. — Ses derniers moments. — Son exécution, 19 juillet 93. — La religion du poignard.

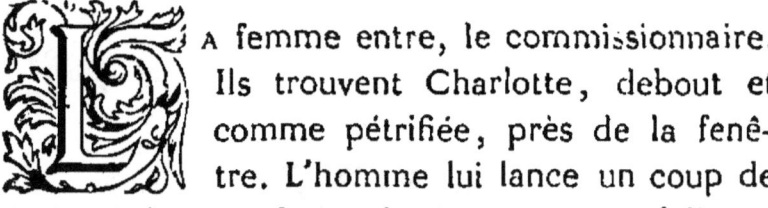A femme entre, le commissionnaire. Ils trouvent Charlotte, debout et comme pétrifiée, près de la fenêtre. L'homme lui lance un coup de chaise à la tête, barre la porte pour qu'elle ne sorte. Mais elle ne bougeait pas. Aux cris, les voisins accourent, le quartier, tous les passants. On appelle le chirurgien, qui ne trouve plus qu'un mort. Cependant la Garde nationale avait empêché qu'on ne mît Charlotte en pièces; on lui tenait les deux mains. Elle ne songeait guère à s'en servir. Immobile, elle regardait d'un œil terne et

froid. Un perruquier du quartier, qui avait pris le couteau, le brandissait en criant. Elle n'y prenait pas garde. La seule chose qui semblait l'étonner, et qui (elle l'a dit elle-même) la faisait souffrir, c'étaient les cris de Catherine Marat. Elle lui donnait la première et pénible idée « qu'après tout, Marat était homme. » Elle avait l'air de se dire : « Quoi donc ! il était aimé ! »

Le commissaire de police arriva bientôt, à sept heures trois quarts, puis les administrateurs de police, Louvet et Marino, enfin les députés Maure, Chabot, Drouet et Legendre, accourus de la Convention pour voir *le monstre*. Ils furent bien étonnés de trouver entre les soldats, qui tenaient ses mains, une belle jeune demoiselle, fort calme, qui répondait à tout avec fermeté et simplicité, sans timidité, sans emphase; elle avouait même *qu'elle eût échappé, si elle l'eût pu*. Telles sont les contradictions de la nature. Dans une Adresse aux Français qu'elle avait écrite d'avance, et qu'elle avait sur elle, elle disait *qu'elle voulait périr*, pour que sa tête, portée dans Paris, servît de signe de ralliement aux amis des Lois.

Autre contradiction. Elle dit et écrivit qu'elle espérait *mourir inconnue*. Et cependant on trouva sur elle son extrait de baptême et son passe-port, qui devaient la faire reconnaître.

Les autres objets qu'on lui trouva faisaient connaître parfaitement toute sa tranquillité d'esprit : c'étaient ceux qu'emporte une femme soigneuse qui a des habitudes d'ordre. Outre sa clef et sa montre, son argent, elle avait un dé et du fil, pour réparer dans la prison le désordre assez probable qu'une arrestation violente pouvait faire dans ses habits.

Le trajet n'était pas long jusqu'à l'Abbaye, deux minutes à peine. Mais il était dangereux. La rue était pleine d'amis de Marat, de Cordeliers furieux, qui pleuraient, hurlaient qu'on leur livrât l'assassin. Charlotte avait prévu, accepté d'avance tous les genres de mort, excepté d'être déchirée. Elle faiblit, dit-on, un instant, crut se trouver mal. On atteignit l'Abbaye.

Interrogée de nouveau, dans la nuit, par les membres du Comité de Sûreté générale et par d'autres députés, elle montra non seulement de la fermeté, mais de l'enjouement. Legendre, tout gonflé de son importance, et se croyant naïvement digne du martyre, lui dit : « N'était-ce pas vous qui étiez venue hier chez moi en habit de religieuse? — Le citoyen se trompe, dit-elle avec un sourire. Je n'estimais pas que sa vie ou sa mort importât au salut de la République. »

Chabot tenait toujours sa montre et ne s'en dessaisissait pas. « J'avais cru, dit-elle, que les capucins faisaient vœu de pauvreté. »

Le grand chagrin de Chabot et de ceux qui l'interrogèrent, c'était de ne trouver rien, ni sur elle ni dans ses réponses, qui pût faire croire qu'elle était envoyée par les Girondins de Caen.

Dans l'interrogatoire de nuit, cet impudent Chabot soutint qu'elle avait encore un papier caché dans son sein, et, profitant lâchement de ce qu'elle avait les mains garrottées, il mettait la main sur elle ; il eût trouvé sans nul doute ce qui n'y était pas, le manifeste de la Gironde. Toute liée qu'elle était, elle le repoussa vivement ; elle se jeta en arrière avec tant de violence, que ses *cordons en rompirent, et qu'on put voir un moment ce chaste et héroïque sein.* Tous furent attendris. On la délia pour qu'elle pût se rajuster. On lui permit aussi de rabattre ses manches et de mettre des gants sous ses chaînes.

Transférée, le 16 au matin, de l'Abbaye à la Conciergerie, elle y écrivit le soir une longue lettre à Barbaroux, lettre évidemment calculée pour montrer par son enjouement (qui attriste et qui fait mal) une parfaite tranquillité d'âme. Dans cette lettre, qui ne pouvait manquer d'être lue, répandue dans Paris le lendemain, et qui, malgré sa forme familière, a la portée d'un manifeste, elle fait croire que les volontaires de Caen étaient ardents et nombreux. Elle ignorait encore la déroute de Vernon.

Ce qui semblerait indiquer qu'elle était moins calme qu'elle n'affectait de l'être, c'est que, par quatre fois, elle revient sur ce qui motive et excuse son acte : la Paix, le désir de la Paix. La lettre est datée : Du second jour de la préparation de la Paix. Et elle dit vers le milieu : « Puisse la Paix s'établir aussitôt que je le désire!... Je jouis de la Paix depuis deux jours. Le bonheur de mon pays fait le mien. »

Elle écrivit à son père pour lui demander pardon d'avoir disposé de sa vie, et elle lui cita ce vers :

Le crime fait la honte, et non pas l'échafaud.

Elle avait écrit aussi à un jeune député, neveu de l'abbesse de Caen, Doulcet de Pontécoulant, un Girondin prudent qui, dit Charlotte Corday, siégeait sur la Montagne. Elle le prenait pour défenseur. Doulcet ne couchait pas chez lui, et la lettre ne le trouva pas.

Si j'en crois une *note* précieuse, transmise par la famille du peintre qui la peignit en prison, elle avait fait faire un bonnet exprès pour son jugement. C'est ce qui explique pourquoi elle dépensa 36 francs dans sa captivité si courte.

Quel serait le système de l'accusation? Les autorités de Paris, dans une *proclamation*, attribuaient le crime *aux fédéralistes*, et en même temps disaient : « Que cette furie était sortie de la maison du ci-devant comte Dorset. » Fouquier-Tinville écrivait au Comité de Sûreté : *Qu'il venait d'être informé* qu'elle était amie de Belsunce, qu'elle avait voulu venger Belsunce, et son parent Biron, récemment dénoncé par Marat, que Barbaroux l'avait poussée, etc. Roman absurde, dont il n'osa pas même parler dans son réquisitoire.

Le public ne s'y trompait pas. Tout le monde comprit qu'elle était seule, qu'elle n'avait eu de conseils que celui de son courage, de son dévouement, de son fanatisme. Les prisonniers de l'Abbaye, de la Conciergerie, le peuple même des rues (sauf les cris du premier moment), tous la regardaient dans le silence d'une respectueuse admiration. « Quand elle apparut dans l'auditoire, dit son défenseur officieux, Chauveau-Lagarde, tous, juges, jurés et spectateurs, *ils avaient l'air de la prendre pour un juge qui les aurait appelés au Tribunal suprême...* On a pu peindre ses traits, dit-il encore, reproduire ses paroles ; mais nul art n'eût peint sa grande âme, respirant tout entière dans sa physionomie... L'effet moral des débats est de ces choses qu'on sent, mais qu'il est impossible d'exprimer. »

Il rectifie ensuite ses réponses, habilement défigurées, mutilées, pâlies dans le *Moniteur*. Il n'y en a pas qui ne soit frappée au coin des répliques qu'on lit dans les dialogues serrés de Corneille.

« Qui vous inspira tant de haine ? — Je n'avais pas besoin de la haine des autres, j'avais assez de la mienne. »

« Cet acte a dû vous être suggéré ? — On exécute mal ce qu'on n'a pas conçu soi-même. »

« Que haïssiez-vous en lui ? — Ses crimes. »

« Qu'entendez-vous par là ? — Les ravages de la France. »

« Qu'espériez-vous en le tuant ? — Rendre la paix à mon pays. »

« Croyez-vous donc avoir tué tous les Marat ? — Celui-là mort, les autres auront peur, peut-être. »

« Depuis quand aviez-vous formé ce dessein ? — Depuis le 31 mai, où l'on arrêta ici les représentants du peuple. »

Le président, après une déposition qui la charge : « Que répondez-vous à cela ? — Rien, sinon que j'ai réussi. »

Sa véracité ne se démentit qu'en un point. Elle soutint qu'à la revue de Caen, il y avait trente mille hommes. Elle voulait faire peur à Paris.

Plusieurs réponses montrèrent que ce cœur si résolu n'était pourtant nullement étranger à la nature. Elle ne put entendre jusqu'au bout la déposition que la femme Marat faisait à travers les sanglots ; elle se hâta de dire : « Oui, c'est moi qui l'ai tué. »

Elle eut aussi un mouvement, quand on lui montra le couteau. Elle détourna la vue, et, l'éloignant de la main, elle dit d'une voix entrecoupée : « Oui, je le reconnais, je le reconnais... »

Fouquier-Tinville fit observer qu'elle avait frappé d'en haut, pour ne pas manquer son coup ; autrement elle eût pu rencontrer une côte et ne pas tuer ; et il ajouta :

« Apparemment, vous vous étiez d'avance bien

exercée... — O le monstre! s'écria-t-elle, il me prend pour un assassin! »

Ce mot, dit Chauveau-Lagarde, fut comme un coup de foudre. Les débats furent clos. Ils avaient duré en tout une demi-heure.

Le président Montané aurait voulu la sauver. Il changea la question qu'il devait poser aux jurés, se contentant de demander : « L'a-t-elle fait avec préméditation? » et supprimant la seconde moitié de la formule : « avec dessein criminel et contre-révolutionnaire? » Ce qui lui valut à lui-même son arrestation quelques jours après.

Le président, pour la sauver, les jurés, pour l'humilier, auraient voulu que le défenseur la présentât comme folle. Il la regarda et lut dans ses yeux. Il la servit comme elle voulait l'être, établissant *la longue préméditation*, et que pour toute défense elle ne voulait pas être défendue. Jeune et mis au-dessus de lui-même par l'aspect de ce grand courage, il hasarda cette parole (qui touchait de près l'échafaud) : « Ce calme et cette abnégation, *sublimes* sous un rapport... »

Après la condamnation, elle se fit conduire au jeune avocat, et lui dit, avec beaucoup de grâce, qu'elle le remerciait de cette défense délicate et généreuse, qu'elle voulait lui donner une preuve de son estime : « Ces messieurs viennent de m'apprendre que mes biens sont confisqués; je dois quelque chose à la prison, je vous charge d'acquitter ma dette. »

Redescendue de la salle par le sombre escalier tournant dans les cachots qui sont dessous, elle sourit à ses compagnons de prison qui la regardaient passer, et s'excusa près du concierge Richard et de sa femme, avec qui elle avait promis de déjeuner. Elle reçut la visite d'un prêtre qui lui offrait son ministère, et l'éconduisit poliment : « Remerciez pour moi, dit-elle, les personnes qui vous ont envoyé. »

Elle avait remarqué, pendant l'audience, qu'un peintre essayait de saisir ses traits, et la regardait avec un vif intérêt. Elle s'était tournée vers lui. Elle le fit appeler après le jugement, et lui donna les derniers moments qui lui restaient avant l'exécution. Le peintre, M. Hauer, était commandant en second du bataillon des Cordeliers. Il dut à ce titre peut-être la faveur qu'on lui fit de le laisser près d'elle, sans autre témoin qu'un gendarme. Elle causa fort tranquillement avec lui de choses indifférentes, et aussi de l'événement du jour, de la paix morale qu'elle sentait en elle-même. Elle pria M. Hauer de copier le portrait en petit, et de l'envoyer à sa famille.

Au bout d'une heure et demie, on frappa doucement à une petite porte qui était derrière elle. On ouvrit, le bourreau entra. Charlotte, se retournant, vit les ciseaux et la chemise rouge qu'il portait. Elle ne put se défendre d'une légère émotion, et dit involontairement : « Quoi ! déjà ! » Elle se remit aussitôt, et s'adressant à M. Hauer :

« Monsieur, dit-elle, je ne sais comment vous remercier du soin que vous avez pris : je n'ai que ceci à vous offrir, gardez-le en mémoire de moi. » En même temps, elle prit les ciseaux, coupa une belle boucle de ses longs cheveux blond cendré, qui s'échappaient de son bonnet, et la remit à M. Hauer. Les gendarmes et le bourreau étaient très émus.

Au moment où elle monta sur la charrette, où la foule, animée de deux fanatismes contraires, de fureur ou d'admiration, vit sortir de la basse arcade de la Conciergerie la belle et splendide victime dans son manteau rouge, la nature sembla s'associer à la passion humaine, un violent orage éclata sur Paris. Il dura peu, sembla fuir devant elle, quand elle apparut au pont Neuf et qu'elle avançait lentement par la rue Saint-Honoré. Le soleil revint haut et fort; il n'était pas sept heures du soir (19 juillet). Les reflets de l'étoffe rouge relevaient d'une manière étrange et toute fantastique l'effet de son teint, de ses yeux.

On assure que Robespierre, Danton, Camille Desmoulins, se placèrent sur son passage et la regardèrent. Paisible image, mais d'autant plus terrible, de la Némésis révolutionnaire, elle troublait les cœurs, les laissait pleins d'étonnement.

Les observateurs sérieux qui la suivirent jusqu'aux derniers moments, gens de lettres, médecins, furent frappés d'une chose rare : les condamnés les plus fermes se soutenaient par l'animation, soit par des chants patriotiques, soit par un appel redoutable qu'ils lançaient à leurs ennemis. Elle, montra un calme parfait, parmi les cris de la foule, une sérénité grave et simple ; elle arriva à la place dans une majesté singulière, et comme transformée dans une auréole du couchant.

Un médecin qui ne la perdait pas de vue dit qu'elle lui sembla un moment pâle, quand elle aperçut le couteau. Mais ses couleurs revinrent, elle monta d'un pas ferme. La jeune fille reparut en elle au moment où le bourreau lui arracha son fichu ; sa pudeur en souffrit, elle abrégea, avançant elle-même au-devant de la mort.

Au moment où la tête tomba, un charpentier maratiste, qui servait d'aide au bourreau, l'empoigna brutalement, et, la montrant au peuple, eut la férocité indigne de la souffleter. Un frisson d'horreur, un murmure parcourut la place. On crut voir la tête rougir. Simple effet d'optique peut-être : la foule, troublée, à ce moment avait dans les yeux les rouges rayons du soleil qui perçait les arbres des Champs-Élysées.

La Commune de Paris et le Tribunal donnèrent satisfaction au sentiment public en mettant l'homme en prison.

Parmi les cris des maratistes, infiniment peu nombreux, l'impression générale avait été violente d'admiration et de douleur. On peut en juger par l'audace qu'eut *La Chronique de Paris*, dans cette grande servitude de la Presse, d'imprimer un éloge, presque sans restriction, de Charlotte Corday.

Beaucoup d'hommes restèrent frappés au cœur, et n'en sont jamais revenus. On a vu l'émotion du président, son effort pour la sauver, l'émotion de l'avocat, jeune homme timide, qui cette fois fut au-dessus de lui-même. Celle du peintre ne fut pas moins grande. Il exposa cette année un portrait de Marat, peut-être pour s'excuser d'avoir peint Charlotte Corday. Mais son nom ne paraît plus dans aucune exposition. Il semble n'avoir plus peint depuis cette œuvre fatale.

L'effet de cette mort fut terrible : ce fut de faire aimer la mort.

Son exemple, cette calme intrépidité d'une fille charmante, eut un effet d'attraction. Plus d'un qui l'avait entrevue mit une volupté sombre à la suivre, à la chercher dans les mondes inconnus. Un jeune Allemand, Adam Lux, envoyé à Paris pour demander la réunion de Mayence à la France, imprima une brochure où il demande à *mourir pour rejoindre Charlotte Corday*. Cet infortuné, venu ici le cœur plein d'enthousiasme, croyant contempler face à face dans la Révolution française le pur idéal de la régénération humaine, ne pouvait supporter l'obscurcissement précoce de cet idéal ; il ne comprenait pas les trop cruelles épreuves qu'entraîne un tel enfantement. Dans ses pensées mélancoliques, quand la Liberté lui semble perdue, il la voit, c'est Charlotte Corday.

Il la voit au Tribunal, touchante, admirable d'intrépidité ; il la voit majestueuse et reine sur l'échafaud. Elle lui apparut deux fois... Assez ! il a bu la mort.

« Je croyais bien à son courage, dit-il, mais que devins-je quand je vis toute sa douceur parmi les hurlements barbares, ce regard pénétrant, ces vives et humides étincelles jaillissant de ses beaux yeux, où parlait une âme tendre autant qu'intrépide !... O souvenir immortel ! émotions douces et amères que je n'avais jamais connues ! Elles soutiennent en moi l'amour de cette patrie pour laquelle elle voulut mourir, et dont, par adoption, moi aussi je suis le fils. Qu'ils m'honorent maintenant de leur guillotine, elle n'est plus qu'un autel ! »

Ame pure et sainte, cœur mystique, il adore Charlotte Corday, et il n'adore point le meurtre.

« On a droit sans doute, dit-il, de tuer l'usurpateur et le tyran, mais tel n'était point Marat. »

Remarquable douceur d'âme. Elle contraste fortement avec la violence d'un grand peuple qui devint amoureux de l'assassinat. Je parle du peuple girondin et même des royalistes. Leur fureur avait besoin d'un saint et d'une légende. Charlotte était un bien autre souvenir, d'une tout autre poésie que celui de Louis XVI, vulgaire martyr, qui n'eut d'intéressant que son malheur.

Une religion se fonde dans le sang de Charlotte Corday : la religion du poignard.

André Chénier écrit un hymne à la divinité nouvelle :

> *O vertu ! le poignard, seul espoir de la terre,*
> *Est ton arme sacrée.....*

Cet hymne, incessamment refait en tout âge et dans tout pays, reparaît au bout de l'Europe dans l'*Hymne au poignard*, de Puschkine.

Le vieux patron des hymnes héroïques, Brutus, pâle souvenir d'une lointaine antiquité, se trouve transformé désormais dans une divinité nouvelle plus puissante et plus séduisante. Le jeune homme qui rêve un grand coup, qu'il s'appelle Alibaud ou Sand, de qui rêve-t-il maintenant? qui voit-il dans ses songes? est-ce le fantôme de Brutus? Non, la ravissante Charlotte, telle qu'elle fut dans la splendeur sinistre du manteau rouge, dans l'auréole sanglante du soleil de juillet et dans la pourpre du soir.

CHAPITRE V

MORT DE CHALIER

(16 JUILLET 93)

La question lyonnaise était moins politique que sociale. — Les rêveurs de Lyon et des Alpes. — Le piémontais Chalier. — Écrits de Chalier. — Accusations contre lui. — Son caractère, sa violence et sa tendresse. — Les disciples de Chalier. — Son arrestation, 30 mai 93. — Chalier en prison. — Son isolement. — La Convention intervient. — Mort de Chalier, 16 juillet 93. — Dernières paroles de Chalier.

MARAT est poignardé le 13 ; Chalier, guillotiné le 16. Un monde passe entre ces deux coups.

Marat, le dernier de l'ancienne Révolution ; Chalier, le premier de la nouvelle.

Marat, pour Caen, Bordeaux, Marseille, est le nom de la guerre civile. Dans Lyon, Chalier est celui de la guerre sociale.

Ceci met Lyon fort à part de l'histoire générale du girondinisme.

La guerre des riches et des pauvres alla grondant, menaçant, jusqu'au combat du 29 mai, jusqu'à la mort de Chalier (16 juillet). Les riches, entraînant les marchands, les ennemis, le petit commerce, gagnèrent avec eux cette bataille, et donnant le change aux pauvres, leur firent tuer Chalier, leur défenseur, les payèrent, les firent combattre contre la Convention, tinrent cinq mois la France en échec.

Ils n'échappèrent ainsi à la guerre sociale, dont Chalier les menaçait, qu'en la détournant vers une épouvantable lutte contre la France elle-même.

Et cette lutte, ils ne la soutinrent qu'en admettant dans leur armée lyonnaise un élément royaliste étranger à Lyon : je parle des nobles réfugiés, je parle des gens du Forez et autres provinces voisines, qui vinrent gagner la haute paye que donnait la Ville et combattre pour le Roi dans les rangs républicains.

Quels qu'aient été les efforts intéressés de l'aristocratie lyonnaise, sous la Restauration, pour faire croire que Lyon, en 93, combattait *pour le trône et l'autel,* cela n'est point. Les nobles royalistes qui aidèrent à soutenir le siège furent presque tous étrangers à la ville. Les riches mêmes étaient Girondins.

Nous avons cru devoir expliquer ceci d'avance,

afin qu'on ne se trompât point sur le point spécial que la Convention ni les Jacobins ne purent entendre, mais que l'histoire ultérieure du socialisme moderne éclaire rétrospectivement : *La question politique était extérieure* et secondaire à Lyon ; elle ne devint dominante qu'après la mort de Chalier. *La question intime et profonde*, que les riches ajournèrent par la guerre de Lyon contre la France, *était la question sociale :* la dispute des pauvres et des riches.

Cette grande et cruelle question, voilée ailleurs sous le mouvement politique, a toujours apparu à Lyon dans sa nudité.

Le marchand de Lyon, républicain de principes, n'en était pas moins le maître, le tyran de l'ouvrier, et, qui est pis, le maître de sa femme et de sa fille.

Notez que le travail, à Lyon, se faisant en famille, la famille y est très forte ; ce n'est nullement un lien détendu, flottant, comme dans les villes de manufactures. L'ouvrier lyonnais est très sensible, très vulnérable en sa famille, et c'est là justement qu'il était blessé*.

La prostitution non publique, mais infligée à la famille comme condition de travail, c'était le caractère déplorable de la vie lyonnaise. Cette race était humiliée. Physiquement, c'était une des plus chétives de l'Europe. Le haut métier à la Jacquard n'existant pas alors, et n'ayant pas encore imposé aux constructeurs l'exhaussement des plafonds, on pouvait impunément entasser jusqu'à dix étages les misérables réduits de ce peuple étouffé, avorté. Aujourd'hui encore, dans les quartiers non renouvelés, quiconque monte ces noires, obscènes et puantes maisons, où chaque carré témoigne de la négligence et de la misère, se représente avec douleur les pauvres créatures misérables et souillées qui les occupaient en 93.

Dur contraste ! *la fabrique de Lyon*, cet ensemble de tous les arts, cette grande école française, cette fleur de l'industrie humaine... dans de si misérables mains !

Il y avait de quoi rêver. Nulle part plus que dans cette ville il n'y eut plus de rêveurs utopistes. Nulle part, le cœur blessé, brisé, ne chercha plus inquiètement des solutions nouvelles au problème des destinées humaines. Là parurent les premiers socialistes, Ange, et son successeur Fourier. Le premier, en 93, esquissait le phalanstère, et toute cette doctrine d'association dont le second s'empara avec la vigueur du génie.

Là ne manquèrent pas non plus les rêveurs parmi les amis du passé. Il suffit de nommer Ballanche, et son prédécesseur, le mélancolique Chassagnon, qui n'écrivait jamais que devant une tête de mort, et qui, pour apprendre à mourir, ne manquait jamais une exécution.

Au moment où la fureur girondine du parti des riches poussait Chalier à l'échafaud, Chassagnon eut la très noble inspiration d'écrire une brochure pour lui sous ce titre : *Offrande à Chalier*. Il y montra un vrai génie pour expliquer ce caractère mêlé de tous les contraires, ce Centaure, cette Chimère, comme il l'appelle, ce monstre pétri de discordances, cruel et sensible, tendre et furieux. Dans ce beau portrait, un trait manque pour l'Histoire et pour la Justice : c'est la primitive inspiration d'où Chalier partit : *un cœur malade de pitié*, et souffrant douloureusement de l'amour des hommes.

Cet infortuné, qui fut la première victime légale de Lyon, qui étrenna la guillotine, qui eut ce privilège horrible d'être guillotiné trois fois, — qui fut suivi à la mort par une foule de disciples en pleurs, tout aussi enthousiastes que ceux de Jésus, — qui, un an durant, de juillet en juillet, remplaça Jésus sur l'autel, et fut pendant ce temps, avec Marat, la principale religion de la France, Chalier était né Italien. Son nom est plutôt savoyard. Peu importe. Il avait un pied en Italie et un en Savoie, étant né au Mont-Cenis et tout près de Suse.

La grande voie des nations, la voie des neiges, sublime et misérable, où toute humanité défile sur le bâton du pèlerin, offre la plus émouvante vision sociale qui puisse troubler les cœurs. Cette prodigieuse échelle de Jacob qui s'étend de la terre au ciel, les contrastes violents de ces paysages improbables où la Nature se joue de toute raison humaine, cet ensemble écrasant pour l'âme semble fait pour produire en tout temps de sublimes fous, délirant de l'amour de Dieu, de l'amour du genre humain. Là, Rousseau, après son terrible effort de logique et de raison, se perdit lui-même en ses rêves. Là, madame Guyon écrivit son livre insensé des *Torrents*. Là, Chalier s'embrasa, avec une furie meurtrière, du désir de faire le ciel ici-bas.

Il avait été, comme tout Italien, élevé aux écoles de démence qu'on appelle théologiques. Il voulait alors se faire moine. Il visita d'abord l'Italie et l'Espagne. Il vit, il eut horreur.

Il parcourut la France aussi, et s'arrêta à Lyon. Il vit, il eut horreur.

On dit qu'il vivait alors misérablement de leçons de langues et d'enseignement. Mais, comme un homme intelligent, il ne voulut pas traîner : il domina sa situation. Il se fit commis, négociant. C'est précisément ainsi que commencent aux mêmes lieux Fourier et Proudhon.

Chalier courut le commerce; il eut un grand bonheur, selon l'idée du monde : il devint riche. Mais il eut un grand malheur : il vit partout dépouiller le pauvre.

88 a sonné. Et le premier cri qu'on entend en France est celui d'un Italien, une brochure de Chalier : Vendez l'argenterie des églises, les biens ecclésiastiques, créez-en des assignats; rendez aux pauvres ce qui fut fondé pour les pauvres.

89 a sonné. Chalier, de Lyon, court à Paris ; il recueille les moindres mots de l'Assemblée constituante. Il se levait de nuit pour se trouver le premier à la queue qui assiégeait les portes avant le jour.

Le soir, il voyait Loustalot (des *Révolutions de Paris*), le meilleur des journalistes. Près de partir, il lui dit : « Je veux me tuer ; je ne supporte plus l'excès des misères de l'homme. — Vivez, lui dit Loustalot, servez l'humanité. »

Si Chalier était resté à Paris, il devenait fou. Il y voyait tous les jours Marat et Fauchet, *L'Ami du peuple* et *La Bouche de Fer*. Il rapporta à Lyon des pierres de la Bastille, des os de Mirabeau, qu'il faisait baiser à tous les passants ; il prêchait, il appelait tout le monde à la Révolution. Lyon était trop près. Chalier pousse plus loin sa croisade. Il fuit Lyon et les honneurs où le peuple l'appelait : il va à Naples, en Sicile ; il enseigne la Révolution aux chevriers de l'Etna, qui écoutent sans comprendre. Il est chassé. A Malte encore, il prêche, et il est chassé. Il revint, nu, dépouillé. O grandeur oubliée de ces temps ! sur ce simple exposé qu'un Italien, ami de la Révolution, a été dépouillé à Naples, l'Assemblée constituante prend fait et cause : elle fait écrire Louis XVI ; on rend à Chalier son bien. « La France sera mon héritière, » dit-il. Il lui a donné son bien et sa vie.

Cet homme, véhément de nature, emporté de

tempérament, ce fougueux Italien, arriva possédé de justice et de pitié pour juger une ville où l'injustice était le fond de la vie même. Il apparut, sous un double rôle, comme ces rudes podestats * que les villes du moyen âge faisaient venir de l'étranger, afin qu'ils ignorassent les parentés, les coteries, les mauvaises alliances des nobles et des riches, qu'ils frappassent impartialement à droite et à gauche. Le jour, il jugeait ; et tout ce qu'il avait amassé le jour de haine et de violence contre les ennemis du peuple, il le répandait le soir dans les Clubs. Haï comme juge, comme tribun, à deux titres il devait périr.

Il semble qu'on ait détruit tout ce qu'avait écrit Chalier. Le peu qui reste n'a nullement la banalité de Marat, nullement la trivialité des improvisateurs italiens. Il y a du burlesque, mais du terrible aussi, des choses qui rappellent les menaces cyniques d'Ézéchiel au peuple de Dieu, les étrangetés sauvages des *mangeurs de sauterelles* de l'Ancien Testament.

L'accent y est extraordinaire. On le sent trop : ce prophète, ce bouffon, n'est pas un homme. C'est une ville, un monde souffrant ; c'est la plainte furieuse de Lyon. La profonde boue des rues noires, jusque-là muette, a pris voix en lui. En lui commencent à parler les vieilles ténèbres, les humides et sales maisons, jusque-là honteuses du jour ; en lui, la faim et les veilles ! en lui, l'enfant abandonné ; en lui, la femme souillée ; tant de générations foulées, humiliées, sacrifiées, se réveillent maintenant, se mettent sur leur séant, chantent de leur tombeau un chant de menaces et de mort... Ces voix, ce chant, ces menaces, tout cela s'appelle Chalier.

L'énorme apostume de maux a crevé par lui. Lyon recule effrayé, indigné de sa propre plaie ; il tuera celui qui l'a dévoilée.

Quand on chercha, au dernier jour, des moyens de le tuer, des preuves pour constater ses crimes, on ne put établir aucun acte, rien que des paroles.

La seule trace imprimée qui reste de ses méfaits, c'est une suite de brochures relatives à une visite domiciliaire que Chalier aurait faite, au delà de ses pouvoirs, dans une maison qu'on soupçonnait de fabriquer de faux assignats.

On a prétendu qu'il avait dressé le *plan* d'un grand massacre, qu'un Tribunal improvisé eût siégé sur le pont Morand, d'où l'on eût jeté les condamnés au Rhône. Une biographie girondine précise le nombre *douze mille*. Les royalistes eux-mêmes ne poussent pas les choses si loin ; ils rougissent de ce chiffre insensé : ils disent vaguement : *un grand nombre.*

Ses ennemis, pour le faire périr, furent réduits à l'invention la plus odieuse. On fabriqua une lettre d'un prétendu émigré qui remerciait Chalier de préparer les moyens de mettre la France à feu et à sang. Infâme et grossier mensonge par lequel on poussa le peuple à vouloir la mort de son défenseur.

Si Chalier et ses amis étaient coupables, au contraire, c'était d'avoir employé des moyens violemment expéditifs pour organiser la défense contre l'émigré et contre l'étranger. Des paroles sanguinaires, des menaces atroces, des actes de brutalité, voilà ce qu'on leur reproche. Ils invoquèrent la guillotine, mais leurs ennemis l'employèrent, et très injustement, contre eux*.

La violence des paroles et des actes était alors à un point excessif dans tous les partis. Un Italien royaliste, le romain Casati, avait offert à l'archevêque de Lyon d'assassiner, non Chalier, mais un Girondin, Vitet, chef de l'Administration girondine.

Tout ce qui reste de Chalier dans ses écrits, dans la tradition, indique que cet homme, si violent par accès, était de lui-même très doux. Il aimait la Nature, désirait la retraite. Il espérait finir ses jours dans la paix et la solitude. Il se faisait bâtir un ermitage sur les hauteurs de Lyon, aux quartiers pauvres et alors peu habités de la Croix-Rousse; il voulait y vivre, disait-il, comme Robinson Crusoé. Il aimait les plantes, les fleurs, se plaisait à les arroser. Sans famille, il avait pour tout intérieur une bonne femme de gouvernante, la Pie (la Pia?), qu'il avait probablement amenée d'Italie.

Dans les actes que commandait la nécessité

révolutionnaire, il restait sensible. « Ma chère amie, disait-il à une femme dont il bouleversait la maison et arrêtait le mari, mettez la main sur mon cœur, et vous sentirez ce qu'il souffre... Mais un républicain doit obéir au devoir, étouffer la nature. »

Quand ses fonctions d'officier municipal lui donnaient occasion d'entrer chez des religieuses, il s'attendrissait : « Mes chères filles, disait-il avec épanchement, avez-vous quelque peine? ne me déguisez rien. Je suis votre père spirituel... Votre recueillement me touche, votre modestie m'enchante... Que je serais heureux d'épouser une vierge de ce monastère! » Alors, tombant à genoux, il baisait la terre et levait les mains au ciel.

Fut-il chrétien? rien ne l'indique, quoi qu'on ait imaginé. Après le 21 Janvier, il lui arriva au Club de déployer un tableau de Jésus-Christ, et de dire: « Ce n'est pas assez que le tyran des corps ait péri; il faut détruire aussi le tyran des âmes. » Il déchira le tableau, et en foula les morceaux aux pieds.

Avec toute sa violence, il était né humain et tendre. Au milieu de ses attaques contre les riches, il lui arrive tout à coup de réclamer pour eux; il voudrait les sauver aussi : « Les aristocrates ne sont incorrigibles que parce que nous les négligeons trop... On parle de les guillotiner; c'est bientôt fait... Mais y a-t-il du bon sens à jeter le malade par la fenêtre pour s'exempter de le guérir*? »

Que Chalier, né furieux, dans le paroxysme même de sa fureur, ait trouvé ces paroles en faveur des riches! et cela dans Lyon, dans la ville où le plus visiblement le pauvre fut la proie du riche! qu'il ait, au fond de ses entrailles, senti ces violents accès de miséricorde infinie, cela le place très haut.

Ce qui attendrit encore pour cet infortuné, sans logique, sans suite et sans politique, c'est qu'il ne fut jamais un homme seul, — il fut toujours une famille spirituelle, une société d'amis, un homme multiple. Nous connaissons tout ce qui fut en lui, ses amitiés, ses habitudes, tout ce qu'il aima. La gouvernante de Chalier, bonne et tendre, la Pia, l'admiratrice de Chalier; la Padovani, qui reçut sa tête martyrisée; le sage ami Marteau, le patriote et modéré Bertrand, le fanatique et terrible Gaillard, qui poursuivit la vengeance et se tua quand il en désespéra; tous sont inscrits profondément au livre de l'avenir.

Comment vivaient-ils entre eux? y avait-il vie commune? Non. C'était entièrement un communisme d'esprit.

Rappelons-nous les circonstances de Lyon en mai 93.

Dubois-Crancé, envoyé à l'armée des Alpes, était un militaire, un dantoniste nullement fanatique. Il explique parfaitement dans sa réponse aux robespierristes la difficulté infinie de sa situation. Abandonné du Centre, comme il était, il ne pouvait trouver d'appui que dans son étroite union avec les plus violents patriotes de Lyon (Chalier, Gaillard, Bertrand, Leclerc, etc.). Trois armées dépendaient de Lyon, comme entrepôt général du Sud-Est, en attendaient leurs subsistances, en tiraient leurs ressources. Vingt départements devaient suivre la destinée de Lyon. La grande ville girondine, bourgeoise et commerçante, infiniment rebelle aux sacrifices qu'exigeait la situation, contenait de plus en son sein une armée d'ennemis, une masse énorme de prêtres et de nobles royalistes. Dubois-Crancé ne pouvait plus rester dans les tempéraments où s'étaient tenus tous ses prédécesseurs. Le dantoniste s'unit aux *enragés*, donna la main à Chalier, frappa Lyon d'une taxe, et créa l'armée révolutionnaire (13 mai). La suite se devine. Les Lyonnais défendent leur argent. Ils crient à la Convention, qui alors sous les Girondins dément Dubois-Crancé, autorise à repousser la force par la force. Décret coupable, et trop bien obéi dans l'affreux combat du 29.

La veille au soir, on criait dans toutes les rues : « Mort à Chalier ! » Des masses, ou crédules ou payées, le disaient agent royaliste. Chalier ne recula pas : « Ils veulent ma tête, je cours la leur porter. » Il va aux Jacobins, prononce un discours plein de feu, et dit : « Prenez ma vie. »

Presque tout l'auditoire se précipite pour l'arracher de la tribune. Ses amis le sauvent à peine, le conduisent chez l'un d'eux, Gaillard. C'était entre onze heures et minuit. Il y trouva tous ses disciples, qui voulaient mourir avec lui. Le 29 au matin, jour du combat, il se rendit intrépidement à son poste de juge, siégea de huit heures à une heure. A peine rentrait-il que le canon se fit entendre. Prié et supplié de pourvoir à sa sûreté, il resta immuable dans son domicile, disant : « J'ai ma conscience... Je me sens innocent comme l'enfant qui vient de naître. »

Le 30 au matin, il fut arrêté, traîné, lié, frappé, jeté dans le plus noir cachot. Sentant bien qu'il était perdu, il voulait échapper à ses ennemis, mourir en homme; à défaut d'autres moyens, il avala deux grands clous, et n'eut pas moins la douleur de vivre.

Ses lettres, naïves et touchantes, décousues, troublées, témoignent de l'état d'isolement où il se trouva tout à coup. De ses amis, les uns étaient en fuite, les autres se cachaient, du moins dans leur effroi se tenaient immobiles.

L'Italien, dominé par sa vive imagination, les presse, les pousse, veut leur donner des ailes : « Courez à Paris, voyez Renaudin (ami de Robespierre); que je sois jugé à Paris, etc. » Une chose lui donnait espoir : l'arrivée de Lindet à Lyon, la prise de Brissot; les Montagnards ayant un tel otage, Chalier croyait qu'on n'oserait le condamner à mort. Rien ne servit. On le jugea à Lyon.

Cependant on n'avait trouvé nulle preuve contre lui. Les jurés ne voulaient point juger, et les juges eux-mêmes voulaient ajourner le jugement. Mais les scribes et les pharisiens, comme il les appelle, avaient recours aux masses aveugles; on courait les campagnes, jusque dans les villages, on animait le peuple à vouloir la mort de son défenseur. Chalier ne l'ignorait pas. Il alternait (flottant dans une mer de pensées) entre les souvenirs de la vie, les affaires, et les visions de la mort. Le cher petit ermitage de la Croix-Rousse, qu'il achevait de bâtir, lui revenait au cœur : « Finissons la maison du côté du jardin. » Et dans une autre lettre : « Terminons la citerne... La pluie gâterait tout. » — Il retombait ensuite dans son cachot, dans le réel de sa situation : « La Liberté et la Patrie sont bien à plaindre; leurs défenseurs sont dans les souterrains... — O malheureuse et infortunée et aveugle ville de Lyon, de persécuter ainsi ton ami et ton protecteur!... — Adieu, Liberté! adieu, sainte Égalité!... Ah! C'est une Patrie perdue! »

Chaque jour, à minuit, douze soldats venaient à grand bruit comme pour le conduire à la mort. On se jouait de ses souffrances. Un voisin de prison, qui en avait pitié, lui donna un pigeon, qu'il aima fort et qui lui fit société.

D'où viendrait le secours? De Paris? de Grenoble?

Dubois-Crancé, dans cette dernière ville, s'était trouvé dans le plus grand danger. Les troupes qu'il y avait se décideraient-elles pour la Gironde, ou la Montagne? Grenoble, heureusement, comme toujours, fut admirable : la population enleva l'armée ; ce ferme point d'appui montagnard entre Lyon et Marseille devint le salut du Sud-Est. Dubois-Crancé redevint fort et put menacer Lyon. Mais plus il menaçait, plus il fortifiait le parti militaire, qui voulait la mort de Chalier.

A Paris, Lindet, de retour, demanda et obtint de la Convention qu'elle déclarât prendre sous sa sauve-garde les patriotes de Lyon. Il se montra réservé et prudent, ne voulut rien dire de sa mission que ces paroles infiniment conciliantes : « Si la nouvelle autorité de Lyon est ferme, il n'y a rien à craindre pour la Liberté. »

Marat montra un vif intérêt pour Chalier. Mais lui-même, mais Robespierre et les Jacobins, se trouvaient dans une situation assez difficile. Ils poursuivaient à Paris les *enragés*, qu'ils voulaient sauver à Lyon. Ils firent chasser des Cordeliers, le 30 juin, Leclerc, ami de Chalier.

Les liens de Chalier avec la masse du parti jacobin semblent n'avoir pas été bien forts; c'était en réalité un homme isolé, tout à part, qui devait sa puissance à son inspiration indépendante, à la spontanéité visible de son exaltation. Même plus tard, lorsque Chalier, mort, eut son apothéose, cela n'empêcha pas plusieurs de ses fidèles d'être persécutés.

La dangereuse mission de porter à Lyon le décret de la Convention en faveur de Chalier fut obtenue par un autre Italien, le patriote Buonarotti (arrière-neveu de Michel-Ange). Mais la situation était encore empirée quand il arriva. On le jeta en prison. Les royalistes soi-disant convertis avaient gagné du terrain. A force de jurer et de se dire républicains, ils parvenaient à se faire accepter.

Hommes d'épée, de robe, ils primaient aisément parmi les Girondins, qui presque tous étaient marchands. Ceux-ci firent maire, le 15 juillet, un M. de Rambaud, ancien juge de la sénéchaussée. Avec un tel choix, Chalier était mort.

A grand'peine il avait trouvé un défenseur mercenaire qui, pour 2,400 fr., consentit à parler pour lui. Le jugement n'en fut pas un. Le peuple menaça les témoins à décharge et les empêcha de déposer. Des femmes pleuraient dans l'auditoire. « Hélas! disaient-elles, comment faire mourir ce saint homme! » Le peuple les frappa, les chassa.

Les juges, effrayés sur leurs sièges, furent obligés de prendre pour bonne la lettre supposée de l'émigré à Chalier, comme si, de toute façon, une lettre, même vraie, où il n'était pour rien, eût pu être citée contre lui. Il n'en fut pas moins, sur cette belle preuve, condamné à mort.

Quelque profonde et terrible que fût la surprise de Chalier, rentré dans sa prison, il dit à un ami : « Je prévois que ceci sera vengé un jour... Qu'on épargne le peuple ; il est toujours bon, juste, quand il n'est pas séduit... On ne doit frapper que ceux qui l'égarent. » L'ami sentit son cœur brisé, et tomba roide évanoui.

Chalier, qui, dans ses lettres écrites en prison, avait donné des larmes à la nature, aux anxiétés de ce grand combat, ne se montra point faible à la mort. Il se rendit à pied à la place des Terreaux, où des furies hurlaient de joie. Il donna soixante francs au gendarme qui le conduisait, ne repoussa pas le prêtre qui se présenta à lui*. Quoique pâle au moment où il monta à l'échafaud, il dit fermement au bourreau : « Rendez-moi ma cocarde et attachez-la-moi, car je meurs pour la Liberté. »

Le bourreau, tremblant et novice, qui voyait la guillotine pour la première fois, avait mal suspendu le couteau ; il manqua son coup, le manqua trois fois. Il fallut, chose horrible, demander un couperet pour détacher la tête.

La foule, furieuse, fut elle-même saisie d'horreur et toute changée. On dit qu'il était *mort martyr*, et le miracle ne manqua pas à la légende. Plusieurs assurèrent que, sous l'affreux couteau, et le cou à demi coupé, il avait redressé sa tête pantelante, et qu'invincible à la douleur, il avait dit au bourreau effrayé les mots : « Attache-moi la cocarde. »

Les femmes, italiennes ou françaises, la Pia, la Padovani, recueillirent en pleurant sa colombe veuve, le dernier amour du cachot. Elles ne craignirent pas d'aller la nuit au cimetière des suppliciés. La Padovani, aidée de son fils, arracha à la terre la pauvre dépouille, si barbarement massacrée. La tête, hideuse et brisée, n'en fut pas moins moulée, reproduite fidèlement avec les trois horribles coups. Lugubre monument de guerre civile, qui fut montré, promené par la France. On copia partout la tête de Chalier, on honora, adora son image ; mais sa parole : « Qu'on épargne le peuple, » hélas ! qui s'en est souvenu ?

DERNIÈRES PAROLES DE CHALIER

Je n'ai que ce papier pour vous faire mes adieux, mes chers frères et sœurs, quelques minutes avant ma mort pour la Liberté. Adieu, frère Antoine, adieu, frère Valentin, adieu, frère Jean, adieu, frère François, adieu, neveux, nièces, belles-sœurs, beaux-frères, parents et amis, adieu à tous ! — Chalier, votre frère, votre parent et votre ami, va mourir parce qu'il a juré d'être libre, et que la Liberté a été ôtée au peuple le 30 mai 93. Chalier, votre ami, va mourir innocent pour tout ce dont on l'accuse. Vivez en paix, vivez heureux, si la Liberté reste après lui. Si elle vous est ravie, je vous plains. Souvenez-vous de moi. J'ai aimé l'Humanité entière et la Liberté, et mes ennemis, mes bourreaux, qui sont mes juges, m'ont conduit à la mort. Je vais rentrer dans le sein de l'Éternel.

Vous, mes frères, venez recueillir le peu que je laisse. Suivez les conseils de l'ami Marteau, de la bonne Pie, ma gouvernante, que vous considérerez comme moi-même, et dont vous aurez soin comme de moi-même pendant toute sa vie. Si elle désire aller près de vous, recevez-la comme moi-même, ayez toutes les bontés pour elle; elle connait mon cœur.

Je vous invite à faire tout pour faire rentrer mes fonds et acquitter mes dettes contractées.

Suivez les conseils des amis que je vous ai indiqués, et de Bertrand fils, mon ami.

Si le sacrifice de ma vie peut suffire à tous mes ennemis, qui sont ceux de la Liberté, je meurs innocent de tous les crimes qu'on m'impute. Adieu, adieu, je vous embrasse tous. — Lyon, 16 juillet 1793, à trois heures après midi. Signé : Chalier, l'ami de l'Humanité.

Je te salue, ami Renaudin !

Je vais mourir pour la cause de la Liberté.

Je te salue, ami Soulès !

Je vais verser mon sang pour la cause de l'Humanité.

Je te salue, ami Marteau !

Je vais mourir pour satisfaire à l'envie des ennemis de la Justice. — Je te recommande la bonne Pie. Ne pleure pas ainsi qu'elle sur moi, mais sur les maux qui vont peut-être t'accabler. Salue ta sœur pour moi, salue tous mes amis, Monteaud, Demichel et autres.

Je te salue, bonne femme Pie. Adieu, rappelle-toi celui qui fut toujours l'ami de l'Humanité.

Ma justification est dans le sein de l'Éternel, dans toi, dans tous nos amis, dans ceux de la Liberté. Embrasse Bertrand fils pour moi. Je l'invite à ne pas t'abandonner et à faire tout... — Mes frères aussi infortunés (surtout François) que tu peux l'être. — Ne t'afflige pas. Porte à la citoyenne Corbet un billet de cent livres que je lui envoie par toi pour souvenir. Son mari était si bon et si vrai patriote ! Salue et embrasse tous nos amis, tous ceux qui se rappelleront de moi. Dis-leur que je les aime, comme l'Humanité entière.

Adieu, salut, salut! Je vais me reposer dans le sein de l'Éternel. — Lyon, 16 juillet 1793, à quatre heures du soir. Signé : Chalier. *(Archives de la Préfecture de la Seine, reg. 34 du Conseil général. 25 déc. 93.)*

CHAPITRE VI

RÈGNE ANARCHIQUE DES HÉBERTISTES
DANTON
DEMANDE UN GOUVERNEMENT

(JUILLET-AOUT 93)

*Enterrement de Marat. — « Le Père Duchêne » succède à
« L'Ami du Peuple. » — Tyrannie des hébertistes au
ministère de la Guerre. — Robespierre uni aux hébertistes contre les enragés. — Échec de nos armées (juin-
juillet). — Extrême danger (août 93). — Décrets violents (août 93). — Le Comité de Salut public agissait
peu encore. — Danton veut que le Comité se constitue
gouvernement. — Le Comité décline la responsabilité.*

A sœur de Marat, qui a vécu jusqu'à nous, disait en 1836 un mot certainement juste et vrai : « Si mon frère eût vécu, jamais on n'eût tué Danton ni Camille Desmoulins. »

Nous ne doutons pas qu'en effet il ne les eût soutenus, et conservé l'équilibre de la République, qu'il n'eût sauvé Danton, et par cela même sauvé Robespierre. Dès lors, point de Thermidor, point de réaction subite et meurtrière. L'arc de 93, horriblement tendu par la mort de Danton, n'aurait pas éclaté pour la ruine de la Liberté et de la France.

Les Cordeliers demandaient le Panthéon pour Marat. La *proposition* fut reçue froidement aux Jacobins. Robespierre se déclara contre, et en cela il fut l'organe des sentiments réels d'une grande partie de la Montagne, qui ne pardonnait pas à Marat sa royauté d'un quart d'heure au 2 juin.

Il eut mieux que le Panthéon.

Il eut une pompe populaire, et fut enterré parmi le peuple sous les arbres des Cordeliers, près de la vieille église et du fameux caveau où il avait écrit. Les pauvres gens, ceux mêmes qui n'avaient guère lu ses journaux, étaient attendris de sa mort, de son dévouement, de sa grande pauvreté. Ils savaient seulement que c'était un vrai patriote, qui était mort pour eux, et qui ne laissait rien au monde. Ils avaient le pressentiment très juste que ses successeurs vaudraient moins, auraient un zèle moins désintéressé. Beaucoup pleuraient. La pompe eut lieu de six heures à minuit, à la lueur des torches, à la clarté d'une resplendissante lune d'été. Et il n'était pas loin d'une heure quand Marat fut déposé sous les saules du jardin.

Thuriot, président de la Convention, dit sur la tombe quelques mots chaleureux, toutefois propres à calmer le peuple, à faire ajourner la vengeance.

Un seul fait montrera combien la mort de Marat empirait la situation.

L'ami d'Hébert, le secrétaire général de la Guerre, le petit Vincent, brouillon, intrigant furieux, qui ne savait se contenir, montra sa joie pendant l'enterrement ; il se frottait les mains, disait : « Enfin !... » Ce qui signifiait : Nous sommes enfin rois. Nous héritons de la royauté de la Presse populaire.

Et cela n'était que trop vrai. *L'Ami du peuple* fut, en réalité, remplacé par *Le Père Duchêne*.

Hébert n'héritait pas sans doute de l'autorité de Marat ; mais, en revanche, il disposait d'une publicité bien autrement vaste, illimitée, on peut le dire, n'imprimant pas, comme Marat, selon la vente, mais selon l'argent qu'il tirait des caisses de l'État, spécialement de celle de la Guerre. Marat (sa sœur l'a imprimé) ne faisait pas ses frais. Hébert, en quelques mois, et vivant avec luxe, fit une fort belle fortune.

Employé des Variétés et chassé pour un vol, vendeur de contremarques à la porte des théâtres, il vendit aussi des journaux, spécialement *Le Père Duchêne* (il y avait déjà deux journaux de ce titre). Hébert vola le titre et la manière, se fit entrepreneur d'un nouveau *Père Duchêne*, plus jureur, plus cynique ; il le faisait écrire par un certain Marquet. Parleur facile aux Cordeliers, Hébert se fit porter par eux à la Commune. Club, Commune et journal, trois armes pour extorquer l'argent. On le vit au 2 juin : dans ce grand jour d'inquiétude où tout le monde s'oubliait, Hébert ne perdit pas la tête ; il sentit que le gouvernement, dans une telle crise, avait grand besoin des journaux et grande peur aussi. Il reçut cent mille francs.

Nous avons raconté qu'au 2 juin, Prudhomme, l'éditeur des *Révolutions de Paris*, fut arrêté, et si bien tourmenté, qu'il cessa bientôt de paraître. Celui qui le fit arrêter, un certain Lacroix, était hébertiste et membre de la Commune. Il rendit là un service à Hébert, lui tuant son concurrent, *effrayant tous les autres, de sorte que la terreur qui frappa les journaux profita à un seul ;* la liberté de la Presse, entière de nom, nulle de fait, n'exista guère que pour *Le Père Duchêne*.

Lorsque Prudhomme reparut, le 3 octobre, ce fut à condition de prendre exclusivement pour rédacteurs des hébertistes.

Hébert, maître et seigneur de la Presse populaire, pouvait, dans un moment donné, frapper sur l'opinion des coups terribles. Tels de ses numéros furent tirés jusqu'à *six cent mille !*

Publicité factice, payée et mercenaire. L'honnête Loustalot, le premier rédacteur des *Révolutions*, tira à deux cent mille, dans les grandes journées d'enthousiasme universel, sincère, qui ont marqué l'aurore de la Révolution.

La vache à lait d'Hébert était Bouchotte, le ministre de la Guerre.

D'une part, il tirait de lui ce qu'il voulait d'argent pour augmenter sa publicité, l'étendre surtout aux armées. D'autre part, avec cette publicité, il le terrorisait, lui faisait nommer ses amis commis, officiers, généraux. Un ministère qui dépensait trois cents millions (d'alors) par mois, qui avait à donner cinquante mille places ou grades, mille affaires lucratives d'approvisionnement, équipement, armes, munitions, constituait une puissance énorme, toute dans la main des hébertistes.

A la tête de tout cela, le vrai ministre, Vincent, un garçon de vingt-cinq ans, petit tigre. Plus tard, quand Robespierre réussit à le mettre en cage, sa fureur était telle qu'il mordait dans un cœur de veau, croyant mordre dans le cœur de ses ennemis.

La tolérance de ces misérables, qui dura plusieurs mois, fut le martyre de Robespierre.

Fous furieux dans leurs paroles, ils étaient, dans leurs actes, infiniment suspects. Le sansculotte Hébert, quand il avait couru dans sa voiture à la Commune, aux Cordeliers, aux Jacobins ou à la Guerre, laissait le bonnet rouge et retournait à la campagne, à la *villa* du banquier Koch, que beaucoup regardaient comme un agent de l'étranger. Sa femme et lui ne vivaient là qu'avec des ci-devant (spécialement une dame de Rochechouart), le beau monde enfin d'autrefois. Le plus assidu commensal de la maison était un Autrichien, très douteux patriote, Proly, bâtard du prince de Kaunitz.

Le premier soin de Robespierre, dès qu'il eut un bon Comité de Sûreté, ce fut de faire arrêter ce Proly, et saisir ses papiers.

Il ne trouva rien d'abord, mais, plus tard, il l'a fait mourir avec Hébert.

Quand l'étranger les eût payés pour maintenir la désorganisation qui régnait à la Guerre, ils n'auraient pas fait autrement. De moment en moment, ils changeaient tous les généraux. Aux deux grandes armées du Nord et du Rhin, il y eut, à la lettre, un général par mois.

A la première, six généraux en six mois : Dumouriez, Dampierre, Beauharnais, Custine, Houchard, Jourdan.

En huit mois, huit généraux à l'armée du Rhin : Custine, Diettmann, Beauharnais, Laudremont, Meunier, Carlenc, Pichegru, Hoche.

Cette mobilité effroyable suffisait à elle seule pour expliquer tous les revers.

La girouette ne fut fixe que pour un choix, celui de Rossignol, l'inepte général de l'Ouest. Ronsin avait très bien compris que, pour agir à l'aise, il valait mieux pour lui ne pas prendre le premier rôle. Il lui fallait un mannequin. Il avait pris tout simplement un jeune gendarme, homme illettré et simple, ex-ouvrier bijoutier du faubourg Saint-Antoine, brave, agréable, grand parleur, aimé des Clubs. Rossignol, c'était son nom, avait brillé au siège de la Bastille, puis dans la gendarmerie, et il y avait atteint le vrai poste où il devait rester, celui de commandant ou colonel d'un corps de gendarmerie. Bon enfant, bon vivant, pas fier, camarade du soldat, très indulgent pour les pillards, il se fit adorer. Les généraux auraient voulu le pendre ; c'est ce qui fit sa fortune. Traduit à la barre de la Convention, il apparut comme une victime du patriotisme. Il y fut fort caressé, encouragé de la Montagne, qui ne vit que sa bravoure, sa simplicité. Ronsin saisit l'occasion avec un tact admirable ; il vit combien Rossignol avait plu, et qu'on était décidé d'avance à tout pardonner à ce favori, qu'il pourrait tout faire sous son ombre. Il demande et obtient qu'on le fasse général en chef ! « Vous avez tort, dit Rossignol lui-même ; je ne suis pas f.... pour commander une armée. » Il eut beau dire, il commanda. Ronsin, derrière Rossignol, lui fit signer des crimes, d'affreuses trahisons. Toujours battu, toujours justifié, Rossignol ne parvint jamais à lasser l'engouement du Comité de Salut public. Il en fut quitte pour passer à un autre poste et dire en finissant : « Je ne suis pas f.... pour commander une armée. »

Robespierre pouvait-il ignorer ce hideux gâchis de la Guerre qui non seulement ruinait la France, mais la tenait sur le bord de l'abîme? Il est impossible de le croire. Mais une chose le paralysait.

Il voyait aussi un abîme, mais un autre qui l'effrayait plus que les désordres de l'Administration et les succès de l'étranger, l'abîme de la dissolution sociale. Cette *Terra incognita* au delà de Marat (dont parle Desmoulins), cette région inconnue, hantée des spectres et mère des monstres, il l'avait vue dès juin dans l'étrange alliance de Jacques Roux (des Gravilliers), du lyonnais Leclerc, ami de Chalier, et de sa maîtresse Rose Lacombe, chef des *femmes révolutionnaires*. Connaissait-il Babeuf, déjà persécuté par André Dumont dans la Somme, et par la Commune à Paris? je n'en fais aucun doute. La révolution romantique et socialiste (comme nous dirions aujourd'hui) inquiétait Robespierre. Dans sa visite aux Cordeliers, pour combattre les monstres, les Leclerc, les Jacques Roux, il lui fallut, comme on a vu, se faire accompagner de cet ignoble chien, Hébert.

Marat, tant qu'il avait vécu, leur tenait la porte fermée. Marat mort, ils s'étaient habilement saisis de son nom.

Roux, Leclerc et Varlet rédigeaient ensemble *L'Ombre de Marat*. Là était la terreur de Robespierre; là, son lien avec Hébert, qui, comme concurrent, ne demandait pas mieux que de les détruire. Avant la fête du 10 Août, lorsque les fédérés arrivaient à Paris, Robespierre frémissait de les voir en péril de tomber sous cette influence anarchique. Il lança la veuve Marat, qui vint à la Convention accuser Roux, Leclerc, d'avoir volé le nom de son mari. Renvoyé au Comité de Sûreté, qui arrête le journal et les rédacteurs. Mesure violente, presque inouïe. Les Gravilliers crièrent pour Roux, leur orateur ; Hébert les reçut à la Commune, les traita sèchement, du haut du *Père Duchêne*, les renvoya humiliés.

Voilà à quoi servait *Le Père Duchêne*, et le secret de la grande patience de Robespierre.

Robespierre n'avait nul journal. Il n'avait de prise que par les Jacobins. Et là même, par Collot d'Herbois et autres, les hébertistes étaient très forts. Il lui fallut donc patienter, attendre qu'ils se perdissent eux-mêmes, laisser passer cette fange. Sa conduite aux Jacobins fut merveilleuse de dextérité. Jamais il ne nommait Hébert, jamais Ronsin. Mais il défendait leur ministre Bouchotte, et c'est ce qu'ils voulaient le plus. Il défendait aussi leur Rossignol, et volontiers : c'était une thèse populaire.

A ce prix, Robespierre, sans se salir avec Hébert, pouvait s'en servir au besoin. Le cas pouvait venir où la Montagne se mettrait en révolte contre son ascendant, où Danton reprendrait le sien. Ce jour-là, il aurait trouvé un secours dans ce dogue, qui pouvait en un jour mordre de six cent mille gueules à la fois (cela eut lieu le 4 octobre).

Jusque-là, s'il menaçait Danton, Robespierre l'arrêtait. Que les dantonistes et les hébertistes s'usassent les uns par les autres, il le trouvait très bon ; mais abandonner Danton même, c'eût été rendre les hébertistes si forts, qu'ils eussent tout emporté. Ils avaient déjà le ministère de la Guerre ; ils auraient pris celui de l'Intérieur, l'objet de leur concupiscence* ; ils auraient eu le dehors et le dedans, toute la force active. Robespierre ne le permit pas.

Toutes les difficultés de la situation éclatèrent aux premiers jours d'août, quand la Convention fut frappée d'une grêle effroyable de revers et de mauvaises nouvelles.

Revers tout personnels pour l'Assemblée. La Montagne elle-même était allée à la frontière. Nombre de ses membres, avec un dévouement admirable, sans songer qu'ils sortaient de professions civiles, avaient pris l'épée en juillet et marché aux armées, acceptant toute la responsabilité, défiant la fortune. Là, ils avaient trouvé tout ennemi, les militaires hostiles, la discipline anéantie, le matériel nul, la désorganisation radicale des Administrations de la Guerre, l'ineptie du ministre, la perfidie souvent des hébertistes, toujours leur incapacité. Et tout cela retombait sur les représentants. Battus, blessés, comme Bourbotte; déshonorés, comme d'autres, et tout près de la guillotine! A Mayence, Merlin de Thionville arrêta toutes les forces de la Prusse, se battit comme un lion, couvrit la France quatre mois, et au retour faillit être arrêté. A Valenciennes, Briez et un autre se défendirent quarante jours et contre l'ennemi et contre la ville; la bourgeoisie voulait se rendre et lâchait le peuple contre eux. Les émigrés étaient si furieux, que, malgré la capitulation, malgré les Autrichiens, ils voulaient les tuer. Il leur fallut cacher leurs écharpes, prendre l'habit de soldat, passer confondus dans les troupes (28 juillet).

La Convention apprend les jours suivants qu'elle a perdu toute la frontière du Nord, que Cambrai est bloqué;

Que le Rhin est perdu, Mayence rendu, Landau bloqué, l'ennemi aux portes de l'Alsace;

Que, pour la seconde fois, les Vendéens vainqueurs ont dissipé l'armée de la Loire.

Qui accuser? Les représentants ne méritaient que des couronnes civiques. Les revers étaient le résultat de la désorganisation générale. Le Comité de Salut public, renouvelé depuis le 10 juillet, n'avait pu faire grand'chose encore. Il craignait néanmoins qu'on ne le rendît responsable, et se rejetait sur la trahison. La perfidie d'un général, l'argent de l'étranger, telles étaient les explications que donnait le tremblant Barère. Les accusations de ce genre réussissent presque toujours auprès des Assemblées émues et défiantes. Barère y excellait.

Les incendies qui éclataient dans nos ports, et qu'on imputait aux Anglais, portaient au comble l'irritation de la Convention. Elle déclara Pitt « l'ennemi du genre humain. » Quelqu'un voulait qu'on décrétât que tout homme avait le droit de le tuer.

Tuer! c'est le seul remède que la plupart voyaient aux maux de la France.

Tuer les traîtres! les généraux étaient tous jugés.

Tuer les rois! les Clubs ne parlaient d'autre chose.

La Convention ordonna que la Reine fût mise en jugement.

Tuer la royauté dans le passé même et dans ses tombeaux. On décréta, pour le 10 Août, la destruction des tombeaux de Saint-Denis.

Les Girondins eux-mêmes, amis présumés de la royauté, furent compris dans ces anathèmes. On adopta le décret de Saint-Just, qui les déclarait traîtres avant tout jugement. L'infortuné Vergniaud, immobile à Paris, gardé et sous les yeux de la Convention, fut renvoyé au Tribunal révolutionnaire le même jour que Custine, suspect d'avoir livré le Rhin.

Parmi ces décrets de fureur, il y eut un mot de bon sens, et ce fut Danton qui le dit :

Créer un gouvernement.

Ce n'étaient pas quelques têtes de moins qui changeaient la situation ; ce n'était même pas la levée en masse, ni de pousser des cohues indisciplinées à la boucherie ; 92 était passé, il n'y avait plus le premier élan. Ce qu'il fallait en 93, ce n'était pas seulement des hommes, c'était des soldats.

La question du moment, et celle qui restait si malheureusement suspendue, celle que le 2 juin n'avait pu résoudre, était celle-ci : *Créer un gouvernement.*

Existait-il, ou n'existait-il pas? Au moindre mot qu'on en risquait, les Clubs perçaient l'air de leurs cris; les Hébert, les Vincent, les amis de Ronsin juraient la mort de ceux qui tenteraient cette entreprise impie. Et cependant ils gouvernaient, en réalité ; ils tenaient sous une sorte de terreur le ministère de la Guerre et le Comité de Salut public.

Ce Comité n'existait qu'à demi. Il ne fut complet qu'en novembre. Les membres les plus actifs, Lindet, Jean-Bon Saint-André, Prieur de la Marne, étaient toujours absents. Les présents étaient deux robespierristes, Couthon et Saint-Just, balancés par deux dantonistes (qui sortirent bientôt), Hérault, Thuriot. L'indifférent Barère voltigeait à droite ou à gauche, selon que le menait la peur.

Cet embryon de Comité, forcé d'agir parfois, éprouvait le besoin de prendre consistance. Robespierre *y entra malgré lui,* le 27 juillet; il le dit ainsi, je le crois. Il lui valait mieux dominer absent le Comité que d'y être lui-même. Ajoutez qu'en réalité il était homme d'autorité plus que de gouvernement, de haute influence plutôt que d'affaires.

Le Comité, en obligeant Robespierre de devenir un de ses membres, et de lui donner son nom, faisait un pas dans la franchise. On lui demandait d'en faire un second.

Voici sous quelle forme Danton hasarda sa proposition : *Érigez en gouvernement provisoire le Comité de Salut public; que les ministres ne soient que ses agents; confiez-leur cinquante millions.*

Autrement dit : Que le Comité, gouvernement de droit, devienne gouvernement de fait, qu'il accepte toute la responsabilité. Et, pour que cette responsabilité soit entière, qu'elle ne flotte plus partagée entre le Comité et les ministres, abattons cette monarchie du pouvoir ministériel qui neutralise le Comité, et qui n'agit pas davantage.

Ce qui s'était fait depuis deux mois de plus utile, d'immédiatement efficace pour le salut, s'était fait sans les ministres, sans le Comité.

Seule, sans secours du Centre, Nantes tint en échec la Vendée, malgré le Centre même, qui destituait Canclaux, l'excellent général de Nantes.

Seul, sans secours du Centre, Dubois-Crancé organisa les forces montagnardes qui continrent le Sud-Est, isolèrent Lyon des Alpes; le tout, comme il le dit lui-même, sans le Comité, malgré lui.

Seul, par sa sagesse individuelle et sa modération, Robert Lindet poursuivait la pacification de la Normandie. Et le Comité n'y fit rien qu'envoyer, pour plaire aux hébertistes, un homme à moitié fou, Carrier.

Ces efforts partiels avaient suffi, pourquoi? Parce que l'orage de la guerre était encore suspendu sur Mayence et sur Valenciennes. Maintenant, il crevait; c'était le moment de faire un gouvernement un et fort, ou bien de périr.

Le Comité devait prendre résolument la direction, et déclarer qu'il était ce gouvernement; cesser d'obéir, commander; ne plus se laisser traîner à la remorque, mais prendre l'avant-garde et l'initiative, entraîner tout le monde au nom de la patrie.

Cela ne fut pas dit, mais saisi à merveille, senti profondément.

C'était le cri du cœur et du bon sens.

Couthon, l'ami de Robespierre, sans attendre cette fois son avis, s'écria qu'il appuyait Danton.

Saint-André en dit autant, ainsi que Cambon et Barère. Seulement ils ne voulaient point de fonds en maniement.

Robespierre dit que la *proposition* lui semblait vague. Il demanda, obtint l'ajournement.

« Vous redoutez la responsabilité? leur dit Danton. Souvenez-vous que, quand je fus membre du

Conseil, je pris sur moi toutes les mesures révolutionnaires. Je dis : « Que la Liberté vive, et « périsse mon nom ! »

Grave appel. Y répondre par l'ajournement, c'était risquer beaucoup.

Qu'adviendrait-il, si la chose qu'on pouvait prévoir, la chose décisive et mortelle (qu'on apprit en effet le 7), venait à se réaliser : *l'union des Anglais avec les Autrichiens pour marcher sur Paris ?*

La situation de la France étant si prodigieusement hasardée, il semblait que le Comité de Salut public devait se hasarder lui-même, prendre la force qu'on le priait de prendre, mettre la main sur la Guerre, chasser Bouchotte ou le faire marcher droit, braver Hébert, Vincent, Ronsin, tous les chiens aboyants qui faisaient curée de la France.

Robespierre ne crut pas la chose encore possible.

Comment, dans un gouvernement d'opinion et de publicité, subsister sans la Presse ? Or, la Presse était dans Hébert depuis la mort de Marat.

On n'eût pas réussi.

On eût aventuré la seule autorité morale qui restât à la République. Cette autorité subsistait, mais à condition de ne rien faire. Hébert n'était pas mûr pour la mort.

Donc, Robespierre ne faisait rien. Il siégeait, écoutait, écrivait.

Cinq ou six heures par jour à la Convention, autant aux Jacobins. En août, il fut président de l'une et de l'autre assemblées.

Les nuits pour ses discours.

Il lui restait du temps pour des occupations que nous appellerions philosophiques, académiques, pour lire à l'Assemblée l'ouvrage de Lepelletier sur l'éducation, pour écouter tout un livre de Garat sur la situation.

Tous ceux qui avaient le sens du danger, ou tout au moins la peur, étaient consternés de cette inertie du premier homme de la République. Plusieurs en étaient indignés.

Danton dit brutalement :

« Ce b.....-là n'est pas seulement capable de faire cuire un œuf! »

L'ancien ami et camarade de Robespierre, qui avait tant contribué à le diviniser vivant, Camille Desmoulins, dans une maligne brochure, en daubant l'ancien Comité, effleura le nouveau ; il toucha finement le point de la situation, à savoir : que, *ni dans la Convention, ni dans le Comité de Salut public, personne ne surveillait la Guerre.*

« Membre du Comité de la Guerre, dit-il, j'étais surpris de voir que notre Comité chômait. Et, comme on dit qu'au Comité de Salut public il y avait une section de la Guerre, j'y allai quatre jours de suite, et fus étrangement surpris de voir que cette section était composée de trois membres, l'un malade, l'autre absent ; le troisième s'était démis. » Ce troisième, l'ex-colonel Gasparin, ayant refusé, Robespierre occupait sa place, la place du seul membre militaire du Comité.

Cet état de choses était irritant. Il fallait un homme; on n'avait qu'un dieu.

Une société populaire ayant apporté (le 2 août) aux Jacobins les bustes de Lepelletier et de Marat, le président de ce jour dit ces étranges paroles: « Entre Marat et Lepelletier il doit rester un vide où sera placé le grand homme qui doit se lever pour être *le sauveur du monde...* — Oui, dit le boucher Legendre, mais pourvu qu'il soit aussi poignardé. »

CHAPITRE VII

FÊTE DU 10 AOUT 1793

Les fédérés du 10 Août 93. — Ouverture du Louvre et du Musée des Monuments français. — Comment les partis divers se caractérisaient. — Grandeur et terreur dans la fête du 10 Août. — Sombre effet. — Incidents cyniques. — Les colosses de plâtre.

LA fête du 10 Août fut une grande représentation populaire, imposante et terrible, toute marquée du caractère sinistre du moment, du danger, de la résistance désespérée qu'on préparait, des lois de la Terreur qu'on lançait à l'ennemi. Ce fut à peine une fête. L'*acceptation de la Constitution*, ce fait touchant de la France s'unissant en une pensée, n'y eut qu'un effet secondaire.

La nouvelle fatale avait été reçue par le Comité de Salut public. Les armées coalisées n'opéraient plus à part : elles marchaient d'ensemble, et les chances de la résistance devenaient infiniment faibles. L'armée du Nord n'avait dû son salut qu'à une manœuvre habile : elle s'était jetée de côté, mais en livrant la route de Paris. Paris se trouvait découvert ; la fête se donnait, pour ainsi dire, sous le canon ennemi.

Le chant du jour fut *le Chant du départ*, — non plus *la Marseillaise*, l'hymne humain et profond des légions fraternelles, — mais un coup perçant de trompettes, le cri de la Terreur guerrière qui fondit sur l'Europe et l'ensanglanta vingt années.

Pour la première fois on vit un autre peuple, et l'on put mesurer le grand changement qui s'était fait dans les mœurs et la situation. Au peuple confiant des grandes *fédérations*, au peuple enthousiaste de la grande croisade, *le départ de 92*, un autre a succédé. Les nouveaux fédérés, peu brillants, sérieux, mis humblement, hommes de travail et de devoir, n'apportaient nulle parure, mais leur dévouement simple, leurs bras, leur vie, dans cette grande circonstance. Le peuple de Paris n'était guère moins sérieux, sauf les bandes ordinaires qui dans toute fête gouvernementale sont chargées de représenter la joie publique.

La défiance régnait. Aux approches de Paris, les fédérés n'avaient pas été peu surpris de se voir fouillés. On craignait qu'ils n'apportassent des papiers dangereux, quelques journaux fédéralistes.

Combien à tort ! Ces braves gens n'avaient au cœur que l'unité de la France.

La Commune craignait pour leurs mœurs et leurs bourses. Elle avait signifié aux filles publiques de ne pas paraître dans les rues. On craignait encore plus pour leur orthodoxie politique. La Commune s'empara d'eux, les embrassa en quelque sorte, les mena à la Convention, aux Jacobins, partout. La Convention leur donna l'accolade fraternelle. Les Jacobins les établirent dans leur propre salle pendant tout leur séjour, délibérèrent en commun avec eux.

La Convention n'avait rien ménagé pour que cette grande occasion qui amenait à Paris tout un peuple lui laissât dans l'esprit une impression ineffaçable, pour que ce peuple sentît sa patrie et rapportât à la France sa grande émotion.

Elle consacra un million deux cent mille francs à la fête.

Elle ouvrit deux Musées immenses.

L'un, qu'on peut appeler celui des nations, l'universel Musée du Louvre, où chaque peuple est représenté par son art, par d'immortelles peintures.

L'autre*, qu'on pouvait appeler celui de la France, le Musée des Monuments français, incomparable trésor de sculptures tirées des couvents, des palais, des églises. Tout un monde de morts historiques, sortis de ses chapelles à la puissante voix de la Révolution, était venu se rendre à cette vallée de Josaphat. Ils étaient là d'hier, sans socle, souvent mal posés, mais non pas en désordre. Pour la première fois, au contraire, un ordre puissant régnait parmi eux, l'ordre vrai, le seul vrai, celui des âges. La perpétuité nationale se trouvait reproduite. La France se voyait enfin elle-même, dans son développement ; de siècle en siècle et d'homme en homme, de tombeau en tombeau, elle pouvait faire en quelque sorte son examen de conscience.

« Qui suis-je? disait-elle. Quel est mon principe social et religieux?... Et de quelle vie bat donc mon cœur? » Cela n'était pas clair encore. Chaque parti eût diversement répondu à la question. Autre eût été la solution des Cordeliers, des Jacobins ; autre celle de Robespierre et celle de Danton, de Clootz et de Chaumette, de la Commune de Paris. Ces influences opposées se combattaient manifestement dans la fête. L'ordonnateur David, homme de Robespierre, n'en avait pas moins suivi généralement l'inspiration de la Commune. C'est elle-même qui fit les devises. Elle répandit sur toute la fête le souffle des Cordeliers.

L'influence de Robespierre est manifestement subordonnée ; l'*Être suprême* de la Constitution ne paraît point ici. Et, d'autre part, les Cordeliers, peut-être par une concession à l'opinion jacobine, ont caché leur dieu, la *Raison*, qu'ils montreront bientôt, caché leur saint, Marat. Chose étrange! au moment où ils viennent d'appendre le cœur adoré de l'*Ami du peuple* aux voûtes de leur salle, ils manquent l'occasion d'exhiber la relique à la France réunie.

A défaut de l'unité de principe, la fête avait du moins une sorte d'unité historique. C'était comme une histoire en cinq actes de la Révolution.

Le tout, froid et violent, forcé, et néanmoins sublime.

Le péril et l'effort même, l'effort héroïque que l'on sentait partout, donnait à l'ensemble une vraie grandeur.

David fut l'effort même. Par là il exprimait son temps*. Artiste tourmenté de la grande tourmente, génie pénible et violent qui fut son supplice à lui-même, David, dans son âme trouble, avait en lui les luttes, les chocs, dont jaillit la Terreur.

Ce Prométhée de 93 prit de l'argile, et en tira trois dieux, trois statues gigantesques : la Nature, aux ruines de la Bastille; la Liberté, à la place de la Révolution; le Peuple-Hercule terrassant la Discorde ou le Fédéralisme, à la place des Invalides. Un Arc de triomphe au boulevard des Italiens, enfin l'Autel de la patrie au Champ-de-Mars, c'étaient les cinq points de repos.

Rude, immense improvisation. Les pierres de la Bastille n'étaient pas enlevées. Sur ce chaos confus, on organisa une fontaine. La Nature, un colosse en plâtre, aux cent mamelles, jetait par elles en un bassin l'eau de la régénération. Chaque pierre était marquée d'inscriptions funèbres, des voix de la Bastille, des gémissements des prisonniers, des antiques douleurs. Le president de la Convention, le bel Hérault de Séchelles, homme aimable, aimé de tous les partis, vint à la tête du cortège, et dans une coupe antique puisa l'eau vive, étincelante des premiers rayons du matin. Il porta la coupe à ses lèvres et la passa aux quatre-vingt-six vieillards qui portaient les bannières des départements! Ils disaient : « Nous nous sentons renaître avec le genre humain. » Ils burent, et le canon tonnait.

Le cortège s'allongea ensuite par les boulevards, les Jacobins en tête et les sociétés populaires. La bannière redoutable de la grande société, l'œil clairvoyant dans les nuages que montrait la bannière, marchait et semblait dire : La Révolution te voit et t'entend.

Derrière, la Convention sans costume, entourée d'un ruban tricolore que soutenaient les fédérés. Le peuple apparaissait ainsi comme embrassant son Assemblée, la contenant et l'enserrant.

Suivait un immense pêle-mêle de toutes les autorités confondues avec le peuple : la Commune, les ministres, les juges révolutionnaires au panache noir, au milieu des forgerons, tisserands, artisans de toute sorte. L'ouvrier portait pour parure les outils de son métier. Les seuls triomphateurs de la fête étaient les malheureux : les aveugles, les vieillards, les enfants-trouvés, allaient sur des chars, les petits dans leur blanc berceau. Deux vieillards, homme et femme, étaient traînés par leurs enfants.

Un tombereau emportait des sceptres et des couronnes. Une urne sur un char contenait les cendres des héros. Point de deuil ; huit chevaux blancs à panaches rouges, et d'éclatants coups de trompettes. Les parents des morts marchaient derrière, sans larmes et le front ceint de fleurs.

Une chose était absente, et tous les yeux la cherchaient, celle qui en Juillet 92 avait si fortement captivé l'attention. On ne voyait plus ici ce glaive de Justice, couvert de crêpe, que portaient des hommes couronnés de cyprès. Le glaive était partout en Août 93. Partout on le sentait. On ne le montrait plus nulle part.

Arrivé à la place de la Révolution, aux pieds de la Liberté, au lieu où la veille était l'échafaud, le président fit verser le tombereau de couronnes, y mit le feu. Trois mille oiseaux délivrés s'envolèrent vers le ciel. Deux colombes se réfugièrent dans les plis de la Liberté. Doux augure ! en contraste avec tant de réalités terribles !

Aux Invalides, le Peuple-Hercule, de la cime d'un rocher, terrassait, écrasait le dragon du Fédéralisme. Au Champ-de-Mars, tout le cortège, ayant passé sous le niveau de l'Égalité, monta à la sainte Montagne. Là, les quatre-vingt-six vieillards, dont chacun tenait une pique, les remirent toutes au président, qui, les reliant ensemble, consomma l'alliance des départements. Il était debout, au sommet; l'autel fumait d'encens; il lut l'*acceptation* unanime de la Loi nouvelle, et le canon tonna.

Grande heure! celle où pour la première fois un empire se fonda sur la base de l'Égalité!

A l'extrémité du Champ-de-Mars, un temple funèbre était élevé. La Convention y alla de l'Autel, et s'étant répandue sous les colonnes, tous découverts, prêtant l'oreille..., on entendit le président dire ces nobles paroles : « Cendres chères, urne sacrée, je vous embrasse au nom du peuple. »

La foule se dissipa aux premières ombres du soir, et, répandue sur l'herbe jaunissante du mois d'août, elle consomma en famille le peu qu'elle avait apporté. Tous rentrèrent en ordre et paisibles dans les murs de Paris, dans la nuit et le sommeil. Pour combien d'hommes pourtant cette fête était la dernière ! De la Commune qui suivait, combien peu devaient vivre encore au 10 Août 94! Combien de la Convention devaient entrer bientôt dans cette urne des morts, que ce bel hommes aux douces paroles, Hérault de Séchelles, innocente ombre de Danton, venait de presser sur son cœur!... Danton, Hérault, Desmoulins, Philippeaux, avaient encore huit mois à vivre; Robespierre et Saint-Just n'avaient pas une année.

Plus d'une chose assombrissait la fête.

Point de joie douce. Les uns, sérieux, inquiets. Les autres, violemment, cyniquement joyeux, et riant par efforts. On ne sentait nulle part la spontanéité du peuple.

Il y avait un ordonnateur de l'allégresse publique, et cet ordonnateur, en certains détails, n'annonçait pas assez le respect de sa propre foi. David, aux Italiens, dans ce lieu resserré, avait élevé un petit Arc de triomphe aux femmes du 5 Octobre, à celles qui ramenèrent de Versailles dans Paris le Roi et la royauté. On les voyait, victorieuses, montées sur les canons vaincus. Le peintre, pour cet effet de drame, avait choisi de belles femmes, des modèles sans doute, hardies, effrontées. Tout fut perdu. Le 5 Octobre (c'est ce qui fait sa sainteté) avait vu des mères de famille s'arracher de leurs enfants en larmes, quitter leurs petits affamés, et, par un courage de lionnes, ramener l'abondance avec le Roi dans Paris. Ce n'étaient pas des filles publiques qui pouvaient reproduire cette grande histoire.

Si la beauté devait figurer seule dans une telle représentation, où était la belle Théroigne, l'intrépide liégeoise, qui, dans ce jour mémorable, gagna le Régiment de Flandre et brisa l'appui de la royauté?... Brisée elle-même, hélas! fouettée, déshonorée en mai 93, enfermée folle à la Salpêtrière!... Cette femme adorée, devenue bête immonde!... Elle y mourut vingt ans, implacable et furieuse de tant d'outrages, de tant d'ingratitude.

Une autre personne encore reste frappée de cette fête. Quelle? Celle qui l'a votée, la Convention. L'ingénieux et subtil ordonnateur, pour symboliser l'embrassement du peuple réunissant ses mandataires, avait imaginé de montrer l'Assemblée sans insignes distinctifs, peuple parmi le peuple, enserrée d'un fil tricolore, que tiennent les envoyés des assemblées primaires. La Convention semblait tenue en laisse. Ce fil, quelque léger qu'il fût, avait le tort de trop bien rappeler l'humiliation récente de l'Assemblée, sa captivité du 2 juin. Un écrivain avait dit de Louis XVI, mené à la fête du 14 Juillet 92 : « Il a l'air d'un prisonnier condamné pour dettes. » Du moins n'était-il pas lié. Mais la Convention avait son lien visible ; on ne lui avait pas même épargné l'aspect de ses fers.

On eut le tort de laisser sur les places les trois colosses improvisés. David n'avait aucunement le génie du colossal, les formes simples et fortes qui conviennent à ces grandes choses. Ces statues, pour être énormes, n'en étaient pas moins mesquines et froides, dans leur sécheresse classique. On les laissa maladroitement se délaver sur place aux pluies d'automne ; elles furent bientôt effroyables sous un tel climat. Montrer ainsi la Liberté aux pieds de l'échafaud, c'était un crime, en réalité, un crime contre-révolutionnaire. La foule vint à la prendre en haine, n'y voyant qu'un Moloch à dévorer des hommes. Fâcheuse image, qui entra bien loin dans l'âme de nos pères, calomnia la Liberté dans leurs cœurs. Pendant qu'elle fleurissait jeune, forte, invincible à Wattignies, à Dunkerque, à Fleurus, ici, chez elle, hideuse et délabrée, elle épouvantait les regards.

LIVRE XIII

CHAPITRE PREMIER

LE GOUVERNEMENT SE CONSTITUE CARNOT

(AOUT 1793)

Les Anglo-Autrichiens réunis marchent vers Paris, 3-18 août 93. — Barère fait entrer Carnot au Comité de Salut public, 14 août. — Opposition de Robespierre. — Robespierre accuse le Comité de trahison.

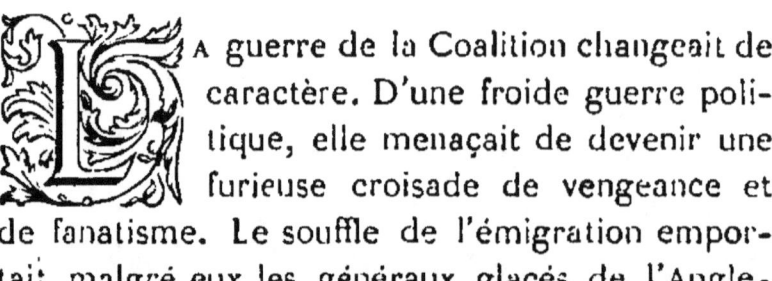

A guerre de la Coalition changeait de caractère. D'une froide guerre politique, elle menaçait de devenir une furieuse croisade de vengeance et de fanatisme. Le souffle de l'émigration emportait malgré eux les généraux glacés de l'Angleterre et de l'Autriche. Les instructions des Cabinets leur disaient de combattre à part. Les ardentes prières, les larmes enragées des émigrés qui se roulaient à leurs genoux, leur disaient de combattre ensemble. De Vienne, de Londres, les ministres écrivaient : « Garnissez-vous les mains, prenez des places. » Mais les émigrés entouraient York, Cobourg, priaient et suppliaient, les poussaient à Paris. Les ministres exigeaient Dunkerque et Cambrai. Les émigrés montraient la tour du Temple. « La Révolution est impuissante, elle recule, disaient-ils. Voilà trois mois qu'elle reste sans pouvoir faire un bon gouvernement. Avancez donc. Maintenant ou jamais. »

Les émigrés risquaient de vaincre, de tuer la patrie, pour leur déshonneur éternel. M. de Maistre le leur a dit : « Eh ! malheureux, félicitez-vous d'avoir été battus par la Convention !... Auriez-vous donc voulu d'une France démembrée et détruite ? »

C'était le moment où s'accomplissait le grand crime du siècle, l'assassinat de la Pologne. La France n'allait-elle pas avoir le même sort ? Deux peuples semblent tout près de disparaître ensemble, deux lumières du monde pâlissent et vont s'éteindre, et la Liberté avec elles ! On croit sentir l'approche de la grande nuit. L'humanité bientôt ira, les yeux crevés, nouveau Samson aveugle, travaillant sous le fouet !

Valenciennes, qui s'était livrée elle-même à

l'ennemi, était devenue un étrange foyer de fanatisme. Les traîtres qui ouvraient la ville avaient voulu faire tuer nos représentants par le peuple; les émigrés, à la sortie, guettaient pour les assassiner. Toute une armée de prêtres était rentrée, des moines de toute robe, plus qu'il n'y en eut dans l'ancienne France. Tout cela grouillant, prêchant, remplissant les églises, y chantant le *Salvum fac Imperatorem*. Les femmes pleuraient de joie et remerciaient Dieu.

Un grand Conseil eut lieu le 3 août. Et là, York céda, ne pouvant plus lutter contre tant d'instances, contre l'émotion qui était dans l'air. Il mit ses instructions dans sa poche, s'unit aux Autrichiens. Le général commandité de la banque et de la boutique devint un chevalier et se lança dans la croisade.

Ce bonhomme d'York, frère du roi d'Angleterre, était un homme de six pieds, brave et faible de caractère. Il avait pour coutume (quand il dînait chez sa maîtresse) de boire, après dîner, dix bouteilles de *claret*. Les belles dames royalistes raffolaient de lui, à Valenciennes, l'enlaçaient ; ce pauvre géant ne pouvait se défendre. L'or anglais, qui était aussi entré à flots, portait l'enthousiasme au comble. Tout le monde jurait, jusque dans les boutiques, qu'il n'y avait que ce grand homme, ce bon duc d'York, qui pût sauver le royaume. York finit par dire comme les autres :
« *Or now, or never :* Maintenant ou jamais. »

Voilà la masse énorme des deux armées anglaise et autrichienne qui s'ébranle et roule au Midi. Les Hollandais viennent derrière. En tête, voltigeait la brillante cavalerie émigrée, radieuse, furieuse, avec ses prévôts et ses juges pour pendre la Convention.

On croyait que le torrent allait s'arrêter à Cambrai. Mais, point. On continue. Les partis avancés poussent vers Saint-Quentin. Nous évacuons La Fère en hâte. Rien entre l'ennemi et Paris. L'armée du Nord, très faible, inférieure de quarante ou cinquante mille hommes à ce qu'on la croyait, avait été trop heureuse de se jeter à gauche dans une bonne position et d'éviter l'ennemi.

La France résisterait-elle, et qui dirigerait la résistance ? Chacun paraissait reculer devant une telle responsabilité. On trouvait des hommes dévoués pour braver le feu des batteries. On n'en trouvait aucun pour braver la Presse et les Clubs.

Le Comité de Salut public avait reculé, le 1er août, devant ce nom terrible de *gouvernement* que Danton le sommait de prendre. Il refusait tout, ne voulant ni de la dictature ni de l'état légal, de la responsabilité républicaine.

Où était-elle, cette responsabilité ? Partout, nulle part. Les ministres la déclinaient. Les représentants en mission ne pouvaient l'accepter, dans leur lutte avec les ministres Tout le monde se

rejetait sur un mot, répété de tous, et très faux :
« C'est la Convention qui gouverne. »

Que faire ? briser cette fiction fatale, renouveler la Convention, lui faire créer pour l'intérim un gouvernement provisoire ? Mais l'Assemblée nouvelle eût été pire, mais ce gouvernement n'eût pas duré deux jours sous les attaques de la Presse hébertiste.

La Convention avait décrété, le 24 juin, que, la Constitution une fois acceptée des départements, elle fixerait *l'époque où l'on convoquerait les assemblées primaires.*

La France girondine comptait sur ce décret, et c'est à ce prix qu'elle avait voté la Constitution. Nantes l'avait dit hautement. Lyon, Marseille, Bordeaux, étaient en pleine résistance. Si l'on voulait les rallier, il fallait non dissoudre la Convention, mais donner une garantie qu'on la dissoudrait un jour, établir que la Convention ne voulait pas s'éterniser.

Tel fut l'avis des conciliateurs, des dantonistes.

Lacroix demanda, le 11 août : que la Convention décrétât, non la convocation des assemblées primaires, mais une *enquête préalable sur la population électorale,* mesure habile et dilatoire, qui calmait, sans rien compromettre.

Et, toute dilatoire qu'elle était, elle avertissait l'autorité qu'elle n'était pas éternelle, secouait sa léthargie. Elle mettait en demeure le Comité de Salut public d'être ou de n'être pas, de ne point rester un roi fainéant, d'agir enfin et de se hasarder, s'il ne voulait être balayé avec la Convention elle-même.

La menace opéra.

Le même jour, 11 août, le Comité commença à fonctionner sérieusement. Ce jour, il changea d'existence : il osa, sans égard à Bouchotte, à ses patrons les hébertistes, prendre la haute main sur la Guerre. Il envoya Carnot, avec tous ses pouvoirs, pour diriger l'armée du Nord.

Qui rendit le Comité si audacieux, et lui fit surmonter cette peur ? Une peur plus grande, l'union des armées alliées, la vengeance prochaine de l'émigration.

L'homme le plus peureux du Comité (et le seul) était Barère. C'est celui qui eut la plus vive intelligence du péril, et le plus d'audace pour l'éviter. Entre la morsure hébertiste et la potence royaliste, il se décida, brava la seconde.

Barère était le menteur patenté du Comité. Chaque matin, d'un coup frappé sur la tribune, il faisait jaillir des armées (contre la Vendée, par exemple, quatre cent mille hommes en vingt-quatre heures). Mais lui-même, dans un vrai péril, les armées idéales ne le rassuraient guère. Il ne s'enivrait point de ses mensonges, il ne se croyait point.

Sa peur lui disait parfaitement que les moyens de Danton opéreraient trop tard, et que ceux de Robespierre n'opéreraient rien. Danton voulait *la levée en masse*, mettre la nation debout; cette opération gigantesque n'aboutit qu'en novembre (quand nous étions vainqueurs). Robespierre ne proposait rien que de *punir les traîtres* et de faire des exemples.

S'en tenir là, c'était attendre l'ennemi, comme le sénat romain, pour mourir sur sa chaise curule. Barère n'en avait nulle envie.

Les chefs de la Révolution étaient tous dans un point de vue noble et élevé, qui deviendra plus vrai et dont nous irons peu à peu nous rapprochant dans l'avenir : *Tout homme est propre à tout*. Un sincère patriote, mis en présence du danger, doit trouver dans son cœur des lumières pour suppléer à la science, une seconde vue pour sauver la patrie. Ils méprisaient parfaitement la spécialité, le métier, le technique.

Barère, plus positif et éclairé par le sentiment de la conservation, n'hésita pas, dans une maladie qui menaçait d'être mortelle, d'appeler le médecin. Il ne se fia pas à un homme quelconque. Il appela Carnot, et Prieur de la Côte-d'Or.

Il fallait là vraiment une seconde vue (la peur parfois la donne). Carnot n'avait rien spécialement qui le désignât aux préférences de Barère.

Il était honnête homme, visiblement. Barère ne l'était pas. Non qu'il fût malhonnête. Ni l'un ni l'autre. Mais un charmant *faiseur*, improvisateur du Midi.

Carnot avait marqué par des missions utiles et sans éclat.

Il était connu dans la Convention par les décrets pour la fabrication des piques et la démolition des places inutiles.

Connu pour avoir dirigé, en 92, les travaux du camp de Montmartre, dont se moquaient les militaires.

Il était fort laborieux, plein de zèle; il venait travailler de lui-même à l'ancien Comité de Salut public.

Officier du Génie, il avait montré de la résolution à Furnes et avait pris le fusil.

Il n'y avait pas au monde un meilleur homme, jeune et déjà marié, régulier, ne faisant rien que d'aller en hâte de la rue Saint-Florentin (où il couchait) aux Tuileries, au Comité où il fouillait les anciens cartons de Grimoard, l'homme de Louis XVI, savant général de cabinet.

La doctrine générale de Grimoard, de Carnot, de bien d'autres, était *d'agir par masses*. Ce sont de ces axiomes généraux qui ne sont rien que par l'application. Un seul homme l'avait appliquée, le grand Frédéric, qui, dans la Guerre de Sept ans, cerné comme un loup dans une meute d'ennemis, avait porté ici et là, brusquement, des masses rapides, leur faisant front à tous et les battant tous en détail.

Cet Allemand, forcé d'être léger par la nécessité, mit dans la guerre et dans la science de la guerre cette idée instinctive et simple que la Nature enseigne à tout être en péril.

« Que faire donc? demandait Barère. — Imiter le grand Frédéric. Prendre au Rhin de quoi fortifier l'armée du Nord, y frapper un grand coup. »

La situation était-elle la même? Frédéric, vivement, âprement poursuivi par la France et l'Autriche, l'était bien moins par la Russie. Il put la négliger par moments pour faire face aux deux autres.

Il était douteux qu'on pût impunément, en 93, négliger ainsi le Rhin. Les Prussiens, libres enfin du siège de Mayence, s'étaient unis aux Autrichiens. Leurs armées, débordant à la fois sur une ligne immense, menaçaient la frontière. Tout le monde s'enfuyait des villes d'Alsace. L'armée du Rhin, en pleine retraite, reculait lentement. Si elle ne pliait pas sous la masse épouvantable de l'Allemagne qui avançait, elle le devait, non à ses généraux, Custine, Beauharnais et autres qui suivirent et qui changeaient à chaque instant; elle le dut à quelques officiers inférieurs, Desaix, Gouvion Saint-Cyr, qui, chaque jour, à l'arrière-garde, se faisaient patiemment, consciencieusement écraser, pour donner encore à l'armée un jour de retraite.

L'auraient-ils pu toujours, si les Prussiens avaient sérieusement secondé l'Autriche?

Pourquoi la Prusse agit-elle mollement? Parce

qu'elle voulait attendre le partage de la Pologne.

Nous le savons maintenant. Mais Carnot ne le savait pas. Il agit comme s'il le savait, et il risqua sa tête. Il proposa audacieusement d'affaiblir de trente-cinq mille hommes nos armées du Rhin et de la Moselle, au moment où les Prussiens fortifiaient l'armée coalisée de quarante mille hommes! Quel texte d'accusations, s'il ne réussissait! Aucun des généraux guillotinés à cette époque n'eût passé plus sûrement pour traître. Nous-mêmes, aujourd'hui, nous serions fort embarrassés de fixer notre opinion.

Carnot fut héroïque, risqua sa vie et sa mémoire. Barère même, il faut le dire, eut un moment d'audace lorsqu'il lança Carnot devant le Comité. Sa tête fut engagée aussi.

Non seulement la mesure était excessivement hasardeuse à l'armée, mais elle l'était à Paris, où le Comité allait faire le grand pas devant lequel il reculait toujours : subordonner Bouchotte, braver la tyrannie des hébertistes, devenir ce que Danton demandait qu'il fût : *un gouvernement.*

Il y avait dans le Comité deux dantonistes, Hérault et Thuriot, qui, pour que le *Comité fût un gouvernement*, sans nul doute appuyèrent Barère. Couthon, qui avait si vivement saisi ce mot de Danton, l'aura peut-être encore suivi en cette circonstance. Saint-Just, enfin, aimait l'audace; quelque peu sympathique qu'il fût à la personne de Carnot, je parierais qu'il accepta son héroïque expédient.

Le difficile était d'amener Robespierre à braver la Presse hébertiste, à toucher le sacro-saint ministère de la Guerre, à irriter la meute du *Père Duchêne*. Il ne s'agissait pas là de partis ni d'opinions : il s'agissait d'argent. En appelant à la surveillance de la Guerre deux militaires, Carnot et Prieur, on ouvrait une fenêtre sur cette caisse mystérieuse. Robespierre comptait sans nul doute éclairer un jour tout cela et serrer ces drôles de près. Mais ils étaient encore bien forts. Ils pouvaient, un matin, tirer sur lui *à six cent mille*, comme en octobre ils le firent sur Danton. S'ils n'eussent osé l'attaquer, ils l'eussent travaillé en dessous : cette grande autorité morale de Robespierre, cette position quasi sacerdotale dans la Révolution, elle s'était formée en cinq années, elle était entière; mais c'était chose délicate, comme la réputation d'une femme, qui perd à la moindre insinuation.

Autre danger, Carnot n'était pas Jacobin, et il n'avait jamais voulu mettre les pieds aux Jacobins. La société jacobine, en cette affaire, ne se mettrait-elle pas avec les hébertistes contre le Comité?

Robespierre avait en lui une chose instinctive, peut-être prophétique : l'antipathie du militaire. Il haïssait l'épée. On eût dit qu'il sentait que nos Libertés périraient par la maladie nationale : l'admiration de l'épée.

Barère, à cette antipathie, pouvait opposer, il est vrai, la figure très peu militaire de Carnot. Il avait l'air d'un prêtre, la mine simple et modeste, toute civile. Plus tard, les magnifiques sabreurs de l'âge impérial ne revenaient pas de leur étonnement en voyant les bas bleus, la bourgeoise culotte courte du célèbre Directeur des quatorze armées de la République, de l'*Organisateur de la victoire*, qui ne l'organisa pas seulement, mais de sa main la fit à Wattignies.

Avec tout cela, il y avait un point d'après lequel il est indubitable que Robespierre n'accepta pas Carnot, c'est qu'*il avait protesté contre le 31 mai*. D'autres l'avaient fait aussi, mais ils se rétractèrent. Carnot persévéra dans son culte de la légalité. C'est ce qui lui fit faire sa grande faute de Fructidor, où il aurait laissé mourir la République, immolé la Justice, par respect pour la Loi.

Carnot força la porte du Comité, mais il resta entre eux une hostilité incurable. Robespierre ne se consola jamais des succès de Carnot. Il le croyait trop indulgent, peu ferme. Il devinait (avec raison) qu'il employait dans ses bureaux des hommes utiles, mais peu républicains. On le trouva parfois les yeux fixés sur les cartes de Carnot, triste, à verser des larmes, accusant amèrement sa propre nature, son incapacité militaire. Il ne tenait pas à lui qu'on ne crût qu'un commis de la Guerre, un certain Aubigny, *dirigeait presque seul* les mouvements des armées, et qu'on ne lui rapportât nos victoires.

Quelle qu'ait été sa répugnance, qui eût tout arrêté dans un autre moment, le Comité, sous l'aiguillon d'un tel danger, passa outre, et, le soir du 11, envoya Carnot avec ses pouvoirs à l'armée du Nord. Le 14, il lui adjoignit Prieur de la Côte-d'Or.

Le soir même du 11, Robespierre alla droit du Comité aux Jacobins. Soit que toute opposition contre son sentiment lui parût trahison contre la République, soit que sa sombre et maladive imagination lui fît croire véritablement que ses collègues trahissaient, soit enfin qu'il craignît la Presse et voulût se laver d'un acte si hardi contre les hébertistes, il lança contre ses collègues une diatribe épouvantable, et cela, d'une manière inattendue et brusque, à la fin d'un discours qui faisait attendre autre chose.

Il se trouvait précisément que le président des Jacobins avait fort à propos cédé le fauteuil à l'homme qui sans nul doute était le plus intéressé au succès de la dénonciation de Robespierre. C'était Hébert qui présidait, et qui plus d'une fois soutint, encouragea l'orateur interrompu par des murmures.

Robespierre parla quelque temps sur ce texte : « C'est toujours Dumouriez qui commande nos armées ; nous sommes trahis, vendus. » Il s'emporta contre Custine, qu'on mettait en jugement, jusqu'aux dernières limites de l'exagération : « Il a assassiné trois cent mille Français ; et il sera innocenté, l'assassin de nos frères ? Il assassinera toute la race humaine, et bientôt il ne restera que les tyrans et les esclaves. »

Voyant alors les Jacobins émus et colérés, il tourna court, et dit : « La plus importante de mes réflexions *allait m'échapper.* Appelé contre mon inclination au Comité de Salut public, j'y ai vu des choses que je n'aurais osé soupçonner. *Des traîtres trament au sein même du Comité contre les intérêts du peuple...* Je me séparerai du Comité... Je ne croupirai pas membre inutile d'une Assemblée qui va disparaître... Rien ne peut sauver la République, si l'on adopte cette *proposition* de dissoudre la Convention... On veut faire succéder à la Convention épurée les envoyés de Pitt et de Cobourg. »

Il présentait ainsi la *proposition* de Lacroix *(l'enquête sur la proposition électorale)* comme une dissolution immédiate de la Convention.

Les journaux, même les plus favorables à Robespierre, ne nous donnent pas la fin de ce discours excentrique. Hérault et Lacroix exigèrent que la Convention s'expliquât. Hérault rappela qu'au 10 Août étaient expirés les pouvoirs du Comité de Salut public. Lacroix demanda que le Comité, *qui jouissait de la confiance de l'Assemblée,* fût renouvelé pour un mois. La Convention, non seulement accorda ce renouvellement, mais dans les jours qui suivirent elle donna au Comité des marques d'une confiance absolue, l'obligeant, entre autres choses, d'accepter les cinquante millions qu'il avait refusés le 1er août.

Telle était la fatalité d'une situation si violente. Malgré la terreur de la Presse, malgré la répugnance infinie de Robespierre pour la responsabilité gouvernementale, la nécessité constitua le gouvernement. Le Comité, complété en septembre, devint roi malgré lui.

CHAPITRE II

LA RÉQUISITION
VICTOIRE DE DUNKERQUE
(11 AOUT — 7 SEPTEMBRE)

Élan des fédérés, qui entraînent les Jacobins. — Danton seconde l'élan des fédérés. — La France apparaît comme peuple militaire. — Elle était relevée dans l'estime de l'Europe par le siège de Mayence. — Custine avait-il trahi? — Carnot croit, comme Custine, que la Prusse agira peu. — Carnot devine Jourdan, Hoche et Bonaparte. — Victoire de Dunkerque.

« L<small>E</small> peuple français debout contre les tyrans! » c'est l'inscription que portèrent les bannières des bataillons levés par la *réquisition*. Elle résume l'immense effort de 93.

L'initiative n'en appartient ni à l'Assemblée; ni au Comité de Salut public, ni à la Commune. Les pitoyables résultats qu'avait eus et qu'avait encore la levée en masse, essayée depuis quatre mois dans la Vendée, faisaient croire généralement que cette mesure était peu utile.

C'est ce que Robespierre dit le 15 août aux Jacobins, et ce que dit aussi Chaumette. Ce mouvement immense contrariait les hébertistes, jusque-là maîtres de la Guerre. Ils n'osèrent s'y opposer. Hébert ne parla pas, mais fit parler Chaumette.

La Commune, en établissant aux Jacobins les fédérés envoyés pour la fête, avait fait tout autre chose que celle qu'elle croyait faire. Loin que les fédérés suivissent la politique jacobine, ce furent les Jacobins qui gagnèrent l'enthousiasme des fédérés. Ceux-ci, vraie fleur des patriotes, envoyés par la France émue, accueillis, embrassés par la Convention, ivres de Paris, de la fête et du danger public, enlevèrent la société jacobine à la sagesse de ses mœurs ordinaires. Dans une atmosphère si brûlante, le dévouement complet du peuple, l'armement, le départ de vingt-cinq millions d'hommes, la France tout entière devenant Décius, cette grande et poétique idée parut chose très simple. Royer, curé de Châlon-sur-Saône, voulait de plus que les aristocrates, liés six par six, marchassent en première ligne au feu de l'ennemi. La levée en masse fut ainsi votée d'enthousiasme aux Jacobins, et dans un tel élan, que Robespierre n'essaya plus d'y contredire; il engagea Royer à rédiger l'Adresse à la Convention.

Interrompre tous les travaux, laisser les champs

sans culture, suspendre l'action entière de la société, c'était chose nouvelle; l'Assemblée croyait devoir y regarder à deux fois. Le Comité de Salut public suivit l'impulsion, en la modifiant, avec des mesures dilatoires. Mais Danton insista, il se fit cette fois encore l'orateur et la voix du mouvement populaire. Il se l'appropria. Il formula toutes les grandes mesures, et les fit voter.

Danton était un esprit trop positif pour croire que cette opération gigantesque aboutirait à temps. Et, en effet, les deux victoires qui nous sauvèrent (7 septembre, 16 octobre) furent gagnées par d'autres moyens, par des troupes toutes formées qu'on porta à l'armée du Nord. Mais la *réquisition* n'en contribua pas moins à la victoire, par son puissant effet moral. Dans ces mémorables batailles, nos soldats eurent le sentiment de cette prodigieuse arrière-garde d'une nation entière qui était là debout pour les soutenir; ils n'eurent pas avec eux les masses du peuple, mais sa force, son âme, sa *présence réelle*, la divinité de la France. L'étranger s'aperçut que ce n'était plus une armée qui frappait : au poids des coups, il reconnut le Dieu.

Voici le texte du décret :

« Tous les Français sont en *réquisition permanente...* Les jeunes gens iront au combat; les hommes mariés forgeront des armes et transporteront des subsistances; les femmes feront des tentes, des habits, et serviront les hôpitaux; les enfants feront la charpie; les vieillards, sur les places, animeront les guerriers, enseignant la haine des rois et l'unité de la République. »

Ceci entrait dans la passion, donnait la grande idée de la levée en masse. L'effet moral était produit. Un article ramenait la chose aux proportions où elle était utile : « Les citoyens non mariés, de 18 à 25 ans, marcheront les premiers. »

Qui lèverait la *réquisition*? Les communes? Les agents ministériels? La chose n'eût pas été plus vite que pour les trois cent mille hommes, votés en mars, qui n'avaient donné presque rien.

Danton ouvrit un avis noble et grand, de se fier à la France. Or, personne en ce moment ne la représentait plus fortement que ces braves fédérés des assemblées primaires, tout émus de Paris, exaltés au-dessus d'eux-mêmes, et trempés au feu du 10 Août. Robespierre ne voulait pas qu'on s'y fiât. Il avait dit aux Jacobins qu'on ne pouvait remettre de tels pouvoirs à des inconnus. Danton demanda au contraire que l'Assemblée leur donnât un pouvoir, une mission positive, sous la direction des représentants, qu'on les chargeât de la *réquisition*. « Par cela seul, dit-il, vous établirez dans le mouvement une unité sublime. » La chose fut votée en effet.

Les forges sur les places, des ateliers rapides qui faisaient mille fusils par jour, les cloches descendant de leurs tours pour prendre une voix plus sonore et lancer le tonnerre, les cercueils fondus pour les balles, les caves fouillées pour le salpêtre, la France arrachant ses entrailles pour en écraser l'ennemi : tout cela composait le plus grand des spectacles.

Spectacle toutefois infiniment différent de celui de 92, celui d'une action ferme, sérieuse et forte plutôt qu'enthousiaste. Le beau nom de 92 qui fait son auréole au ciel, c'est celui du libre départ, le nom des *volontaires*. Et le nom de 93, grave et sombre, est *réquisition*.

N'importe. Cette question, qu'on croit légère, se montre ici forte comme le destin. L'étranger avait dit : « Laissons dissiper ces fumées... Demain, découragés, ils laisseront tomber l'épée d'elle-même. » Et, c'est tout le contraire, la nation, pour la première fois, apparaît vraiment militaire, avec ou sans enthousiasme, également héroïque. Pour la première fois, on le vit à Mayence. Cette épée qu'on croyait échappée des mains de ce peuple, il l'empoigne, il la serre, il l'applique à son cœur : « A moi, ma fiancée ! » Fidèle, elle le suit au Nil, au pôle. Il a beau disperser ses os, elle reste, cette épée fidèle, elle survit aux naufrages de ses idées et de sa foi... O peuple ! n'es-tu donc qu'une épée ?

Revenons. Oui, 93 fut fort grave, la dictature du peuple, des fédérés choisis par lui et fonctionnant sous ses représentants. Ces fédérés, gens simples (et beaucoup d'entre eux paysans), auraient-ils bien l'autorité efficace, décisive, rapide, pour exécuter cette grande chose, non seulement pour lever les hommes, mais pour nourrir l'armée, pour frapper les réquisitions? Y faudrait-il des moyens de terreur?

Pour les rendre inutiles, il fallait en parler. C'est ce que Danton fit à merveille : « Qu'ils sachent bien, les riches, les égoïstes, que nous n'abandonnerions la France qu'après l'avoir dévastée et rasée!... Qu'ils sachent bien qu'alors ils seraient les premières victimes!... Malheureux! vous perdriez bien plus par l'esclavage que vous ne donnerez pour éterniser la Liberté. » — « Plus de grâce! disait-il encore un autre jour. Meurent les *conspirateurs sous le glaive de la Loi!* » Et montrant les fédérés qui étaient à la barre : « Savez-vous ce que viennent chercher chez vous ces braves fédérés? C'est l'initiative de la Terreur! »

Un événement pouvait donner espoir. Le siège de Mayence, quelle que fût son issue, avait singulièrement relevé la France dans l'opinion de l'Europe. Qui eût pu croire que cette garnison abandonnée, cernée d'ouvrages prodigieux, sous le feu de la plus terrible artillerie, ayant en tête l'armée prussienne, la première de l'Europe, et le roi de Prusse en personne, dont l'honneur était là, qui eût cru que cette garnison tînt quatre mois? Le bombardement fut terrible. « J'y ai vécu quatre mois, dit Kléber, sous une voûte de feu. »

Les généraux Kléber et Dubayet, non contents de repousser les attaques, firent des sorties audacieuses et faillirent une nuit enlever le roi au milieu de sa grande armée. Merlin de Thionville, représentant du peuple, dans toutes ces sorties, combattait *comme un lion ;* ce mot est encore de Kléber.

L'illustre Meunier, de l'Académie des sciences, général du Génie, fut malheureusement tué dans un combat nocturne, en menant une de nos colonnes. Les Prussiens, pleins d'admiration pour cette armée héroïque, lui donnèrent un gage d'estime, de fraternité militaire, en suspendant le feu pendant les funérailles, et s'associant ainsi au deuil de la France.

Dès le 26 avril, Custine, général de notre armée du Rhin, ne pouvant rien faire pour la place, l'autorisait à se rendre. Refusé héroïquement.

Cette magnifique résistance rendit à la France, à la République, l'immense service de la faire accepter, adopter par l'estime, dans la famille européenne, et respecter même des rois.

La résistance même cessa par l'humanité des nôtres, qui avaient essayé de faire sortir les bouches inutiles, mais qui, les voyant repoussées et sous le feu des deux armées, n'eurent pas le cœur de les laisser périr, les firent rentrer et s'affamèrent. Il fallut bien capituler enfin, lorsque les subsistances allaient manquer. Si l'on eût tenu jusqu'au dernier jour, on se rendait à discrétion, et on livrait à l'ennemi un noyau d'armée admirable : seize mille de nos meilleurs soldats, qui ont écrasé la Vendée.

Tous ceux qui sortirent de Mayence avaient mérité des couronnes civiques. Sur l'accusation ridicule de Montant et d'un autre, on arrêta les chefs ; on voulait faire le procès à Kléber et à Dubayet. Merlin fit rougir la Convention. Au reste, c'était contre lui principalement, comme ami de Danton, que le coup paraissait monté.

Il fallait une victime expiatoire. Ce fut Custine. Il était loin d'être innocent, et toutefois il n'avait pas trahi.

Aristocrate d'opinion et de caractère, dur dans le commandement, Custine avait injustement accusé Kellermann et d'autres. Il n'avait nullement ménagé les patriotes allemands, jusqu'à menacer de pendre le président de la Convention de Mayence ! Cela seul méritait une peine exemplaire.

Il avait plu beaucoup d'abord, comme partisan de l'offensive, malgré Dumouriez. Mais, l'offensive ayant manqué, il était devenu comme lui diplomate. Il ménageait les Prussiens, et prit sur lui d'inviter à capituler la garnison de Mayence.

Eût-il pu secourir la place ? Évidemment non.

Dans l'état d'affaiblissement et de désorganisation où était l'armée, il avait tout à risquer. Il n'eût pas fait un pas contre les Prussiens sans que l'Autriche en profitât, sans que le bouillant Wurmser le prît en flanc et inondât l'Alsace.

Custine, en réalité, n'osa se défendre. Il n'osa dire ce que Gossuin avait dit le 13 août à la Convention, ce que Levasseur et Bentabole écrivaient encore à la fin de septembre : *Le ministère de la Guerre ne fait rien pour mettre nos armées en état d'agir.*

Il ne dit point ce mot. Il eut peur des Clubs et de la Presse. Le jugement fut précipité. On craignait excessivement, et à tort, que l'armée ne prît parti pour lui. Paris était très agité. Les jurés furent parfois sifflés des royalistes et menacés des Jacobins. Custine périt le 27 août, le jour même où les royalistes livraient Toulon à l'ennemi.

Les actes suspects de Custine avaient été dictés par une idée juste au fond, et que la Paix de Bâle devait confirmer, à savoir : *Que la Prusse haïssait la France moins qu'elle ne haïssait l'Autriche.* Dès les premiers jours de juillet, la Prusse avait écrit *à la République française* pour échanger les prisonniers. De toutes les puissances, c'était celle qu'on pouvait espérer détacher de la Coalition.

Cette vérité était palpable, et c'est elle qui guida Carnot. Il crut que la Prusse agirait tard, et il hasarda une chose qui l'eût rendu tout aussi accusable que Custine, si le succès ne l'eût lavé : il osa affaiblir l'armée, déjà trop faible, du Rhin.

Il jugea que la Coalition était une bande de voleurs qui n'avaient nulle idée commune, dont chacun voulait piller à part. Cela se vérifia.

L'entente des Anglais et des Autrichiens dura, en tout, quinze jours, du 3 au 18. Le 18, une lettre de Pitt sépara York de Cobourg. Il écrivit : « Je veux Dunkerque. »

Même division sur le Rhin. Le 14 août, parut dans les journaux l'acte par lequel la Russie s'adjugeait moitié de la Pologne. La Prusse réclama sa part, et, pour plus de deux mois encore, elle ajourna sur le Rhin la coopération qu'attendaient l'Autriche et les émigrés. Donc Carnot avait eu raison. Cela était prouvé, même avant de tirer un coup de fusil.

Le Comité lui montra une confiance sans réserve. Il obtint que la Convention défendit aux ministres d'envoyer aux armées ces agents qui neutralisaient l'action des représentants du peuple. Coup hardi, qui décidément subordonnait le ministère. Les hébertistes n'osèrent crier, mais ils firent parler Robespierre. Il défendit leur ministre, déplora aux Jacobins le décret rendu par la Convention (23 août).

Carnot avait trouvé l'armée du Nord dans un état indicible. Le matériel n'existait point. Ni subsistances, ni équipement, ni habillement, ni charroi; toute Administration avait péri. C'est le tableau qu'en fait Robert Lindet, qui, arrivant en novembre, trouva les choses dans le même état, et recréa, concentra heureusement tout ce mouvement.

Quant au personnel, il était prodigieusement

inégal. On trouvait tout à côté les extrêmes, les meilleurs, les pires. Parmi ces troupes désorganisées, il y avait ici et là des forces vives, étonnantes, les hommes les plus militaires qui furent et seront jamais. Tout cela, il est vrai, caché encore dans des rangs inférieurs. Carnot, c'est une de ses gloires, eut l'œil clairvoyant, bienveillant, pour reconnaître ces hommes uniques, et il les porta quelquefois des derniers rangs aux premiers.

Divination merveilleuse du patriotisme ! Cet homme aima tant la patrie, il eut au cœur un désir si violent de sauver la France, que, devant cette foule où les autres ne distinguaient rien, lui, par une seconde vue, il connut, sentit les héros !

Son premier regard lui donna Jourdan.

Le second lui donna Hoche.

Le troisième lui donna Bonaparte.

Hoche, encore petit officier, était dans Dunkerque. Jourdan, général de brigade, était dehors, dans l'armée d'Houchard, et avec lui, des hommes qui ont laissé souvenir : un homme follement intrépide, Vandamme ; Leclerc, qui devint le beau-frère de l'Empereur. Carnot leur écrivit, le 20 : « L'affaire est secondaire sous le rapport militaire ; mais Pitt a besoin de Dunkerque devant l'Angleterre. Là est l'honneur de la France. »

Cela fut compris. Le *plan* de Carnot était de prendre l'Anglais entre la ville qu'il assiégeait, un grand marais et la mer. Vaste filet où la proie s'était placée elle-même. Au fond, était la ville de Furnes. Elle était aux mains de l'Anglais; mais *si on la prenait aussi*, le filet était fermé.

Le combat dura vingt-quatre heures, l'armée française étant vivement secondée de la place, d'où Hoche faisait des sorties. Hondschoote, poste avancé des assiégeants, fut pris et repris. Un moment nous eûmes en main un fils du roi d'Angleterre. Le représentant Levasseur, qui eut un cheval tué sous lui, suppléa à la lenteur, à l'hésitation d'Houchard. Jourdan, Vandamme et Leclerc forcèrent les Anglais de se retirer par les dunes. Le duc d'York leva le siège, et recula en bon ordre. Tout le monde fut indigné; Houchard l'a payé de sa vie. On voit cependant, en réalité, qu'un succès obtenu si difficilement par ce furieux effort continué vingt-quatre heures, un succès qui n'alla pas jusqu'à mettre l'ennemi en déroute, ne pouvait être aisément poursuivi. York semblait dans un filet; mais, encore une fois, *on n'avait pas Furnes, qui en était le fond.*

Complète ou non, cette victoire changeait tout. La levée subite du siège de Dunkerque, cinquante canons abandonnés, la retraite d'une armée d'élite, l'armée anglaise, qui eût pu être si aisément aidée de la mer, tout cela eut un effet immense sur l'opinion de l'Europe.

Dès lors, la chance avait tourné. On fut saisi de voir la France, que l'on croyait devenue pour toujours l'impuissance et le chaos, frapper un coup si fort, si sûr. On soupçonna ce qui était vrai en réalité : *Il y avait déjà un gouvernement.*

A Paris, on ne souffla mot. Qui avait été vaincu ? Bien moins les Anglais que les hébertistes, les imprudents meneurs du ministère de la Guerre.

Ils étaient maîtres des Clubs, des sections, de la Commune, de tous les organes de la publicité. Aux Jacobins même, il y eut une grande entente pour parler le moins possible d'un succès si désagréable aux alliés qu'on ménageait.

CHAPITRE III

COMPLOTS ROYALISTES — TOULON

(AOUT-SEPTEMBRE 93)

Les royalistes livrent Toulon aux Anglais. — Leur joie impudente à Paris.

LES grandes mesures de défense étaient votées. Celles de terreur seraient-elles nécessaires, pour les appuyer, les rendre efficaces? Danton avait montré la foudre, il l'avait fait entendre, ne l'avait pas lancée.

Le droit donné aux fédérés de frapper des *réquisitions* pour nourrir et équiper l'armée serait-il exercé? le payement immédiat des contributions arriérées, avec les neuf premiers mois de 93, s'exécuterait-il? C'était la question.

Il était fort à craindre que les riches ne prissent pas au sérieux la foudre de Danton, lorsque tant d'actes d'indulgence étaient reprochés aux dantonistes. Terribles en paroles et dans les mesures générales, ils étaient faibles et mous dans les rapports particuliers. C'étaient eux qui depuis le 10 Août se trouvaient à la tête du mouvement révolutionnaire. Il aurait fort bien pu avorter dans leur main, si une circonstance imprévue ne les avait poussés, et n'avait fait voter (chose étonnante) par les *indulgents* même les lois de la Terreur.

Ce miracle fut opéré par les royalistes mêmes, contre lesquels il se faisait. Ce furent eux qui, par un acte monstrueux de trahison, mirent l'étincelle aux poudres, jetèrent la France républicaine dans un tel accès de fureur, que les *indulgents* durent lancer le char de la Terreur, pour n'en être écrasés eux-mêmes.

Le 27 août, pendant que les Anglais essayaient d'emporter Dunkerque, à trois cents lieues de là on leur livrait Toulon.

Toulon, notre premier port, des arsenaux immenses, d'énormes magasins de bois précieux, irréparables (dans la situation), un monstrueux matériel entassé pendant tout le règne de Louis XVI, nos flottes réunies pour la guerre d'Italie, nombre de vaisseaux de commerce qu'on avait empêchés de rentrer à Marseille, des fortifications enfin, redoutes, batteries, qu'on avait pu fort aisément prendre par trahison; mais, par force, comment les reprendre? Les Anglais tiennent bien ce qu'ils tiennent. Exemple : Gibraltar et Calais. Ils nous ont gardé Calais deux cents ans sans qu'on pût le leur arracher. Avec Toulon, Dunkerque, ils avaient deux Calais ; la France était deux fois bridée et muselée. A peine le démembrement était-il dès lors nécessaire. Il valait mieux pour eux nous faire un petit roi, qui serait un préfet anglais.

Le 2 septembre, Soulès, un ami de Chalier, qui venait du Midi, apporta la fatale nouvelle de Toulon, non au Comité de Salut public, mais tout droit à la barre de la Convention. On était sûr ainsi que la nouvelle ne serait pas étouffée.

Il y avait de quoi faire sauter le Comité et guillotiner peut-être le ministre de la Marine. Barère soutint hardiment que la chose n'était pas vraie. Quelques-uns voulaient faire arrêter le malencontreux révélateur.

Le ministre était Monge, excellent patriote, grand homme de science et d'enseignement, mais pauvre homme d'affaires, serf des parleurs et aboyeurs, comme Bouchotte. Plusieurs fois on l'avertit de la légèreté de ses choix ; il en convenait avec douleur, avec larmes. Cependant, ni lui, ni personne, ne soupçonna la noirceur de la trahison royaliste, la longue et profonde dissimulation par laquelle des agents des princes parvinrent à se faire accepter comme violents Jacobins. Leurs titres, sous ce rapport, ont été parfaitement établis par l'un d'eux, le baron Imbert, dans sa brochure publiée en 1814. On ne peut lire sans admiration par quelle persévérante astuce ces honnêtes gens, à plat ventre devant la royauté des Clubs, rampèrent, jusqu'à ce que l'étourderie des républicains leur livrât la proie. « Étant parvenu, dit Imbert, au commencement de 93, à obtenir de l'emploi, je me chargeai d'une grande expédition pour en faire manquer les effets, ainsi que le portaient mes ordres secrets, les seuls légitimes. »

Il y avait deux partis à Toulon : les Girondins, les royalistes. Les premiers, faibles et violents comme partout, prenaient des mesures contraires : ils guillotinaient les patriotes et envoyaient de l'argent à l'armée de la République. Les seconds, plus conséquents, ne pouvaient manquer de les dominer ; ils appelèrent les Anglais. Ceux-ci, pris pour juges et arbitres entre les deux partis, jugèrent impartialement comme le juge de la fable : ils donnèrent une écaille à chaque plaideur et s'adjugèrent Toulon.

Les représentants du peuple, Pierre Bayle et Beauvais, avaient été lâchement outragés par les *modérés*, qui leur firent faire une espèce d'amende honorable de rue en rue et à l'église, un cierge à la main. Traités plus barbarement encore sous la domination anglaise et jetés dans les cachots, ils y trouvèrent la mort. Beauvais y mourut de misère et de mauvais traitements ; Bayle abrégea ses jours en se poignardant.

Des gens moins légers que nos royalistes auraient contenu leur joie. Pour se frotter les mains de la ruine de la France, il fallait au moins qu'elle fût certaine. Ils n'y tinrent pas. Cette merveilleuse nouvelle des deux coups frappés en cadence sur Toulon, sur Dunkerque (ils tenaient l'un tout aussi sûr que l'autre), leur monta à la tête. Un monde de guerre et de marine raflé en quelques heures! Lyon raffermi dans la révolte! l'armée des Alpes compromise! nos représentants forcés de marchander avec le soldat et d'augmenter sa solde! ces signes universels de débâcle les rendaient fous de joie. Ils faisaient des chansons sur la levée en masse, déjà ridicule en Vendée. Un représentant avait dit : « Qu'en faire, de cette levée? et qui m'en débarrassera? »

Leur folie alla jusqu'à jouer au Palais-Royal le triomphe de la Reine. On voyait dans une pièce une dame charmante, prisonnière avec son fils dans une tour (et pour qu'on ne s'y trompât pas, la tour était copiée sur celle du Temple); la prisonnière était glorieusement délivrée, et dans les libérateurs tout le monde reconnaissait Monsieur et le comte d'Artois.

Ces audacieux étourdis, ne ménageant plus rien, reprenaient à grand bruit leur vie d'avant 89. Les somptueuses voitures, depuis longtemps sous leur remise, étaient sorties, roulaient, brûlaient le pavé de Paris; on les admirait brillantes en longues files aux portes des théâtres. La pièce à la mode était *Paméla*, drame larmoyant, sentimental, où le beau rôle était pour les Anglais (pendant qu'ils assiégeaient!). Toute allusion contre-révolutionnaire était vivement saisie. Les élégants, braves au théâtre, sous les yeux de leurs maîtresses, sifflaient intrépidement tout ce qui de près ou de loin était favorable à la République. Un militaire jacobin ayant osé en faire autant pour des passages royalistes, tout le monde se jeta sur lui. Le Comité de Salut public ferma le théâtre.

Mais tout ceci était un jeu. Un drame plus sérieux se jouait à la Conciergerie. Le royalisme était si fort, qu'il perçait les murs. Nulle précaution n'empêchait de communiquer avec la Reine. Depuis la mort de Louis XVI, il y eut une conspiration permanente pour la délivrer.

Lorsqu'elle était encore au Temple, un jeune municipal, Toulan, homme ardent du Midi, s'était donné de cœur à elle; la Reine l'avait encouragé, lui écrivant en italien : « Aime peu qui craint de mourir. » Toulan n'aima que trop; il périt.

Transférée à la Conciergerie, resserrée, gardée à vue, elle n'en était pas moins en communication avec le dehors. Par faiblesse, humanité, espoir des récompenses, tous les surveillants trahissaient. La femme du concierge, Richard, favorisait l'entrée des hommes qui tramaient l'évasion. Le municipal Michonis, administrateur de Police, introduisait un gentilhomme qui remit une fleur à la Reine, et dans la fleur un billet qui lui promettait délivrance. Le billet tomba, fut saisi, et la Reine, sans se troubler, dit fièrement aux gardes : « Vous le voyez, je suis bien surveillée, cependant on trouve moyen de me parler, et moi de répondre. »

On chassa, on emprisonna les Richard. Qui leur succéda ? Un homme dévoué à la Reine. Le concierge de la Force demanda à passer à la Conciergerie, tout exprès pour la servir. Les communications recommencèrent.

La Reine glissa un jour dans la main du concierge des gants et des cheveux ; mais ces objets furent saisis, portés à Fouquier-Tinville, qui les donna à Robespierre.

Montgaillard dit qu'avec un demi-million on l'aurait sauvée, qu'on ne trouva que 180,000 francs, dont il donna (lui Montgaillard, qui, je crois, n'avait pas un sou) pour sa part 72,000 francs.

Ce qui est plus sûr, ce que je lis dans les *Registres du Comité de Sûreté générale*, c'est que la sœur de la Reine, l'archiduchesse Christine, envoya à Paris un certain marquis Burlot et une Rosalie Dalbert, que le Comité fit arrêter le 20 brumaire (10 novembre).

Tout indique qu'à la fin d'août et au commencement de septembre, les royalistes travaillaient à faire, au profit de la Reine, une révolution de sections, un 31 mai.

Les poissardes des marchés, généralement royalistes, insultaient les couleurs nationales (25 août). Elles obtenaient d'offrir et de faire passer à la

Reine quelques-uns de leurs plus beaux fruits. Elles battaient journellement les femmes du quartier qui se réunissaient aux charniers Saint-Eustache. Celles-ci étaient la plupart de pauvres ouvrières qui cousaient pour la Guerre et autres Administrations, et qui n'avaient pas la stature, la force, les poings pesants des dames de la Halle. Étant allées à la Convention pour demander de l'ouvrage, elles faillirent être assommées, et, revenant par la rue des Prouvaires, elles reçurent une pluie de pierres des fenêtres. Les hommes des marchés commençaient aussi à s'en mêler. Ils regrettaient tout haut « le pain du Roi. »

Les subsistances arrivaient lentement, difficilement ; chacun craignait la famine, et, en la craignant, la faisait. Les malheureux travailleurs, après les fatigues du jour, passaient la nuit à faire queue aux portes des boulangers. Les procès-verbaux des sections les plus pauvres de Paris, que j'ai sous les yeux, se résument en bien peu de mots, navrants, qui font saigner le cœur : la faim, et la faim encore, la rareté du pain, nul travail, chaque famille ayant perdu son soutien, plus de fils pour aider la mère ; tous aux armées. Le mari même souvent, parti pour la Vendée. Toute femme, délaissée et veuve. Elles étouffent aux portes des ateliers de la Guerre pour avoir un peu de couture ; elles viennent avec leurs enfants pleurer à la section.

Ces grandes souffrances du peuple donnaient

une prise très forte aux royalistes. Plusieurs choses les encourageaient, l'inertie surtout et la mésintelligence des autorités.

La Convention presque entière était en missions ou dans les Comités. Il n'y avait que deux cents membres aux séances publiques. Les Jacobins étaient peu nombreux, et comme retombés depuis le départ des fédérés. Robespierre, depuis son attaque inconsidérée contre les dantonistes, s'était retiré dans une position expectante qui le dispensait d'initiative : la présidence de la Convention et des Jacobins. Ses votes, dans le mois d'août, sont tous négatifs. Le 1er, à la *proposition* d'ériger le Comité en gouvernement, il dit : Non. Fera-t-on une enquête de la population électorale? Non (11 août). Les fédérés auront-ils des pouvoirs illimités? Non (14 août). Même réponse négative pour la levée en masse, proposée aux Jacobins même pour le renouvellement du ministère (23). Il n'est positif que sur deux points : la poursuite des généraux, des journalistes coupables, et l'accélération du Tribunal révolutionnaire.

Cela alla ainsi jusqu'à la mort de Custine (27 août). Les tribunes des Jacobins étaient infiniment bruyantes. Royalistes, anarchistes, une foule suspecte s'entendait pour troubler les séances. Les Jacobins, peu nombreux, s'alarmèrent, et, par une mesure qui marquait toutes leurs craintes, ils fermèrent leurs tribunes au peuple, à tout homme non jacobin.

Que faisait la Commune? Elle voyait venir le mouvement et s'en félicitait. Elle était très mécontente du Comité de Salut public et comptait profiter du mouvement contre lui. Il avait couronné ses torts envers le ministère de la Guerre et les hébertistes en tranchant, le 24, un grand procès : *A qui l'on donnerait l'armée de Mayence, l'honneur de finir la Vendée.* Le Comité donna cette armée, à Canclaux? non : à Ronsin et Rossignol. Grand crime.

Hébert espérait bien que le trouble qui se préparait favoriserait sa vengeance, tuerait le Comité, assurerait aux siens et l'indépendance du ministère de la Guerre et la royauté de Paris.

Tout cela enhardissait les royalistes. Nombreux dans les sections, ils en venaient à l'idée de faire un 31 *mai*, et d'étrangler la République au nom de la souveraineté du peuple.

Les subsistances étaient un bon prétexte. Voilà des sections qui, *pour traiter les subsistances*, veulent envoyer à l'Évêché, comme au 31 mai. Le Comité de Salut public, voyant le silence de la Commune, s'alarme et croit tout étouffer en faisant décider que Paris, comme toutes les places de guerre, « pourra être approvisionné par des réquisitions à main armée. » Il défend la réunion. Les sections s'en moquent; il n'ose persister, et il l'autorise (31 août).

La Commune commençait pourtant à se demander s'il n'était pas possible que l'affaire tournât contre elle, que ces gens réunis à l'Évêché ne fissent une nouvelle Commune. Chaumette voulut calmer sa section (celle du Panthéon), et ne fut pas écouté.

A la section de l'Observatoire, les choses en vinrent au point qu'on proposa de *faire arrêter, comme contre-révolutionnaires*, Chaumette, le maire et la Commune.

L'âme de cette section du pays latin était un latiniste, le boiteux Lepître, homme aventureux, d'énergie brutale, d'autant plus remuant qu'il avait peine à remuer. Furieux royaliste sous sa criaillerie jacobine, il avait eu le secret de se fourrer au Conseil général pour avoir entrée au Temple. Il était l'homme du Temple et conspirait pour délivrer la Reine.

L'étonnante *proposition* d'arrêter tous les magistrats de Paris, c'est-à-dire de faire plus qu'au 31 mai, choqua quelques sections; mais ce n'était pas le plus grand nombre. La Commune, à force de laisser faire, d'attendre, était maintenant si bien débordée, qu'elle n'osa même pas poursuivre l'auteur de la *proposition*.

CHAPITRE IV

MOUVEMENT DU 4-5 SEPTEMBRE
LOIS DE LA TERREUR

Point de départ du mouvement. — Mouvement du 4, au soir. — Embarras des Jacobins. — Robespierre ne vient pas, le 5, à la Convention. — La Commune dut s'entendre avec les dantonistes. — Comment Chaumette exploite le mouvement du 5. — Triomphe de la Commune, 5 septembre.

JUSTICE, terreur et subsistances, n'était-ce pas là tout l'objet du mouvement, s'il était sincère? La Convention crut devoir lui donner quelque satisfaction.

Elle était avertie (1ᵉʳ septembre) par une Adresse des Jacobins de Mâcon à ceux de Paris, pour demander : l'armée révolutionnaire, la guillotine ambulante, le *maximum*, la mort des Girondins. Les dantonistes voulurent faire quelque chose. Danton, le 3, obtint de la Convention qu'on fixât le maximum du blé; et Thuriot, le 4, promit pour le lendemain un *rapport* sur l'accélération du Tribunal révolutionnaire.

Le mouvement n'en suivait pas moins son cours. Les vrais et les faux *enragés*, anarchistes et royalistes, poussaient d'ensemble pour frapper un coup sur la Commune, sur la Convention.

Autant qu'on peut juger par les procès-verbaux des sections, il semble qu'on ait agi d'abord sur la partie la plus rude du faubourg Saint-Antoine, la moins intelligente, peuplée de jardiniers, maraîchers, qu'on trompait plus aisément que les ouvriers. Le mouvement partit de la lointaine section de Montreuil, espèce de banlieue enfermée dans Paris*.

Montreuil poussa le vrai faubourg, les Quinze-Vingts, la grande section des ouvriers, et entraîna Popincourt (appendice du faubourg, sa troisième section).

Le mot de ralliement essentiellement populaire, et pour lequel tous les partis pouvaient s'entendre, était simple : *Du pain !*

On proposa, le 4, au nom de la section de Montreuil, que dans tout le faubourg, le lendemain à cinq heures du matin, on battît la caisse et que tous, hommes, femmes et enfants, *sans armes*, mais en ordre, *par compagnies*, on se réunît sur le boulevard « pour aller demander du pain. »

A quoi l'on ajouta aux Quinze-Vingts une *pro-*

position plus révolutionnaire : « Qu'on enverrait à l'Évêché des commissaires *avec pouvoirs illimités*. »

Tout cela, dans la matinée. Mais le peuple, qui n'y entendait point malice, au lieu d'attendre au lendemain, le peuple, le soir même, alla droit à l'Hôtel de Ville. Le flot descendit de lui-même et la rue du faubourg et la rue Saint-Antoine, et, par l'arcade Saint-Jean, déboucha à la Grève.

La place, très petite alors, ne contenait pas deux mille ouvriers, mais l'aspect était très sinistre et des plus mauvais jours. On avait grisé de colère ces braves gens contre *les affameurs du peuple*. Ce mot, lancé par la Commune contre le ministre de l'Intérieur, au mois d'août, on le lui lançait alors à elle-même et à son Administration des subsistances.

La foule, aveugle, ne voulait rien qu'agir. Tout à coup, dans la masse, se trouvent par enchantement des gens lettrés, habiles, qui dressent une table sur la place, forment un bureau, nomment président, secrétaire, écrivent une pétition. Puis ils lâchent la foule... Elle se jette dans la salle, pousse au fond et tient acculés le maire et la Commune, commence à les interroger avec insultes et menaces, avec la sombre impatience d'un estomac vide :

« Du pain! du pain!... Mais tout de suite! »

Chaumette, peu rassuré, obtient de traverser la foule, d'aller à la Convention. C'était le moyen de gagner du temps.

Il la trouva occupée justement de fixer le prix des grains, et revint avec cette bonne et calmante nouvelle. La foule n'en criait pas moins, irritée et menaçante : « Du pain ! du pain ! et tout de suite ! »

Il monta sur une table, parla avec infiniment d'adresse, de présence d'esprit. Il fit la part du feu, abandonna les administrateurs des subsistances : « On va les arrêter, et on leur donnera pour gardiens, non des gendarmes (on pourrait les corrompre), mais des gardiens incorruptibles, et j'en réponds ! des Sans-Culottes payés cinq francs par jour... Cinquante moulins, jour et nuit, vont tourner sur la Seine... On créera l'armée révolutionnaire, etc., etc. » Le tout, assaisonné de choses populaires. « Et moi aussi j'ai été pauvre ! » Il en disait contre les riches plus que le peuple ne voulait.

« Surtout, cria Hébert de sa plus aigre voix, n'oublions pas la guillotine ambulante... Dès demain, réunissons-nous pour faire rendre ces décrets à l'Assemblée nationale... Que le peuple ne lâche pas prise ! »

Une députation des Jacobins, qui survint, ne contribua pas peu à calmer la foule, en promettant d'aller aussi à la Convention, *et de faire décréter tout.*

Les Jacobins avaient été surpris par l'événement. Ils n'avaient pas eu le temps de se mettre bien d'accord sur ce qu'ils voulaient faire.

Dès le 1ᵉʳ septembre, lorsque Royer appuya la pétition pour *l'armée révolutionnaire*, on ne voit pas que Robespierre (qui la proposait le 13 mai) ait rien dit à l'appui. Il crut sans doute que, dans une situation si obscure où la Commune même était débordée, on risquait de donner des armes aux mains les plus suspectes.

Même dissentiment au 4 septembre.

Robespierre dit que le maire et l'Hôtel de Ville étaient assiégés, non par le peuple, *mais par quelques intrigants*.

Royer, au contraire, soutint (tout en louant la candeur, la pureté de Robespierre) qu'il n'y avait qu'à s'unir au mouvement : « Cessons nos séances, dit-il, ne parlons plus, agissons... Rendons-nous avec le peuple dans le sanctuaire des Lois... Qu'autorisé par l'Assemblée, il saisisse dans les maisons ceux qui le trahissent et les livre aux juges ; qu'il assure sa liberté par l'anéantissement de ses ennemis. »

A part de la députation, un homme personnellement attaché à Robespierre, le jacobin Taschereau, observait à l'Hôtel de Ville. Cela lui tourna mal ; reconnu et saisi, l'explorateur fut arrêté par les administrateurs de Police. Peut-être savait-on déjà le mot sévère dont Robespierre avait flétri l'émeute, l'appelant l'*œuvre de quelques intrigants*.

Qu'un Jacobin aussi connu, un homme de Robespierre, fût si peu respecté, c'était un fait sinistre. Jusqu'à quel point la Commune elle-même trempait-elle dans le mouvement qu'on préparait contre la Convention, et jusqu'où irait-elle? On ne pouvait le deviner. Robespierre était à ce moment président de l'Assemblée (du 26 août au 5 septembre inclusivement); le 5 encore jusqu'au soir, il devait présider. N'avait-il pas à craindre? Les ennemis de la Montagne n'avaient-ils pas dit hautement que c'était Robespierre que Charlotte Corday eût dû poignarder? Il avait toujours soutenu les hébertistes de la Guerre, mais il savait parfaitement qu'Hébert était un scélérat qui eût profité de grand cœur d'un assassinat royaliste, qu'il eût été ravi d'être débarrassé de ses maîtres, Robespierre et Danton. Ces craintes, nullement ridicules, saisirent probablement les imaginations des amis inquiets qui gardaient Robespierre, de son hôte Duplay, de son imprimeur Nicolas, qui demeurait à sa porte, et se faisait son garde du corps, l'escortant habituellement avec un énorme bâton. Les dames Duplay, vives, tendres, impérieuses, auront fermé la porte et tenu sous clef Robespierre. Ce qui est sûr, c'est qu'on ne le vit pas le 5, et que les dantonistes seuls durent recevoir le choc de cette foule suspecte que menaient leurs ennemis.

Comment la nuit se passa-t-elle? Les résultats du lendemain le disent assez.

La Commune s'entendit, non avec le Comité de Salut public, qu'elle croyait renverser, non avec

Robespierre, son ami pour d'autres choses, mais qui n'eût point cédé pour la royauté de Paris : elle s'adressa tout droit à ses ennemis, aux dantonistes, compromis par leur indulgence, harcelés par Hebert dans *Le Père Duchène*, dans les Clubs. C'étaient eux véritablement qui avaient tout à craindre. Si Hébert ou Chaumette vinrent à eux dans la nuit, comme l'événement du lendemain le ferait croire, ils vinrent tenant en main, pour ainsi parler, l'outre des tempêtes, et disant qu'ils pouvaient la fermer ou l'ouvrir.

De tous les dantonistes, le plus compromis, sans nul doute, un homme quasi perdu, c'était Bazire, du Comité de Sûreté générale, Bazire de la Côte-d'Or, l'une des plus riches natures qu'il y ait eu dans la Convention, jeune homme ardent et généreux, véhément, violent, et qui a donné à la Révolution plusieurs mots sublimes par lesquels elle vit dans les cœurs. Bazire en quelques mois s'était brisé. Entre lui et la mort, il n'y avait plus rien. Il était devenu l'enclume sur laquelle tout frappeur novice venait frapper aux Jacobins, s'exercer, montrer sa vigueur.

Le texte obligé des attaques quotidiennes, c'était Bazire, l'indulgence de Bazire, la faiblesse de Bazire, les femmes obligées par Bazire, etc., etc.

L'infortuné se décela en juin, lorsqu'on guillotina les dames Desille, qui avaient caché La Rouërie ; confidentes du complot terrible qui enveloppa la Bretagne, on ne pouvait pas les sauver.

Elles étaient fort touchantes ; filles dociles, épouses soumises, elles n'avaient guère fait qu'obéir. Bazire, le cœur percé, se hasarda à demander un sursis « pour qu'elles fissent des révélations, » trois jours au moins. Et il n'y gagna rien qu'un mot amer de Robespierre qui notait sa faiblesse. Dès lors, on eut les yeux sur lui.

On découvrit bientôt qu'il avait rassuré Barnave, alors retiré à Grenoble, et très inquiet de son sort. Cette fatale réputation d'indulgence lui fit d'autres affaires très dangereuses. Les femmes, dès qu'elles entrevirent de ce côté quelque lueur, se précipitèrent, assiégèrent le Comité de Sûreté générale, le noyèrent de leurs larmes, l'enlacèrent de mille ruses, d'invincibles prières, de ces douloureuses caresses où se brise tout le nerf de l'homme. Telle se réfugia hardiment chez son juge, s'y cacha et n'en sortit plus.

D'autres membres étaient compromis d'une manière plus fâcheuse encore, par des affaires d'argent. Mais ce qui rendait la situation du Comité de Sûreté extrêmement périlleuse, c'est qu'il gardait obstinément les pièces du procès des Girondins, n'en faisant point usage et les refusant à Fouquier-Tinville. Sa répugnance était insurmontable pour les envoyer à la mort.

Les Jacobins disaient à Fouquier : « Juge, ou meurs ! » Fouquier se rejetait sur le Comité. Le 19 août, il écrivait à la Convention qu'on ne lui donnait pas les pièces. L'Assemblée ordonne que le Comité fera son *rapport* sous trois jours, et le Comité fait toujours le mort. Nouvelle lettre de Fouquier-Tinville à l'Assemblée : « Si le Tribunal est insulté, menacé dans les journaux et dans les lieux publics, pour sa lenteur à juger la Gironde, il l'est à tort. Les pièces ne sont pas dans ses mains. » Amar, le futur rapporteur, vient balbutiant au nom du Comité, allègue gauchement la complication de l'affaire. Amar, ex-trésorier du Roi, était un homme très compromis lui-même.

Nous avons donné cette longue explication pour montrer comment le Comité *in extremis*, accusé chaque jour, et presque aussi malade que la Gironde qu'il défendait, ne pouvait rien refuser aux menaces de la Commune; Bazire, bien moins encore qu'aucun membre du Comité.

La fantasmagorie de ce grand mouvement, si terrible le soir, disparut le matin du 5. Le peuple se confia aux promesses et resta chez lui. Il ne vint que des députations à l'Hôtel de Ville, point de foule. Presque personne n'alla à l'Évêché. Les royalistes avaient manqué leur coup. Il restait de toute l'affaire juste assez d'apparence pour que la Commune pût l'exploiter encore, parler au nom du peuple et tourner tout à son profit.

Les meneurs de la veille furent furieux de voir que la pétition, arrangée par Chaumette, ne spécifiait rien de leurs demandes, qu'un Tribunal contre les affameurs, et l'armée révolutionnaire.

L'un d'eux, un imprimeur connu, attendit Chaumette au pont Neuf, et là, le voyant venir à la tête du cortège, il lui sauta à la gorge, criant : « Misérable ! tu te joues du peuple. »

La Convention, en attendant, pour avoir un gâteau à jeter au Cerbère redouté, s'était hâtée d'organiser le nouveau Tribunal révolutionnaire, multiple, nombreux et rapide, qui fonctionnerait par quatre sections. Thuriot était au fauteuil.

Elle vota avec acclamation les *propositions* de la Commune, auxquelles Danton et Bazire ajoutèrent celles-ci, vraisemblablement convenues :

Danton reproduisit l'ancienne *proposition* de Robespierre : que l'on salariât ceux qui assisteraient aux assemblées de sections, qu'ils reçussent deux francs par séance ; les séances n'auraient plus lieu que le dimanche et le jeudi. On maintenait à ce prix une ombre de sections, chose utile pour que chacune d'elles ne fût pas tout absorbée dans son Comité révolutionnaire.

Bazire demanda « que les Comités révolutionnaires de sections arrêtassent les suspects, mais que préalablement *la Commune fût autorisée à épurer ces Comités*, ET A LEUR NOMMER D'AUTRES MEMBRES provisoirement. »

Proposition énorme, qui faisait trois choses à la fois :

1° Elle reconnaissait, sanctionnait la toute-puissance de ces Comités ;

2° Mais cette royauté, elle la subordonnait à

celle de la Commune, qui pouvait non seulement les censurer, les épurer, bien plus : *les recréer,*

3° La centralisation de ces Comités de Police qui eût pu se rattacher au grand Comité de Sûreté ou de haute Police, c'était ce Comité lui-même qui, par la voix de Bazire, demandait qu'on la plaçât dans la Commune.

Et la Commune, reconnaissante, que faisait-elle pour ce généreux Comité, pour Bazire? Une seule chose : *elle omettait* dans sa pétition *de demander la mort de la Gironde.* Elle semblait donner un répit au fatal *rapport.*

Ils ne l'échappèrent pas. Si la Commune se tut, les Jacobins ne se turent point. Ils vinrent aussi à la Convention et demandèrent *le renvoi au Tribunal révolutionnaire,* au nouveau Tribunal, au Tribunal vierge, sévère, et l'étrenne du glaive. Voté sans discussion.

Les dantonistes étaient fort abattus. La mort avançait vers eux d'un degré. Thuriot montra cependant une gravité intrépide. Un membre ayant dit follement : « C'est peu d'arrêter les suspects. Si la Liberté devient un péril, qu'ils soient massacrés! » (Murmure général.) Thuriot interpréta dignement le sentiment de l'Assemblée : « La France n'est pas altérée de sang, mais de justice. »

Deux curieuses *carmagnoles* égayèrent ce sombre jour. Chaumette demanda que les Tuileries et autres jardins publics fussent cultivés en légumes : « Ne vaut-il pas mieux, dit-il, des aliments que des statues ? »

Mais Barère fit le bonheur de l'Assemblée en donnant une nouvelle qu'il conservait pour la fin : « On a pris, dit-il, un neveu de Pitt!... » La joie fut telle que pendant longtemps il ne put continuer.

Barère résuma la journée avec sa netteté ordinaire : « Les royalistes ont voulu organiser un mouvement... Eh bien! ils l'auront... (Applaudissements.) Ils l'auront organisé par l'armée révolutionnaire, qui, selon le mot de la Commune, *mettra la terreur à l'ordre du jour*... Ils veulent du sang... Eh bien! ils auront celui des leurs, de Brissot et d'Antoinette... »

CHAPITRE V

TOUTE-PUISSANCE DES HÉBERTISTES DANS LA VENDÉE — LEUR TRAHISON

(6-10 SEPTEMBRE 93)

Affaiblissement de Robespierre et Danton. — Division d'Hébert et Chaumette. — Puissance, insolence d'Hébert. — Collot et Billaud au Comité. — Danton refuse. — Les hébertistes dans la Vendée. — Jalousie de Ronsin contre Kléber, etc. — Ronsin est soutenu aux Jacobins par Robespierre. — Trahison de Ronsin pour faire périr Kléber, 19 sept. — Kléber et l'armée de Mayence. — Le journal de Kléber. — Kléber écrasé à Torfou, 19 sept.

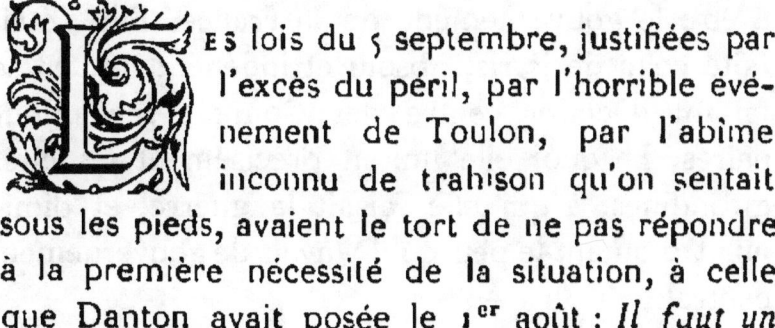ES lois du 5 septembre, justifiées par l'excès du péril, par l'horrible événement de Toulon, par l'abîme inconnu de trahison qu'on sentait sous les pieds, avaient le tort de ne pas répondre à la première nécessité de la situation, à celle que Danton avait posée le 1ᵉʳ août : *Il faut un gouvernement.*

Ces lois donnaient des moyens de terreur peu précisés et vagues. Mais qui s'en servirait?

Loin de créer un gouvernement, elles affaiblissaient la faible autorité qui en tenait la place, le Comité de Salut public. C'est contre lui justement que s'était fait le mouvement.

Les deux grandes autorités morales, Robespierre et Danton, en restaient amoindries. L'éclipse de Robespierre au 5 septembre aurait tué tout autre homme; la moindre blessure de la Presse lui eût été mortelle en ce moment; or, la Presse, c'était Hébert. Les Jacobins s'étaient divisés le 4, et ils ne s'étaient montrés le 5 qu'en seconde ligne. Pour Danton et les dantonistes, qui, en août, avaient pris l'avant-garde dans les grandes mesures de défense, ils eurent beau, au 5 septembre, couvrir leur nécessité d'une fière attitude révolutionnaire, ils n'apparurent qu'à l'arrière-garde des mesures de terreur. Visiblement, ils étaient traînés.

Qui avait vaincu? La Commune. Mais la Commune de Paris ne pouvait prétendre sérieusement à être le gouvernement de la France. Elle s'était faite celui de Paris, absolu et indépendant, en se faisant déclarer centre des Comités révolutionnaires. En quoi elle imitait précisément les cités girondines, à qui elle faisait la guerre, et diminuait d'autant le peu qu'il y avait de gouvernement central.

La Commune était en deux hommes : Chaumette, Hébert. Dès ce jour, ils se divisèrent.

On a vu comment Chaumette avait neutralisé, escamoté le mouvement du 4, pour en faire habilement, le 5, la victoire de la Commune. Véritable artiste en révolution, il fit le succès et ne s'occupa pas d'en profiter. Il avait besoin d'autres pensées. Toute la révolution de 93 ne lui paraissait qu'un degré pour en bâtir dessus une autre. Peu après le 5 septembre, il s'absenta, mena sa mère malade dans son pays, la Nièvre. Était-il bien content de sa victoire? J'en doute, elle lui imposait d'épurer et de remanier les Comités révolutionnaires, de limiter leur tyrannie. C'est ce qu'il essaya plus tard et qui le mena à la mort.

Hébert ne voyait rien de tout cela. Il voyait qu'il régnait. Maître de la Commune par l'absence de Chaumette, maître des Cordeliers à qui il distribuait les places de la Guerre, il enlevait les Jacobins dans les grandes questions par les défis de l'exagération, par la crainte que beaucoup avaient de cette gueule effrénée du *Père Duchêne*, qui leur eût transporté les noms des Girondins : *politiques, hommes d'État, égoïstes*, etc. Les Jacobins avaient à se faire pardonner leur division du 4 et l'indécision de Robespierre.

Avec tout cela, la personnalité misérable et mesquine d'Hébert, son attitude de petit muscadin qui couvrait le petit fripon, ses tristes précédents (de vendeur de contremarques et de commis peu fidèle), tout cela le faisait hésiter un peu à se charger de gouverner la France. Il eut du moins la magnanimité d'attendre. Mais quand il eut vu, le 11, Robespierre et Danton, soumis et patients, suivre l'impulsion du *Père Duchêne*, l'impudent alors ne connut plus rien, et, le 18, il demanda le pouvoir.

En attendant, son ami, Collot d'Herbois, entra, le 6, au Comité de Salut public. Choix sinistre. Collot, c'était l'ivresse (même à jeun), les bruyantes colères, vraies ou fausses, le rire et les larmes, l'orgie à la tribune. Ce puissant amuseur des Clubs, le plus furieux des hommes sensibles, faisait peur même à ses amis.

A cette terreur fantasque (qui est la plus terrible), le Comité opposa la terreur fixe, gouvernementale et mathématique, Billaud-Varennes. Il s'adjoignit pour membre le patriote *rectiligne* Billaud; c'était la ligne droite, le proscripteur inflexible de toutes les courbes. La courbe, c'est la ligne vivante; Billaud, sans sourciller, eût proscrit toute vie.

Le contre-poids possible à ces hommes, c'eût été Danton. Mais il déclara que jamais il n'entrerait au Comité.

Pour y entrer, il fallait accepter deux conditions terribles, devant lesquelles il faiblissait :

La mort des Girondins;

La mort de la Vendée.

Je dis : la Vendée patriote. Celle-ci, pêle-mêle avec la Vendée royaliste, devait périr, dans le système des maîtres de la situation, les hébertistes. L'ami d'Hébert, Ronsin, se chargeait de faire un désert de deux ou trois départements. Il comptait laisser à l'avenir ce monument de son nom.

Ce Ronsin était le grand homme de guerre du parti, sa glorieuse épée. Auteur de mauvais vaudevilles, c'était cependant un homme d'esprit, fort résolu, singulièrement pervers, qui fut bientôt mené, par vanité et ambition, à un acte exécrable. La première chose que les hébertistes exigèrent du Comité, ce fut une organisation de l'armée révolutionnaire qui laissât le choix du général au ministre, à Bouchotte, leur homme, et qui, par conséquent, assurât la place à Ronsin.

La dispute était entre deux systèmes. Les véritables militaires, Canclaux, Kléber, voulaient soumettre la Vendée. Les faux, comme Ronsin, Rossignol, désespérant de la soumettre, auraient voulu l'anéantir.

Le Comité de Salut public avait ordonné, le 26 juillet, de *brûler les bois et les haies*, de faire refluer toute la population dans l'intérieur. Le 2 août, il prescrivait de détruire ou brûler *les repaires des brigands*.

Rossignol, arrivant à Fontenay, devant les représentants Bourdon et Goupilleau, leur avait dit : « *Je vais brûler Cholet.* » Et peu après, quand on lui demanda des secours pour Parthenay, une ville patriote, saccagée par les Vendéens, il dit : « *Nous la brûlerons.* »

Ce mot, cette fatale équivoque, *les repaires des brigands*, comment donc fallait-il l'entendre? Il n'y avait guère de ville de Vendée qui n'eût été forcée de donner passage ou refuge aux bandes royalistes. Fallait-il brûler ces villes patriotes qui, en 92, par une vigoureuse initiative, avaient à elles seules éteint la guerre civile? Pour couronne civique, à ces excellents citoyens on accordait l'exil, la faim, la mort; on les chassait tout nus, on jetait sur la France deux ou trois cent mille mendiants.

J'ai sous les yeux une masse de lettres qui montrent la situation épouvantable de ces malheureux patriotes. Les royalistes étaient plus heureux. Pendant que Barère, à la tribune, les exterminait deux fois par semaine, ils faisaient leurs moissons tranquillement. Mais les patriotes, s'ils restent, ils sont toujours sous le coup de la mort. S'ils partent, ils meurent de faim et de misère. On les reçoit avec défiance. « Ah! vous êtes de la Vendée!... Crevez, chiens! » C'est l'hospitalité qu'ils trouvaient partout.

Le système des hébertistes était-il celui du Comité? Le contraire est prouvé. Il leur faisait écrire (1ᵉʳ et 9 septembre) qu'on ne pouvait brûler les patriotes. Le plus simple bon sens disait en effet qu'on risquait non seulement de faire mourir de faim la Vendée républicaine, mais de *royaliser* la Vendée neutre, de la jeter par la misère et le désespoir dans l'armée des brigands. C'est ce qui arriva en 94.

Lors donc que Rossignol déclara naïvement qu'il allait brûler tout, Bourdon, Goupilleau, reculèrent. Bourdon, ex-procureur, très corrompu, ivrogne et furieux, était né enragé. Cependant ce Bourdon, cette bête sauvage, quand il entendit Rossignol, il recula de trois pas.

De lui faire entendre raison, nul moyen. On n'en trouva qu'un, ce fut de le faire empoigner comme voleur, pour une voiture qu'il avait prise. Envoyé à la Convention, il y eut un triomphe, revint plus puissant que jamais. Ce fut Bourdon qu'on rappela.

Que Carnot et le Comité refusassent à ce favori l'armée de Mayence, c'était un effort héroïque qu'ils n'étaient pas en état de soutenir. Rossignol et Ronsin, en effet, au lieu d'obéir, discutèrent encore en Conseil, à Saumur, pour retenir les Mayençais. Vaincus par la majorité, ils signèrent enfin le *plan* de Canclaux, adopté par le Comité de Salut public. Canclaux, Kléber, partant de Nantes, Rossignol partant de Saumur, devaient percer la Vendée et se réunir à Mortagne. Un lieutenant de Rossignol, qui commandait sur la côte, devait appuyer Canclaux sur la droite.

Le 5 septembre changea toute la face des choses. Ronsin, voyant la victoire des hébertistes à Paris, se voyant lui-même en passe de commander l'armée révolutionnaire, de quitter la dictature militaire de la Vendée pour celle de la France, Ronsin regretta vivement de s'être engagé à soutenir l'armée mayençaise. Pour qu'un faiseur de bouts-rimés, fait général en quatre jours, montât si haut, passât sur le corps à tous les généraux, il fallait un prétexte ; il fallait qu'au plus tôt il eût quelque succès, tout au moins l'ombre d'un succès ; et il lui était aussi infiniment utile que cette armée qu'on ne lui donnait pas fût écrasée dans la Vendée, de sorte que, par cette défaite, on démontrât l'habileté du général Ronsin qui avait prévu ces malheurs. Ronsin savait parfaitement que les Vendéens croyaient tout gagner s'ils frappaient un grand coup sur l'armée de Mayence ; le reste ne leur importait guère. Ils faisaient front du côté de Kléber et tournaient le dos à Ronsin. Il avait chance de les trouver très faibles. Il convoque un Conseil de guerre, annule sans façon le *plan* du Comité de Salut public.

Qui le rendait donc si hardi? Il comptait sur deux choses : la partialité des représentants Choudieu, Bourbotte, pour Rossignol, et les ménagements de Robespierre pour tout le parti hébertiste.

Bourbotte, l'Achille de la Vendée, brave et de peu de tête, avait avec Rossignol une maîtresse commune, une camaraderie de viveur. Pour Robespierre, il n'y avait pas à songer à lui donner une maîtresse. Mais on avait réussi à mettre près de lui *un honnête homme, un bon sujet*, un certain d'Aubigny, qui, par de grands dehors d'honnêteté, le capta jusqu'à l'engouement. Ce très habile agent travaillait d'autant mieux qu'il ne ressemblait pas en tout aux hébertistes. Il défendait les prêtres, moyen sûr de plaire à Robespierre. Il entra, le 24, comme adjoint à la Guerre, fort appuyé de Robespierre et de Saint-Just, qui le vantaient aux dépens de Carnot.

La séance du 11, aux Jacobins, fut terrible. Futile en apparence, personne n'osant dire les mots de la situation, et d'autant plus terrible. Tous s'exprimaient à mots couverts et s'entendaient parfaitement. Bourdon était là, traduit devant les Jacobins; on parlait de la voiture volée par Rossignol, et autres bagatelles. En réalité, il s'agissait de l'incendie de trois départements, de l'extermination d'un peuple.

La tragédie monta très haut, quand Bourdon, déchirant le voile, Bourdon l'enragé, le sauvage, cria : « Que voulait-on ? Pouvais-je davantage ?... J'ai brûlé sept châteaux, douze moulins, trois villages... Vous ne vouliez pas apparemment que je laissasse debout la maison d'un seul patriote ?... » Et en même temps il sommait Robespierre de dire s'il n'avait pas donné des preuves écrites de tout ce qu'il avançait au Comité de Salut public... On le fit taire à force de cris.

Le plus triste fut de voir Danton parlant contre les dantonistes, louant Henriot, louant Rossignol, mendiant la faveur de ses ennemis.

Le faible de Robespierre et de Danton pour

Rossignol, un ouvrier devenu général en chef, s'explique certainement. Nous ne voyons pas cependant qu'il ait été le même pour les vrais héros sans-culottes : pour Hoche, fils d'un palefrenier, neveu d'une fruitière ; pour Jourdan, que sa femme nourrissait en vendant dans les rues des petits couteaux, etc., etc.

Cette séance offrit ce curieux spectacle d'Hébert, fort et majestueux, paisible, encourageant, rassurant Robespierre, le poussant et le retenant. « Sois tranquille, Robespierre... Ne réponds pas, Robespierre, à ces propositions insidieuses, » etc. Pour Danton, il avait beau se mettre en avant, et vouloir plaire, Hébert n'y daigna prendre garde.

L'issue naturelle, attendue, était que Bourdon fût chassé des Jacobins. Il arrêta tout par l'audace : « Je ne veux pas vous ôter ce plaisir. Faites ce qu'il vous plaît ! » cria-t-il. Les politiques se radoucirent. Ils sentirent qu'ils allaient lui ramener l'opinion, le rendre intéressant. Robespierre l'excusa en l'humiliant, disant « que sans doute il ne faisait qu'ajourner son repentir. »

Au moment où la nouvelle de cette séance arriva à Saumur, Rossignol, malade de ses orgies, était dans sa baignoire. Ronsin exploita le succès. Il crut que Rossignol, soutenu à ce point par Robespierre et par Danton, Rossignol, l'objet de ce monstrueux engouement, divinisé vivant, devenu impeccable, pouvait faire passer tous les crimes, et que lui, Ronsin, sans péril, pouvait, avec la main de cet inepte dieu, assassiner ses ennemis.

De la baignoire, sous sa dictée, Rossignol écrit : 1º aux Jacobins, qu'il a déjà eu un grand avantage (il n'y avait rien eu); 2º à Canclaux, que le Conseil de guerre tenu le 11 n'est pas d'avis qu'on coopère à ses mouvements.

Canclaux et l'armée mayençaise étaient en mouvement. L'affaire était lancée. Dans cinq départements, le tocsin sonnait et la levée en masse se faisait pour ce coup décisif. Tout le monde partait (de 18 ans à 50), avec fusils, fourches et faulx. Chacun prenait six jours de vivres. On dit que quatre cent mille hommes étaient levés. Fallait-il que Rossignol, de sa baignoire, arrêtât tout ? Cela paraissait difficile. Le ridicule aussi était immense. Et que diraient les royalistes, la Vendée menacée pour rien ? Quel rire, quelles gorges-chaudes !... Canclaux était forcé de marcher en avant.

Si Ronsin eût en même temps fait écrire Rossignol à son lieutenant Chalbos que l'on ne devait pas seconder Canclaux, tout eût été moins mal. On eût arrêté ce tocsin qui, dans toute la Basse-Vendée, faisait partir les hommes. Mais point. La lettre de Rossignol à Canclaux fut écrite le 14, et la lettre au lieutenant Chalbos deux jours plus tard, le 16, de sorte que ce grand mouvement continua, et que Canclaux, qui l'entendait, dit : « N'importe ! si Rossignol n'agit pas de Saumur, ici près, son lieutenant, avec la levée en masse, va nous soutenir et nous seconder. » Ainsi, il s'enfourna, lui, Kléber, l'armée mayençaise, en pleine Vendée. C'est ce qu'on voulait.

N'eût-il que cette armée, il se sentait très fort. Quand il les vit réunis, ces dix mille, il fut étonné. Troupe unique, admirable, qui ne s'est retrouvée jamais, ardente comme 92, solide comme 93, aussi manœuvrière que les armées impériales. Cette armée avait en elle la force et la gravité d'une idée, la conscience d'avoir couvert la France tout l'été, à Mayence, et de l'avoir relevée dans l'estime de l'Europe. Elle avait la ferme espérance de finir la Vendée. Elle-même y est restée malheureusement presque entière, livrée, trahie, assassinée.

Nommons un des soldats, Lepic, créature honnête s'il en fut, innocente, héroïque, qui resta sous l'Empire le soldat de la République, l'homme du devoir sans ambition. Seize ans après 93, il était encore simple colonel, quand, le dernier jour de l'horrible boucherie d'Eylau, tous étant épuisés, il recommença la bataille, traversa deux fois l'armée russe, arracha la victoire et la donna à l'Empereur.

Nommons le général de l'avant-garde mayençaise, l'immortel, l'infortuné Kléber. C'était alors un homme de trente-deux ans, d'une maturité admirable, d'une figure si militaire qu'on devenait brave à le regarder. Il était très instruit et avait fait toutes les guerres d'Allemagne. A Mayence, on lui avait donné le commandement des postes extérieurs, c'est-à-dire un combat de cent vingt jours de suite. La récompense l'attendait à la frontière. Il fut arrêté. Tel était son destin. Toujours victime. Il le fut en Vendée, il le fut sur le Rhin, où on le laissa sans secours. Il le fut en Égypte. Et il l'est dans l'Histoire encore.

Avec cette stature imposante, cette figure superbe et terrible, il n'y eut jamais un homme plus modeste, plus humain, meilleur. Marceau avait pour lui un sentiment de vénération, une profonde déférence et une sorte de crainte, comme pour un maître sévère et bon. Kléber, de son côté, avait senti l'extraordinaire beauté morale du jeune homme, et son charme héroïque qui enlevait les cœurs. Plus tard, on le verra refusant le commandement ; il força Marceau de le prendre, et lui donna ainsi la gloire du dernier coup d'épée qui finit la Vendée.

On ne peut sans émotion écrire l'Histoire de ces temps. Le respect de Marceau pour Kléber, Kléber le rendait à Canclaux. La déférence morale, la fraternité était admirable dans cette armée. Elle vivait d'une même âme. Tous ses chefs, Dubayet, Vimeux, Haxo, Beaupuy, Kléber, furent un faisceau d'amis. Joignons-y leur représentant chéri, Merlin de Thionville, toujours à l'avant-garde, et qui ne se fût pas consolé de manquer un combat. Merlin était l'enfant de l'armée. Kléber conte avec complaisance ses hardis coups de tête. Le jour qu'on arriva à Nantes, dans la fête qu'on donna à l'armée sur la prairie de Mauves, Merlin saute dans une chaloupe, passe la Loire et va faire le coup de fusil avec les Vendéens.

Cette armée héroïque arrivait, mais dénuée de tout, sauf les couronnes civiques dont on l'avait chargée de ville en ville. Du reste, plus d'habits, ils étaient restés dans la redoute de Mayence ; ni vivres, ni souliers, ni chevaux. Tout ce qu'on envoya de Paris, Ronsin l'empêcha de passer, le garda pour lui à Saumur. Heureusement, Philippeaux était à Nantes. Avec ses fidèles amis du Club Vincent, il parvint en huit jours, chose admirable, à équiper l'armée. La perfidie de Ronsin fut trompée encore une fois.

Les voilà donc en route, Kléber et Merlin en tête. Le très sage Canclaux faisait accompagner l'armée des meilleurs Montagnards du Club de Vincent-la-Montagne, qui pussent au besoin témoigner pour lui et répondre aux calomnies de Saumur.

Les *notes* inestimables qu'a laissées Kléber nous permettent de suivre sa route. Il marchait par Clisson, par la vallée âpre et boisée de la Sèvre nantaise, beaux lieux, pleins de danger, qui déjà en septembre étaient noyés de pluies et n'offraient que d'affreux chemins.

Le souci de Kléber, c'était de conserver l'honneur de l'armée de Mayence, d'empêcher tout pillage. Le pays était généralement abandonné ; les biens de la terre étaient là qui tentaient le soldat. Prendre en Vendée, était-ce prendre ? Chaque nuit, il faisait bivouaquer dans des prés fermés de barrières et de grands fossés d'eau. Là, il se mettait à écrire, notant avec la complaisance d'un ami de la Nature les paysages charmants, les échappées de vue qu'il rencontrait dans ce pays fourré, les belles clairières des forêts qui n'avaient pas encore perdu leurs feuilles, les grandes prairies où erraient des troupeaux qui n'avaient plus de maîtres. Puis viennent des paroles pleines d'humanité et de mélancolie « sur le sort de ces infortunés qui, fanatisés par leurs prêtres, deviennent des furieux altérés de sang, repoussent les biens qui venaient à eux et courent à leur ruine. »

Nul retour sur lui-même, ni sur son propre sort.

Pendant qu'il avance ainsi avec confiance, la Vendée l'attend, tapie dans ses bois. Le sanglier, désespéré, furieux, est dans sa bauge, immobile et prêt à frapper. Toute la grande masse vendéenne était tournée vers Kléber, suivant à la lettre le mot qu'avait dit le rusé Bernier : « Éreintez Mayence, et moquez-vous du reste. » Ils obéirent autant qu'il fut en eux. Il était entendu, et dans l'armée d'Anjou, et dans celle de Charette (dont les soldats nous l'ont redit), qu'on ne devait faire prisonnier nul Mayençais, mais exactement tuer tout.

Kléber marchait, soutenu, comme il croyait, à gauche, par l'alsacien Beysser, jaloux de lui et plein de mauvaise volonté, et, à droite, par Chalbos, lieutenant de Rossignol, qui, d'après les conventions, devait se rapprocher de lui avec toute la levée en masse de la Basse-Vendée.

Que faisait ce lieutenant? Il avança d'abord, et l'on compta sur lui, on s'engagea plus loin, et on apprit alors qu'il était en pleine retraite. Sur l'ordre de Rossignol, Chalbos s'éloigna de Kléber, fit reculer les corps qui dépendaient de lui, et toute la levée en masse.

Kléber et les deux mille cinq cents hommes de l'avant-garde étaient au fond du piège. Les défilés étroits, profonds, boueux, de Torfou, avaient reçu la longue file et quatre canons qu'elle traînait. Au fond, vingt-cinq mille Vendéens. N'ayant point affaire à Chalbos, ils avaient pu se concentrer. La masse est d'abord enfoncée, mais elle se divise, se rapproche sur les côtés, se range derrière les fossés et les haies, fusille de toutes parts, et même derrière, à bout portant. La réserve qui suivait répond; sa fusillade alarme; on croit qu'on est coupé. Kléber avait tout d'abord reçu un coup de feu. On voulait retirer les pièces; un caisson brisé sur la route la ferme, et les canons sont pris. Kléber, quoique blessé, dirigeait tout.

Il dit à Cheverdin, commandant de Saône-et-Loire : « Fais-toi tuer, et couvre la retraite. » Ce brave homme le fit à la lettre. Avec lui, tint ferme Merlin. Merlin avait près de lui un excellent ami, un réfugié de Mayence, qui n'avait plus de patrie que nos camps. Ce pauvre Allemand, Riffle, se fit tuer en sauvant une armée de la France.

Ce jour-là, quelqu'un, passant à Saumur, vit Rossignol encore malade. « Comment vont les affaires ? dit Rossignol. — Mal, dit l'autre ; Chalbos se retire. — Comment cela ? Qui lui a ordonné ? — Vous-même. » Rossignol demanda son registre de lettres ; il vit que la chose était vraie, et changea de couleur. Il comprit, un peu tard.

Le criminel Ronsin tenait pendant ce temps la place de Rossignol ; la levée en masse était faite partout sur la Loire pour le seconder. Il avance et s'enfourne dans le bourg étroit de Coron. Là, trois mille Vendéens suffisent pour l'écraser. Il l'était d'autre part par le sentiment de son crime, pensant ne pouvoir se laver que par une victoire. « Mourons ici ; » dit-il à Santerre, son lieutenant. « Il n'en mourut pas, dit Santerre, mais fit comme les autres. » Il n'eut même pas la présence d'esprit de faire rétrograder un autre corps qui arrivait d'Angers, et fut battu aussi. Toute la levée en masse, voyant fuir les troupes régulières, se débanda ; cent mille hommes rentrèrent chez eux ; tout ce grand mouvement fut perdu.

Que fit Ronsin? Sans s'étonner, il écrivit à Paris que, six jours durant, il a toujours vaincu ; que la Vendée fuit devant lui. Le ministre, d'accord avec lui, cache les relations plus fidèles. Ronsin, suivant de près sa lettre, dénonce aux Jacobins Canclaux et l'armée de Mayence. Il est désigné unanimement par l'enthousiasme public pour le grand poste de général de l'armée révolutionnaire.

CHAPITRE VI

ROBESPIERRE COMPROMIS SA VICTOIRE

(25 SEPTEMBRE)

Violence des hébertistes. — Loi des suspects. — Désespoir de Danton. — Les hébertistes dénoncés, 25 septembre. — Victoire de Robespierre à la Convention. — Maître de la Justice et de la Police, il essaye la modération, 3 octobre 93.

MERLIN de Thionville ne perdit pas une minute. Il arriva derrière Ronsin, chargé des preuves de son crime, des ordres qu'il avait fait signer à son mannequin Rossignol pour trahir l'armée de Mayence et faire périr Kléber.

Que trouve-t-il? Les amis de Ronsin au pinacle. Tout le monde lui rit au nez. On lui conseille d'être prudent, de s'excuser, s'il peut, lui-même, de sa défaite de Torfou.

Les hébertistes ne gardaient aucune mesure. Dans l'affaiblissement de Danton et de Robespierre, ils maîtrisaient les Jacobins et les faisaient marcher. Pour mot de la situation, pour ralliement des patriotes, pour épreuve des bons citoyens, ils avaient pris *la mort des Girondins*. A tout ce qu'on disait, ils objectaient : « *Les Girondins vivent encore.* »

Poursuivant tout le monde avec ce verre de sang qu'ils vous forçaient de boire, ils faisaient reculer les dantonistes, les stigmatisaient du nom d'*indulgents*.

Les Jacobins, poussés, défiés, marchant sous l'aiguillon, voulaient prouver leur énergie. Le 5, le 9, le 15, le 30, le 1er, des députations jacobines vinrent coup sur coup à la Convention la sommer de tenir parole.

Les Jacobins franchirent un pas bien grave. Ils se constituèrent juges, allèrent au Comité de Sûreté générale, prirent le dossier de la Gironde, le rapportèrent chez eux, se chargeant d'instruire le procès à la barbe du Comité et de la Convention.

L'Assemblée ne voyait que trop derrière les Jacobins le machiniste Hébert tirant les fils. Elle fit, le 17, une tentative pour reprendre quelque chose de ce qu'elle avait cédé, le 5, à la Commune. Elle avait promis la *loi des suspects*, et elle la donna, mais autre qu'elle n'avait promis. Dans le *projet* du 5, les Comités révolutionnaires chargés d'arrêter les *suspects* étaient soumis à la Commune. Dans la loi du 17, ils l'étaient au Comité de Sûreté générale de la Convention; ils devaient lui envoyer *leurs motifs* et les papiers saisis. En d'autres termes, la Convention (et son Comité de Sûreté) restait maîtresse de l'exécution de la loi, et si dans cette loi de terreur, d'immense portée, qui enveloppait tout, on risquait d'enfermer la France, tout au moins l'Assemblée voulait garder la clef, ouvrir et fermer les prisons.

C'était neutraliser, au profit de la Convention et de son Comité de Sûreté, cette dictature de Police qu'on avait, le 5 septembre, donnée à la Commune. Le redoutable Hébert se fâcha, laissa toute prudence, et, dans sa fureur étourdie, proposa la chose même pour laquelle on voulait faire mourir les Girondins, une chose dangereuse, impossible : *Que l'on mît en vigueur la Constitution*, c'est-à-dire que l'on supprimât les deux Comités dictateurs, qu'on donnât le pouvoir aux ministres (sans doute au grand ministre Hébert).

Telle était la reconnaissance des hébertistes pour Robespierre, qui, le 11, les avait si bien soutenus dans l'affaire de Vendée. Ils anéantissaient le Comité de Salut public, renvoyaient Robespierre aux spéculations théoriques, à la morale, à la philosophie.

Aucun journal n'a osé imprimer cette séance

étrange des Jacobins. Nous savons seulement l'impertinente *proposition* d'Hébert, à laquelle Robespierre aurait répondu, avec une douceur exemplaire, que la demande était prématurée.

Ce même soir, 18, Vincent, aux Cordeliers, fit le dernier outrage à la Convention : la demande d'une loi qui rendît les représentants en mission *responsables de favoriser les friponneries des agents militaires*. Que les fripons eux-mêmes, les amis de Ronsin, les effrontés pillards de la Vendée, se missent à crier : « *Au voleur!* » et contre la Convention! c'était chose irritante! L'Assemblée perdit patience, et renvoya la pétition à qui de droit, pour être poursuivie.

Nous ignorons malheureusement ce qui se passa au Comité de Salut public. Robespierre s'y trouvait entre Collot, ami d'Hébert, et Thuriot, ami de Danton. La question était de savoir si le Comité tolérerait à jamais les furieuses folies des hébertistes, qui demandaient sa suppression, et se portaient pour ses successeurs au pouvoir. La connivence du Comité pour ces scélérats étourdis n'était-elle pas lâcheté? une lâcheté meurtrière contre soi-même? Il était trop aisé de voir où on allait de faiblesse en faiblesse : la Gironde aujourd'hui, demain les dantonistes; que leur manquerait-il alors? L'immolation de Robespierre lui-même!

Robespierre le voyait aussi bien que les autres, et ne répondait rien. Tout cela se passait au

Comité devant Collot d'Herbois, autrement dit, devant Hébert. Ce silence obstiné, cette patience par delà tous les saints, étonnait, effrayait.

Les dantonistes aimèrent mieux briser en face, se séparer, que de se laisser toujours entraîner. Ils avaient cédé, le 5 septembre, parlé pour leurs ennemis. Qu'y avaient-ils gagné? Ceux-ci, depuis ce jour, étaient plus insolents, plus altérés de leur sang.

Thuriot, le président du 5 septembre, donna, le 20, sa démission du Comité de Salut public.

Danton quitta la Convention et partit pour Arcis. Pour rien au monde, il ne voulait livrer les Girondins.

Le bon Garat, qui alla le voir avant son départ, le trouva malade, consterné, atterré. La ruine de son parti, sa débâcle personnelle, sa popularité anéantie, l'occupaient peu. Ce qui lui perçait le cœur, c'était la mort de ses ennemis. « Je ne pourrai les sauver, » s'écria-t-il. Et quand il eut arraché le mot de sa poitrine, toutes ses forces étaient abattues. De grosses larmes lui tombaient; il était hideux de douleur. Plus d'éclairs, la flamme était éteinte, la lave refroidie; le volcan n'était plus que cendres.

Son départ fut une grande faute. Les hébertistes crièrent partout qu'il avait émigré. Les dantonistes ne furent pas soutenus de sa grande voix, puissante encore, dans leur bataille décisive du 25 septembre.

Les preuves qu'ils apportaient contre Rossignol étaient telles qu'elles devaient le faire guillotiner sur-le-champ, à moins qu'il ne prouvât qu'il était un idiot, qu'il avait signé sans comprendre. Auquel cas, c'était Ronsin qui devait porter sa tête sur l'échafaud.

Il se trouvait, par une coïncidence singulière, qu'au moment même, une autre accusation presque aussi grave contre les hébertistes du ministère de la Guerre arrivait de l'armée du Nord. C'était une foudroyante lettre écrite en commun par deux Montagnards de nuance différente, le maratiste Bentabole et le robespierriste Levasseur. Cette lettre dévoilait l'état épouvantable où Bouchotte et Vincent laissaient nos armées ; celle du Nord était inférieure de quarante mille hommes à ce qu'elle eût dû être pour paraître devant l'ennemi. Il y avait pourtant six mois que les trois cent mille hommes étaient votés. Ni subsistances, ni habillements, ni officiers supérieurs. Gossuin l'avait dit le 13 août, et cela l'a mené à la guillotine. Les généraux le disaient, on les guillotinait. Tout revers était attribué à la trahison. Robespierre, Barère et le Comité, que faisaient-ils en poursuivant aveuglément, indistinctement tous les généraux ? Ils excusaient Bouchotte ; ils appuyaient Hébert, leur ennemi, flattaient la Presse populaire, *Le Père Duchêne*, qui, s'il eût trouvé jour, aurait hurlé contre eux et les eût menés à la mort.

Ici, c'était Levasseur, un homme de Robespierre, qui dénonçait un ministère dont Robespierre était l'allié.

La mémorable séance du 25 fut ouverte par Thuriot, de manière à donner une grande attente. Il déplora le sort de la Révolution, tombée dans la main des derniers des hommes : « N'avons-nous donc, dit-il, tant combattu que pour donner le pouvoir aux voleurs, aux hommes de sang? Nous detrônons le royalisme et nous intronisons le coquinisme. » C'était nommer Hébert, Ronsin ; on attendait qu'il conclût à envoyer celui-ci chez Fouquier-Tinville. La Convention applaudissait violemment. Mais, point. Il demanda l'impression d'*une feuille morale.*

Chute étrange ! Elle fut relevée : on lut la terrible lettre de Levasseur contre le ministre de la Guerre. A la chaleur de cette lettre, tout dégela. Les paroles glacées en l'air se fondirent et se firent entendre. Le représentant Briez, que la trahison avait forcé de rendre Valenciennes et qui restait depuis en suspicion sans oser même se justifier, parla, et parla si bien, que la Convention, non contente de décréter l'impression du discours, décréta l'adjonction de Briez au Comité de Salut public.

Au moment où le Comité recevait ce terrible coup, Merlin de Thionville survint, comme le matador sur le taureau blessé, pour enfoncer le glaive. Il donna l'affaire de Ronsin.

Plusieurs membres se lèvent : « Et que dit à cela le Comité de Salut public ? que ne parle-t-il ? »

Le Comité parla, mais d'abord par Billaud-Varennes, maladroitement, avec fureur, avec menaces contre la Convention. Barère vint au secours, louvoya, suivant son procédé ordinaire, jetant à la colère de l'Assemblée ce qui suffit pour amuser les foules dans ces moments : une victime humaine. Si l'armée du Nord avait des revers, c'était la faute d'Houchard. Barère fit de ce pauvre diable un grand, un profond conspirateur. « Heureusement, dit-il, le voilà destitué. Avec les lumières des bureaux de la Guerre (il flattait les hébertistes) et les lumières de Carnot (il flattait les neutres), nous ferons de meilleurs choix. — On vient de nommer Jourdan. »

Prieur, l'ami de Carnot, appuya et couvrit Barère de son honnêteté connue.

Saint-André et Billaud reprirent sur l'utilité du Comité de Salut public et la nécessité de tenir secrètes les grandes opérations. — Et Billaud, immédiatement : « *Nous allons faire en Angleterre une descente de cent mille hommes !...* Nous avons levé dix-huit cent mille hommes !... » — Barère : « En Vendée seulement, quatre cent mille hommes en vingt-quatre heures ! » L'Assemblée applaudit vivement ces exagérations, l'indiscrétion surtout de Billaud-Varennes, qui, sortant de son caractère, criait dans la Convention un *projet* si loin de l'exécution, et dont le secret eût pu seul assurer le succès.

Dans tout cela, pas un mot de réponse à ce qui faisait l'objet de la séance. L'objet, bien posé, était celui-ci :

Doit-on guillotiner Ronsin et Rossignol, pour avoir livré à la mort une armée de la République ?

Doit-on chasser Bouchotte, qui, dans un ministère de cinq mois, n'a organisé encore ni le matériel ni le personnel, qui, des trois cent mille hommes décrétés en mars, n'envoie presque rien aux armées ?

Les dantonistes furent pitoyables. Ils n'osèrent rappeler l'Assemblée à la question. Ils avaient en main un procès terrible pour accabler leurs ennemis. Ils s'en servirent à peine. Thuriot aboutit à sa *feuille morale*. Merlin de Thionville ne montra point à la Convention l'intrépidité qu'il avait sur les champs de bataille. S'il eût *pointé* aux hébertistes, aussi juste qu'il le faisait aux Prussiens, Ronsin était perdu.

Il fallait écarter vivement et d'un mot toute cette défense du Comité, qui n'avait là que faire. Que le Comité eût été faible pour les hébertistes, pour Bouchotte et Ronsin, c'était une question secondaire qu'on devait ajourner.

Il fallait concentrer l'attaque sur la trahison de Vendée. Bien loin qu'on accusât le Comité en cette affaire, le crime de Ronsin était justement de s'être moqué du *plan* adopté par le Comité, d'avoir fait écraser Kléber, que ce *plan* l'obligeait de soutenir. Si le Comité n'eût pas eu peur de la Presse hébertiste, c'est lui qui aurait accusé Ronsin.

Robespierre profita des fautes avec une admirable présence d'esprit.

Il ne défendit pas les hébertistes et n'en dit pas un mot. Il les laissa hideusement découverts, percés à jour, et dépendants de lui, qui dépendait d'eux jusque-là.

Il défendit le Comité, assez vaguement, en répétant ce qu'avait dit Barère, du reste se mettant à part, et parlant pour son compte : « Si ma qualité de membre du Comité doit m'empêcher de m'expliquer avec une indépendance extrême, je dois l'abdiquer à l'instant, et, après m'être séparé de mes collègues (que j'estime et honore), je vais dire à mon pays des vérités nécessaires... »
— Grande attente. Ces vérités, c'était qu'il existait un *plan d'avilir, de paralyser la Convention.* « On veut que nous divulguions les secrets de la République, que nous donnions aux traîtres le temps d'échapper... Remplacez-le, ce Comité qui vient d'être accusé avec succès dans votre sein... L'argent de l'étranger travaille. Cette journée vaut à Pitt plus de trois victoires. La faction n'est pas morte, elle conspire *du fond de ses cachots* » (il associait ainsi les Girondins aux dantonistes).

« *Les serpents du Marais* ne sont pas encore écrasés. »

Ici, c'était le centre qui se trouvait atteint. Notez qu'à ce moment où la Convention n'avait guère plus de deux cents membres, la Montagne étant presque absente et la droite mutilée, le centre, c'était à peu près tout.

Robespierre n'avait pas l'habitude des basses injures, et il venait d'accuser ceux qui avilissaient la Convention. On fut stupéfait de ce mot.

D'après sa prudence excessive au 5 septembre et autres grandes journées, on ne le croyait nullement audacieux. Il ne s'avançait qu'à coup sûr. On pensa qu'il était bien fort, puisqu'il avait hasardé une telle injure à la Convention.

Si son initiative avait été faible depuis un mois ou deux dans les choses publiques, elle avait été grande et terrible, judiciairement. C'était par-devant lui, comme président des Jacobins, que les juges et jurés du procès de Custine avaient été violemment tancés par la société. Elle se constitua, le 15, en Tribunal contre les Girondins, et devint une Cour de Justice. Dans de telles circonstances, le chef des Jacobins se trouvait en réalité le Grand Juge de la République.

Le centre, donc, fut muet de terreur. Il commença à respirer un peu quand, des menaces vagues, Robespierre passa à une désignation spéciale, menaçant les seuls dantonistes : « *Nos accusateurs* seront bientôt accusés. »

On respira mieux encore quand, réduisant le nombre, il dit : « *Deux ou trois traîtres ;* » enfin quand, ajournant les autres, il se limita cette fois à Duhem et Briez, l'un coupable d'excuser Custine, l'autre, l'homme *déshonoré qui s'est trouvé dans une place rendue.* Le mot tombait d'aplomb sur Merlin de Thionville, dont la position avait été analogue à Mayence.

Tous se turent, et le peu qu'on dit, ce fut pour s'excuser. Briez déclina le périlleux honneur d'être adjoint au Comité.

La Convention se croyait quitte. Robespierre insista. Il vit son avantage et qu'il tenait l'Assemblée sous le pied, et que plus il frapperait, plus elle serait docile. Il dit donc audacieusement : « La Convention *n'a pas montré l'énergie* qu'elle eût dû... *J'ai vu* applaudir Barère par ceux qui *nous calomnient, qui nous voudraient un poignard dans le sein...* »

Tous frémissaient : « Est-ce moi qu'il a vu ? »

Cependant l'Assemblée n'était pas domptée, à terre et aplatie, tant que Robespierre n'avait pas assommé les représentants dont la gloire militaire relevait la Convention. Il bâtonna Merlin sur le dos de Briez : « Si j'avais été dans Valenciennes, je ne serais pas ici pour faire un *rapport...* J'y aurais péri. Qu'il dise tout ce qu'il voudra, il ne répondra jamais à ceci : « Êtes-vous mort ? »

L'Assemblée, foulée aux pieds, n'avait qu'à remercier. C'est ce qu'elle fit par Bazire. Il fut, comme au 5 septembre, l'organe de la faiblesse commune. Il saisit l'occasion des 50 millions que Billaud voulait rendre, et que Robespierre avec dignité déclara vouloir garder. « Où en serions-nous, dit Bazire, si Robespierre avait besoin de se justifier devant la Montagne?... On ne peut repousser sa *proposition :* il demande que la Convention déclare que son Comité a toute sa confiance. » A cet appel des accusateurs du Comité en faveur du Comité, l'Assemblée entière se leva et donna le vote de confiance.

Ce vote eut des conséquences immenses, que personne n'attendait. Robespierre et l'Assemblée s'étaient trouvés en face, et l'Assemblée avait tremblé. Celui qui a eu une fois cet avantage le garde fort longtemps. Robespierre l'a gardé jusqu'au 9 Thermidor.

La Convention était tellement dominée désormais que, le lendemain 26, elle lui remit en quelque sorte les deux glaives, Justice et Police; je veux dire que le Tribunal révolutionnaire et le Comité de Sûreté générale furent renouvelés entièrement sous son influence. Au Tribunal, il mit les siens, des hommes à lui et qui lui appartenaient personnellement (Herman d'Arras, Dumas, Coffinhal, Fleuriot, Duplay, Nicolas, Renaudin, Topino-Lebrun, Souberbielle, Vilatte, Payan, etc.) Au Comité, avec un art plus grand, une composition plus savante, il ne mit que deux hommes à lui, Lebas, David; deux hommes de son pays,

Lebon, Guffroy, et, pour le reste, des gens très compromis et d'autant plus dociles. Ce très grand tacticien savait qu'en révolution l'ennemi sert souvent mieux que l'ami. L'ami raisonne, examine et discute. L'ennemi, s'il a peur, va bien plus droit. Placé sur un *rail* de fer, il marche dans la voie rigide ; sachant bien qu'à droite et à gauche, c'est l'abîme, il marche très bien.

Qui était le plus consterné? Le Comité de Salut public. Il sentait trop que Robespierre, au 25 septembre, s'était défendu seul, qu'il avait vaincu seul, seul profité de la victoire. Un homme dominait la République.

Un homme en trois personnes : Robespierre, Couthon et Saint-Just.

Les cinq autres membres du Comité qui n'étaient pas en mission se trouvèrent d'accord sans s'être entendus. Le dantoniste Hérault, les impartiaux Barère, Prieur, Carnot, Billaud-Varennes, la Terreur pure, Collot d'Herbois, avant-garde hébertiste, mais fort indépendant d'Hébert, tous, quelle que fût la diversité de leur nuance, agirent comme un seul homme contre Robespierre.

Ils craignaient extrêmement que Couthon, qui alors marchait sur Lyon avec des masses de paysans armés, n'eût la gloire de l'affaire et ne donnât aux robespierristes la seule chose qui leur manquât : un succès militaire. Dubois-Crancé, dantoniste allié aux *enragés* de Lyon, avait fait des efforts incroyables, il avait sauvé tout le Sud-Est.

Le fruit de ce travail immense, Couthon allait le recueillir, se couronner, couronner Robespierre. Le 30 septembre et jours suivants, les cinq du Comité écrivirent trois fois en trois jours à Dubois-Crancé qu'il fallait à l'heure même forcer Lyon, y entrer avant l'arrivée de Couthon. Lyon résistait avec des efforts désespérés, du moins pour choisir son vainqueur, aimant mieux, s'il fallait se rendre, se remettre aux mains de Couthon, désintéressé dans l'affaire, qu'à celles de Dubois-Crancé, aigri par un long siège, ami des amis de Chalier, et qui n'eût pu rentrer qu'en vainqueur irrité, en vengeur du martyr.

Le Comité eut beau faire : la fortune de Robespierre eut l'ascendant à Lyon comme à Paris, et presque en même temps il porta un coup très grave au Comité devant la Convention.

Le 3 octobre, par une belle et douce matinée d'automne, où les arbres, épargnés par la saison plus longtemps qu'en 92, semaient lentement leurs feuilles, on annonça à la Convention que le rapporteur du Comité de Sûreté, Amar, allait faire son *rapport* sur les Girondins.

La longue et fraîche diatribe n'ajoutait pas un fait à celle de Saint-Just. Les soixante-treize qui, en juin, avaient protesté contre la violation de l'Assemblée, étaient là présents et la plupart ne se défiaient de rien. Tout à coup Amar demande qu'on décrète « que les portes soient fermées. » Le tour est fait. Les soixante-treize sont pris comme au filet. L'arrestation est votée sans discussion. Les voilà parqués, à la barre, pauvre troupeau marqué pour la mort.

Dans cette foule de soixante-treize représentants, sans doute fort mêlée, ceux qui ont vécu jusqu'à nous, les Daunou, les Blanqui et autres, étaient très sincèrement républicains et seraient morts pour la République.

Jusque-là, l'affaire avait une apparence hideuse, celle d'un guet-apens. Quelques Montagnards demandaient que les soixante-treize fussent jugés par les vingt-deux. Mais voici que les soixante-treize trouvent dans l'Assemblée un défenseur inattendu. Robespierre se lève et parle pour eux. L'étonnement fut au comble.

« La Convention ne doit pas multiplier les coupables, dit Robespierre ; il suffit des chefs. *S'il en est d'autres, le Comité de Sûreté générale vous en présentera la nomenclature.* Je dis mon opinion en présence du peuple, je la dis franchement, et le prends pour juge... Peuple, tu ne seras défendu que par ceux qui auront le courage de te dire la vérité ! »

Amar parlant de lire les preuves contre les soixante-treize : « Cette lecture, dit Robespierre, est absolument inutile. »

Clémence rassurante, effrayante ! La droite, le centre même, avaient entendu avec terreur ce mot sonner à leur oreille : « *S'il en est d'autres*, le Comité en présentera la nomenclature. »

Ils se voyaient dès lors suspendus à un fil : l'humanité de Robespierre !

La Montagne sentait que ces soixante-treize ainsi réservés, que cette droite tremblante, c'était une arme disponible pour lui ; contre qui ? Contre la Montagne, contre le Comité de Salut public.

La majorité n'était plus celle du Comité et du gouvernement : c'était celle de Robespierre.

Le Comité avait devant l'Assemblée l'odieux du guet-apens ; Robespierre, seul, le mérite de la modération, — tranchons le mot, — de la clémence.

Ce n'était pas ici un avis modéré d'un représentant quelconque, c'était l'impérieuse clémence d'un homme qui, dominant les Jacobins, le Comité de Sûreté, le Tribunal révolutionnaire, pouvait accuser, arrêter, juger. C'était une restauration du droit de grâce. Marat l'exerça, au 2 juin, pour trois représentants ; et Robespierre, ici, pour soixante-treize.

Robespierre, jusqu'ici, n'avait rien fait attendre de tel.

Quelle était donc cette puissance nouvelle, étrange, qui s'attachait la droite, le centre, en faisant grâce, et qui s'appuyait d'autre part sur ceux qui ne voulaient point de grâce, sur les hébertistes ?

Robespierre, le 25 septembre, par la voix de David, avait répondu de Ronsin, le plus cruel des hébertistes, l'avait lavé devant les Jacobins. Les robespierristes eux-mêmes ne comprenaient plus Robespierre. L'un d'eux, le rédacteur du *Journal de la Montagne*, ayant attaqué les bureaux hébertistes, Robespierre le fit tancer aux Jacobins, et on lui ôta son journal.

CHAPITRE VII

MODÉRATION DES ROBESPIERRISTES A LYON

(OCTOBRE 93)

Robespierre terrorisé par Saint-Just (10 octobre), pendant qu'il pacifie par Couthon (8-20 octobre).

RAPPELONS-NOUS les précédents de Robespierre.

Juge d'Église à Arras avant 89, la nécessité malheureuse où il fut de condamner un homme à mort le décida à donner sa démission.

Son rôle à la Constituante fut celui d'un sévère et ardent philanthrope, poursuivant par tous les moyens, et même aux dépens de son cœur, le progrès de l'humanité. Il refusa la place d'*accusateur public*.

Il était né *ému*, craintif et défiant, colérique (de la colère pâle). Saint-Just le lui reprochait, lui disant : « Calme-toi ; l'empire est aux flegmatiques. »

Les trahisons et les disputes, la guerre à coups d'aiguille que lui fit la Gironde, avaient prodigieusement aigri son cœur. La fatalité déplorable qui l'obligea, pour annuler et les Girondins et les *enragés*, de s'associer aux hébertistes, de puiser dans ce qui lui était le plus antipathique, dans l'appui de leur Presse, la force populaire qu'il n'avait pas en lui, cette dure et humiliante nécessité devait l'aigrir encore. Ce qu'il avait refusé d'être en 90, il le devint réellement en 93 : *le grand accusateur public*. Ses véhéments réquisitoires aux Jacobins emportèrent et juges et jurés, et forcèrent la mort de Custine.

Son triomphe toutefois du 23, qui avait terrorisé la Convention, qui lui avait mis en main et la Justice et la Police, ce jour qui l'avait tant grandi sur les ruines des dantonistes et des hébertistes à la fois, lui permettait de suivre une plus libre politique. Il le tenta en octobre. Il fit un pas dans les voies de la modération, — un pas, et les circonstances le refoulèrent dans la Terreur.

Pendant ce mois, sa stratégie fut si obscure, que les robespierristes s'y trompaient à chaque instant, croyant lui plaire et le servir en des choses, prématurées sans doute, qu'il se hâtait de désavouer.

Cependant, deux choses furent claires :
1° Ses ménagements pour les soixante-treize,

qu'il refusa d'envelopper dans la perte des Girondins ;

2° La modération étonnante que son *alter ego*, Couthon, son homme et sa pensée (bien plus étroitement que Saint-Just), osa montrer à Lyon dans tout le mois d'octobre, — au point de s'aliéner tous les *violents*, de pousser à la dernière fureur les amis de Chalier.

Couthon, comme Robespierre, avant 89, était un philanthrope, bien plus qu'un révolutionnaire. On a de lui un drame qu'il écrivait alors, plein de sensibilité et de larmes, dans le genre de La Chaussée.

Au temps où nous sommes arrivés, tous deux, s'ils n'avaient pas la clémence dans le cœur, ils l'avaient dans l'esprit. Robespierre voulait arracher aux deux partis les deux puissances : aux dantonistes la clémence, aux hébertistes la rigueur ; transférer ces deux forces des mains impures, suspectes, aux mains des honnêtes gens, c'est-à-dire des robespierristes.

L'essai était infiniment périlleux et ne pouvait se faire que sur des questions toutes nouvelles, nullement sur celles qui étaient irrévocablement lancées dans la polémique révolutionnaire.

Garat raconte qu'au mois d'août, il fit une tentative auprès de Robespierre pour sauver la Gironde. Il lui lut un espèce de plaidoyer pour la clémence. Robespierre souffrait cruellement à l'entendre. Ses muscles jouaient d'eux-mêmes.

Les convulsions ordinaires de ses joues étaient fréquentes, violentes. Aux passages pressants, il se couvrait les yeux. Que pouvait-il pour la Gironde ? Rien, ni lui, ni personne. Il sentait bien toutefois qu'une des meilleures chances pour relever l'autorité, c'eût été, dans une question possible et neuve, c'eût été de saisir les cœurs par un effet d'étonnement, par un retour subit à la clémence, qui enlèverait la France à l'improviste, et, par l'effet d'un tel miracle, briserait les partis.

Lyon, éloigné, pour une telle surprise, valait mieux que Paris. Si l'habile main de Couthon pouvait, de là, donner le premier branle à la politique nouvelle, l'équilibre dans la Terreur, la Terreur appliquée aux terroristes même, il allait ajouter une force inouïe au parti de Robespierre. Tout ce qui avait peur (et c'était tout le monde) allait se précipiter vers lui. Ce petit jour inattendu, une fois ouvert à la masse serrée qui étouffait, le flot immense y passait de lui-même. Toute la France girondine, la France prêtre, la France royaliste (en bonne partie), auraient tout oublié, se seraient ralliées à un seul homme. Dans l'excès des alarmes, il s'agissait bien moins d'opinion que de sûreté. Cette vague toute puissante de popularité l'eût soulevé, au trône ? non ; au ciel.

Coup d'audace intrépide !... Les hébertistes n'allaient-ils pas dénoncer un tel changement ?

pousser Robespierre à l'abîme où descendaient les dantonistes? Ceux-ci n'allaient-ils pas crier, lorsque l'impitoyable leur escamotait la clémence?

Il fallait faire trembler les uns, les autres, et leur imposer le silence.

Robespierre tenait encore les hébertistes, qui avaient grand besoin de lui. Il les avait lavés, le 25, aux Jacobins, en faisant patronner Ronsin par son homme, David. Et, le 3 octobre encore, les misérables avaient besoin de se laver d'une trahison nouvelle dans la Vendée. Empêtrés dans leurs crimes, ils n'espéraient pas moins s'emparer de l'armée révolutionnaire malgré les dantonistes. Le 4 donc, à leur profit et au profit de Robespierre, ils frappèrent un coup prodigieux de publicité, tirèrent un numéro du *Père Duchêne à six cent mille* contre Danton absent, et qui, selon eux, avait émigré.

L'affaire étant toute chaude, Robespierre lance, le soir du 4, David aux Jacobins, pour dénoncer les dantonistes : « Thuriot, dit-il, complote toutes les nuits avec Barère et Julien de Toulouse chez la comtesse de Beaufort. » David, membre du Comité de Sûreté, comme tel, avait autorité. Malgré les dénégations, le coup porta très loin.

Exacte ou non, la dénonciation indiquait au moins que Robespierre avait la prescience d'une alliance qui allait se former contre lui entre les nuances les plus diverses. Barère, glissant comme une anguille et faufilé partout, était l'intermédiaire probable, à moins qu'on ne parvînt à l'anéantir par la peur. C'est ce qu'on fit, le 4, le 15, par de cruelles attaques aux Jacobins, attaques qui touchaient de très près l'accusation, sentaient la guillotine.

Le moment était venu, ou jamais, de constituer le gouvernement honnête et terrible qui frapperait les fripons de tous côtés sans distinction de partis. Il fut comme proclamé, le 4, en deux décrets : l'un, pour *contenir les autorités* dans leurs sphères respectives (avis à la Commune, à la royauté d'Hébert et Bouchotte) ; l'autre, pour *limiter les pouvoirs des représentants* aux armées. Cette formule simple et redoutable de centralisation fut donnée par Billaud-Varennes. Et l'esprit du nouveau gouvernement fut donné, le 10, par Saint-Just.

Ce manifeste original, parmi beaucoup de choses fausses et forcées, déclamatoires ou trop ingénieuses, n'est pas moins imposant, respectable, par un accent vrai de douleur sur l'irrémédiable corruption du temps. C'est la voix d'une jeune âme hautaine et forte, impitoyablement pure, résignée à une lutte impossible, où elle s'attend bien à périr. Cette voix métallique, et qui a le strident du glaive, plane, terrible, sur tous les partis. Pas un qui ne baissât la tête en écoutant. Pas un qui refusât son vote. Il fut réglé que le gouvernement restait révolutionnaire jusqu'à la paix, que les ministres dépendaient du

Comité, qu'un Tribunal demanderait des comptes à tous ceux qui avaient manié les deniers publics.

Terreur sur tous.

Personne, même les plus purs, n'eût pu répondre à une telle enquête, dans le désordre du temps.

Ce qui effraye encore plus, c'est que Saint-Just n'avait pas *craint de dénoncer ceux que* Robespierre ménageait jusque-là, stigmatisant l'*insolence des gens en place*, nommant en propres termes le tyran du monde nouveau, *la bureaucratie*.

L'effroi commun rapprocha des gens qui ne s'étaient jamais parlé. Les *indulgents*, les hébertistes, se virent et se donnèrent la main.

Les choses en étaient là, quand arriva le grand événement de Lyon, la clémence de Couthon, qui allait donner aux ligués une si forte prise contre Robespierre.

Pendant que les hébertistes recrutaient à Paris leur armée révolutionnaire, Couthon, sur son chemin, en avait fait une de paysans. De son pays natal, l'Auvergne, de la Haute-Loire et de toutes les contrées voisines, il entraînait la masse, ayant donné la solde incroyable de trois francs par jour. « Il faut les arrêter, disait Couthon ; deux cent mille hommes viendraient. » On réduisit la solde.

Couthon, attendu et désiré des Lyonnais, comme un sauveur qui les défendrait de Dubois-Crancé, reçoit leur soumission (8 octobre).

Il ne juge nullement à propos de livrer un dernier combat pour fermer le passage à deux mille désespérés qui voulaient se faire jour, l'épée à la main. Il les laisse passer.

Le Comité, à cette nouvelle, sentit, frémit; il reconnut cette politique inattendue, celle qui avait sauvé les soixante-treize : *Régner par la clémence.*

Que se passa-t-il dans le Comité?

Il est facile à deviner que Collot d'Herbois, que Billaud, que Barère, organes de la fureur commune, demandèrent ce qu'il adviendrait, si après avoir accompli toutes les hautes œuvres de la Révolution, poussé dans la terreur, dans le sang, jusqu'à la victoire, en engageant sa vie et sans se réserver aucune porte, on rencontrait au bout l'embuscade d'un philanthrope qui raflerait le fruit, qui se laverait les mains de tout, renierait les sévérités, les punirait peut-être, qui guillotinerait la guillotine, et des débris se ferait un autel !

Deux choses restent à faire : poignarder le tyran, ou le compromettre.

Collot écrivit un décret qui effaçait Lyon de la terre. A la place, une colonne s'élèverait portant ces mots :

« Lyon s'est révolté, Lyon n'est plus. »

Tous les membres du Comité signèrent, et ils firent signer Robespierre.

Force étonnante d'un gouvernement d'opinion !

Il avait en main la Convention, les Jacobins, le Comité de Sûreté, le Tribunal révolutionnaire. Mais à quelle condition? Celle de rester impitoyable. Il périssait, s'il n'eût signé.

Mais, en signant, il exigea qu'on suivît à la lettre la dénonciation de Couthon contre Dubois-Crancé, qui, rappelé à Paris, hésitait à revenir et réorganisait les Clubs à Lyon; il voulut qu'on l'arrêtât, qu'on le ramenât de force à Paris.

Arrêter l'homme qui, en réalité, avait tout fait, qui venait de rendre ce service immense, l'amener à Paris entre deux gendarmes avec les drapeaux pris de sa main, c'était une mesure exorbitante, odieuse, prodigieusement impopulaire. Le Comité l'accorda avec empressement, donna l'ordre avant même d'en parler à l'Assemblée, espérant perdre Robespierre (12 octobre).

Le décret exterminateur fut immédiatement porté à la Convention; on dit, on répéta, à la louange de Robespierre, *que lui seul a pu trouver la sublime inscription.*

« Comment expliquer, dit Barère innocemment, que deux mille hommes aient passé à travers soixante mille?.. C'est une énigme dont nous cherchons le mot. »

Deux dantonistes, Bourdon de l'Oise et Fabre d'Églantine, relevèrent la chose, s'informèrent, parurent curieux, désirèrent une enquête. Ainsi changeaient les rôles. Les *indulgents* regrettaient que le sang n'eût coulé.

La Montagne vota comme un seul homme, et toute la Convention.

L'alliance des dantonistes et des hébertistes était consommée ce jour-là. Leurs haines mutuelles reparaîtront souvent, mais toujours avec une chance de conciliation dans la haine de Robespierre.

CHAPITRE VIII

MORT DE LA REINE — VICTOIRE DE WATTIGNIES

(16 OCTOBRE)

Procès de la Reine, 14-16 octobre 93. — Blocus de Maubeuge. — Position de Wattignies. — Attaques inutiles du 15. — Effort désespéré du 16.

Le Comité de Salut public, par sa hautaine déclaration d'honnêteté absolue et de guerre aux partis, faite solennellement le 10 par Saint-Just, s'était posé une nécessité absolue de vaincre l'étranger. Au plus léger échec, tous criaient contre lui.

Robespierre, en particulier, voyait son sort suspendu à cette loterie de la victoire. Il le fit entendre, le 11, aux Jacobins, dit qu'il attendait la bataille, et qu'il était prêt à la mort.

Pour passer ce passage étroit, franchir le

gouffre, il lui restait un pont étroit, le tranchant du rasoir :

Tuer la Reine, tuer les Girondins, battre les Autrichiens;

Aux amis de Chalier, aux furieux patriotes de Lyon, jeter en réponse la tête de l'Autrichienne;

Aux drapeaux accusateurs de Dubois-Crancé, opposer les drapeaux jaunes et noirs de l'Autriche, une grande victoire sur la Coalition.

La Reine fut expédiée en deux jours, 14 et 15. Elle périt le 16, jour de la bataille, et sa mort eut peu d'effet à Paris. On pensait à autre chose, au grand scandale de Lyon et à la lutte désespérée, terrible, que soutenait l'armée du Nord.

La Reine était coupable, elle avait appelé l'étranger. Cela est prouvé aujourd'hui*. On n'avait pas les preuves; elle essaya de défendre sa vie. Elle dit qu'elle était une femme, une épouse obéissante, qu'elle n'avait rien fait que par la volonté de son mari, rejetant la faute sur lui.

Ce qu'il y eut de plus saisissant dans ce procès, c'est qu'on y fit paraître des témoins inutiles, des hommes condamnés d'avance, le constitutionnel Bailly, le girondin Valazé, Manuel ou la Montagne modérée, trois siècles de la Révolution, trois morts pour témoigner sur une morte.

Rude moment. La République guillotine une Reine. Les rois guillotinent un royaume. La Pologne est tuée avec Marie-Antoinette. Les bourreaux de la Pologne ont fini avec elle; ils sont libres d'agir. La Prusse est contente maintenant, elle a sa proie; elle va agir enfin sur le Rhin, gagner l'argent anglais, aider l'Autriche, qui n'a rien cette fois en Pologne et veut saisir l'Alsace. Autriche et Prusse, elles vont enfoncer les portes de la France, le 13 octobre. Le calcul de Carnot, qui affaiblit le Rhin pour vaincre au Nord, va tourner contre lui.

Carnot semble un homme perdu. Barère aussi, qui, malgré Robespierre, malgré Bouchotte, Hébert, a mis Carnot au Comité.

Que pouvait ce calculateur, quand nos armées immobiles de misère se trouvaient incapables de suivre ses calculs? Les Administrations militaires (subsistances, habillements, transports), la cavalerie aussi, étant à peu près anéanties, ces pauvres armées paralytiques ne pouvaient prendre l'offensive; à peine faisaient-elles de faibles mouvements.

Hoche disait un mot dur dans son langage de soldat : « Nous faisons une guerre de hasard et de bamboche, nous n'avons pas d'initiative; nous suivons l'ennemi où il veut nous mener. »

Ce fut en effet sur un mouvement de l'ennemi et facile à prévoir que s'éveilla le Comité de Salut public. Le contraste était grand. L'Autrichien agissait scientifiquement, comme un bon géographe qui étudierait le pays, suivant les cours des eaux avec méthode et la série échelonnée des places fortes. Il avait pris d'abord toute la grande artère du Nord, l'Escaut, Condé et Valenciennes ; puis il avait pris une position inexpugnable au Quesnoy, aux abords de la forêt de Mormal. Un autre eût avancé au Centre. Lui, il voulait plutôt s'enraciner au Nord, prendre Landrecies et Maubeuge, vingt mille hommes, une armée, la plupart de recrues ; n'importe, il ne dédaignait pas de prendre cette armée. Un matin, il passa la Sambre (28 septembre), plus vivement qu'on ne l'eût attendu de sa pesanteur ordinaire. Ni Maubeuge ni le camp n'étaient approvisionnés ; dès le huitième jour, on en était à manger du cheval. Les Autrichiens avaient déjà en batterie sur la ville soixante pièces de canon ; mais ils n'en avaient que faire.

Les assiégés, la faim aux dents, allaient être obligés de demander leur grâce.

La plaine était en feu ; on brûlait tout. Les pleurs des paysans réfugiés, l'encombrement des malades et les cris démoralisaient les soldats. Le représentant Drouet croyait si bien la ville perdue, qu'il essaya de passer, se fit prendre, et fut mené droit au Spielberg. Treize dragons furent plus heureux : ils passèrent à travers les coups de fusil, allèrent demander secours à trente lieues, et ils revinrent encore à temps pour la bataille.

Le général Houchard avait duré un mois. On le menait à Paris pour le guillotiner. Personne ne voulait commander. On fit la presse, et l'on trouva Jourdan, qui, n'ayant jamais commandé, ne voulait pas d'abord, mais on le fit vouloir. Il se sacrifia.

Jourdan commence par chercher son armée. Elle était dispersée, pour manger, le pays n'ayant nul magasin, sur une ligne de trente lieues de long. Une bonne moitié était bloquée ou dans les garnisons, tristes recrues en veste et en sabots. Il prend vite aux Ardennes pour compléter l'armée du Nord, et réunit à Guise environ quarante-cinq mille hommes.

Cobourg, qui venait de recevoir douze mille Hollandais, et qui avait quatre-vingt mille soldats, ne daigna même pas appeler les Anglais qui étaient à deux pas. Il laisse trente mille hommes pour garder les affamés de Maubeuge, et lui, avec ses forces principales, il se poste à deux lieues, sur un enchaînement de collines, de villages boisés, ferme tous les chemins par des abatis d'arbres, couronne les hauteurs de superbes épaulements entre lesquels les canons montrent la gueule à l'ennemi. Dessous, sa ferme infanterie hongroise garde l'approche. Derrière, les masses autrichiennes et croates. De côté, dans la plaine, une cavalerie immense, la plus belle du monde, s'étalait au soleil, prête à sabrer les bataillons que l'artillerie aurait ébranlés. Le tout, dirigé, surveillé, moins par Cobourg que par l'excellent général Clairfayt, le premier homme de guerre de l'Empire autrichien.

Cette fois encore, c'était un Jemmapes, mais infiniment agrandi ; armée triple et victorieuse, position bien plus redoutable, localités plus âpres. Cobourg, en amateur, parcourant cet amphithéâtre, cet enchaînement admirable de postes, de barrières artificielles et naturelles, de forces de tout genre qui se liaient et se prêtaient appui, s'écria : « S'ils viennent ici, je me fais Sans-Culotte. »

Le mot ne tomba pas. Reporté aux Français, il excita chez eux une incroyable ardeur de convertir l'Allemand et de lui faire porter le bonnet rouge. Leurs bandes traversaient la ville d'Avesnes, en chantant à tue-tête les chants patriotiques ; ces drôles sans souliers étaient les conquérants du monde.

Le 14, lorsque Maubeuge commençait à recevoir les bombes autrichiennes, elle crut, dans les intervalles, entendre le canon au loin. Et elle avait raison. Carnot et Jourdan étaient devant l'ennemi ; on se regardait, se tâtait. Plusieurs voulaient sortir de Maubeuge et se mettre de la partie. Mais d'autres craignirent une surprise, une trahison : on ne sortit pas.

Lorsque Carnot arriva, portant en lui une si énorme responsabilité, la nécessité de la France, la vie ou la mort de la République, la cause des Libertés du monde, ce grand homme, avant tout honnête homme, eut un scrupule et se demanda s'il fallait risquer l'enjeu complet, mettre le monde sur une carte. Il voulut attaquer d'abord sur toute la ligne, en gardant ses communications avec l'intérieur, avec la route de Guise, où restaient les réserves de la levée en masse, de sorte que, s'il arrivait un malheur, tout ne fût pas perdu encore, et que l'armée battue pût reculer vers Guise. Il avait devant lui trois villages, à gauche Wattignies, à droite Laval, etc., Doulers au centre. Ses trois divisions, marchant d'ensemble, devaient, par un mouvement, se rapprocher du centre, le forcer, le percer pour rejoindre Maubeuge, s'y fortifier de l'armée délivrée; et tous ensemble, tombant sur Cobourg, lui faisaient repasser la Sambre.

La droite s'égara d'abord : victorieuse, elle s'étale en plaine, au lieu de forcer la hauteur; elle trouve la cavalerie ennemie, qui la disperse en un clin d'œil, lui prend tous ses canons. Complet désordre, et, un moment après, tout réparé. Les volontaires s'étaient raffermis, reformés, avec un aplomb de vieux soldats.

La gauche avait mieux réussi. Elle perçait vers Wattignies. Mais il lui fallait le succès du centre, pour s'appuyer. Et le centre n'aboutissait pas.

Quatre heures durant, au centre, en montant vers Doulers, nos troupes, et Jourdan en personne, combattirent à la baïonnette. Du premier choc, tous les corps de l'ennemi avaient été renversés. Les nôtres arrivent essoufflés au pied des hauteurs; ils se trouvent face à face avec les canons, souffletés de mitraille. Quelques-uns ne s'arrêtèrent pas; un tambour de quinze ans, trouvant un trou, passa, s'alla poster dans le village de Doulers, sur la place de l'église, et là battit la charge derrière les Autrichiens; leurs bataillons en perdirent contenance, et ils commençaient à se disperser.

En 1837, on a retrouvé là les os du petit homme entre sept grenadiers hongrois.

Au moment où les nôtres, sous le torrent de la mitraille, hésitaient et flottaient, la cavalerie autrichienne arrive en flanc, l'infanterie qui avait cédé nous retombe sur les bras. Nous sommes rejetés en arrière.

Jourdan, après quatre heures d'efforts, voulait laisser le centre, attaquer de côté. Carnot l'apprend, s'écrie : « Lâche! » Jourdan fit alors comme Dampierre, il voulait se faire tuer. Une fois, deux fois, il recommença la lutte, amenant toujours ses hommes décimés au pied de ces hauteurs meurtrières, de ces canons féroces qui se jouaient à les balayer. Pas un ne refusait, pas un de ces jeunes gens n'hésita à marcher; tous embrassaient la mort.

La nuit mit fin à cette affreuse exécution, qui eût toujours continué. Cobourg croyait avoir vaincu. Quels hommes n'eussent pas tombé de découragement? et comment croire que ces soldats d'hier, dont plusieurs se voyaient pour la première fois à une telle fête, ne se tiendraient pas satisfaits?

On vit alors toute la justesse du mot du maréchal de Saxe : « Une bataille perdue, c'est une bataille qu'on croit perdue. »

Or, les nôtres, après leur perte énorme, ne se tenant pas pour vaincus, ils ne le furent pas en effet.

Carnot, dit-on, reçut la nuit un avis important. Quel? on ne le sait pas. Mais on peut bien le deviner. Il reçut, dans cette nuit du 15 au 16, la nouvelle que, le 13, la Prusse et l'Autriche, lançant devant eux la valeur furieuse, désespérée, des émigrés, avaient forcé les lignes de l'Alsace, les portes de la France.

Donc, il fallait absolument, et sous peine de mort, vaincre le 16.

Le 16 aussi, mourait la Reine.

Le 16, l'ébranlement immense de la Vendée eut son effet : elle passa la Loire; cette grande armée désespérée courut l'Ouest, plus redoutable que jamais. Où se jetterait-elle? sur Nantes, ou sur Paris?

Le désespoir aussi illumina Carnot, Jourdan. Ils firent cette chose incroyable. Sur quarante-cinq mille hommes qu'ils avaient, ils en prirent vingt-quatre mille et les portèrent à la gauche, laissant au centre et à la droite des lignes faibles, minces et sûres d'être battues. Ce centre et cette droite sacrifiés devaient cependant agir, agir tout doucement.

Le destin de la France, complice d'une opération si hasardeuse, nous accorda un grand brouillard d'octobre. Si Clairfayt avait eu du soleil, une longue-vue, tout était perdu. L'affaire devenait ridicule ; on guillotinait Jourdan et Carnot, et le ridicule éternel les poursuivrait dans l'avenir.

Le 16 du mois d'octobre 93, à midi (l'heure précise où la tête de la Reine tombait sur la place de la Révolution), Carnot, Jourdan, silencieux, marchaient avec la moitié de l'armée (et laissant derrière eux le vide!) — vers le plateau de Wattignies*.

Wattignies est une position superbe, formidable, bordée d'une petite rivière, de deux ruisseaux, cernée de gorges étroites et profondes. La roideur de ces pentes, pour remonter, est rude, et au haut se trouvaient les plus féroces de l'armée ennemie, les Croates, les plus vaillants, les émigrés.

Le brouillard se lève à une heure. Le soleil montre aux Autrichiens une masse énorme d'infanterie en bas. Un cri immense éclate : « Vive la République ! » Trois colonnes montaient.

Elles montent. Et, de l'escarpement, les décharges les retardent. Elles montent, mais de leurs flancs, ouverts et fermés tour à tour, sortait la foudre ; chaque colonne avait sa pièce d'artillerie volante. Rien ne charmait plus nos soldats. Ils ont toujours été amoureux de l'artillerie. Les canons étaient adorés. A la vigueur rapide dont ils étaient servis, à la mobilité parfaite dont les bataillons les facilitaient en s'ouvrant et se refermant, on eût pu reconnaître non seulement le peuple héros, mais le peuple militaire.

Du reste, les Autrichiens avouèrent que jamais telle artillerie ne frappa leur oreille. Cela évidemment veut dire qu'aucune ne tira des coups si pressés.

Trois régiments autrichiens furent mis en pièces, et disparurent. Leur artillerie tourna contre eux.

Une seule de nos brigades échoua, ayant reçu de front l'épouvantable orage de la cavalerie ennemie. Cobourg s'était enfin éveillé ; il avait lancé la tempête.

Prodigieuse fermeté de nos soldats ! rien ne fut troublé. Cette malheureuse colonne se reforma à deux pas de là. Carnot et Duquesnoy, les représentants du peuple, destituèrent le général, prirent le fusil, et marchèrent à pied, montrant aux jeunes soldats comment il fallait s'en servir.

Carnot avait avec lui deux dogues de combat, très féroces : Duquesnoy, le représentant, et son frère, le général. Le premier, ancien moine, et depuis paysan, était né furieux. En Prairial, il ne se manqua pas ; d'autres se blessèrent, lui, d'un mauvais ciseau, il se perça le cœur. Son frère, l'un des exterminateurs de la Vendée, et blessé des pieds à la tête, est bientôt mort aux Invalides. Ce furent en réalité ces deux enragés qui, avec Carnot et Jourdan, gagnèrent la bataille.

Jourdan se fixa, invincible, sur le plateau de Wattignies.

L'armée ennemie avait profité de l'affaiblissement extrême où était restée notre droite. Elle l'avait fait fléchir sans peine et lui avait pris ses canons. Cobourg ne savait même pas son avantage de ce côté ; mais il était si saisi du coup frappé sur Wattignies, qu'il partit sans s'informer de l'état des choses. Il n'attendit pas York, qui venait le secourir. Il multiplia ses feux pour donner le change aux nôtres, et prudemment repassa la Sambre. Maubeuge était délivré.

Cette bataille eut des résultats tels qu'aucune autre peut-être n'en eut de semblables.

Elle couvrit la France pour longtemps au Nord, et lui permit bientôt sur le Rhin et de défendre et d'attaquer.

Elle nous donna, l'hiver aidant, une longue paix intérieure, et malheureusement aux partis le loisir de s'exterminer.

Carnot, qui l'avait gagnée, revint s'enfermer à son bureau des Tuileries, et laissa triompher ses collègues.

Jourdan, qu'on voulait lancer en Belgique sans vivres ni cavalerie, fit quelques observations, et fut destitué.

La grande affaire du Rhin fut confiée à Pichegru et Hoche, deux soldats devenus tout à coup généraux en chef. La République allait tout emporter.

CHAPITRE IX

SUITE DE LYON — MORT DES GIRONDINS

(13 OCTOBRE — 8 NOVEMBRE 93)

La victoire sauve Robespierre de Collot et de Philippeaux, 19 octobre. — Procès des Girondins, 24-30 octobre 93. — On étouffe le procès par un décret, 29 octobre. — Mort des Girondins, 30 octobre 93. — Faible effet de l'exécution. — Mort de madame Roland, 8 novembre 93. — Mort de Roland.

LA bataille se donna plus tard qu'on ne croyait. Tout le monde attendait, à Paris, dans une extrême anxiété, mais personne plus que Robespierre. Si elle était gagnée, elle allait remplir les esprits, rendre minime l'affaire de Lyon, balancer l'effet dangereux du vainqueur de Lyon arrêté. Dubois-Crancé était en route captif et portant ses drapeaux.

Point de nouvelles le 13, point le 14. Robespierre s'alarma, il chercha une occasion de se mettre à part de Couthon, de se laver les mains de ce qui pouvait se faire à Lyon. Pour se disculper d'indulgence, il attaqua un *indulgent*, le très suspect Julien de Toulouse, qui (surprenant effet de la coalition) avait fait approuver d'Hébert, de la Commune, un *rapport* apologétique pour les Girondins de Bordeaux. Robespierre s'anima, et dit : « Non, je ne puis, comme Julien, faire bon marché du sang des patriotes... La prise de Lyon n'a pas rempli l'espérance des bons citoyens ; tant de scélérats impunis, tant de traîtres échappés ! Non ; il faut que les victimes soient vengées, les monstres démasqués, exterminés, ou que je meure ! »

Ainsi, Robespierre reculait, il abandonnait Couthon. Hébert, à l'instant, recula ; la Commune brûla le *rapport* de Julien.

La reculade de Robespierre aurait été sans dignité, s'il n'eût au moment même frappé un nouveau coup.

Un Jacobin influent, ami d'Hébert et de Collot, disparut le matin du 15, sans que personne pût en donner nouvelle.

Collot, le soir, aux Jacobins, arriva si furieux, que les robespierristes, effrayés, le prévinrent eux-mêmes, demandèrent une enquête. L'homme enlevé était Desfieux, ex-espion du Comité de Salut public. Il logeait un homme plus suspect encore, un Proly, Autrichien, bâtard du prince de Kaunitz.

Ils avaient disparu tous deux. Collot jette feu et flamme ; ils se garde bien de vouloir deviner que l'enlèvement mystérieux est l'œuvre du Comité de Sûreté générale. Il veut ignorer, crie, cherche, pleure, rugit : « On nous prendra tous, dit-il, aujourd'hui l'un, demain l'autre. » De là, il court à la Commune et recommence la scène, dans la grande assemblée du Conseil général, devant les tribunes émues. On entre dans son chagrin ; on fait venir la Police. Hélas ! elle ne sait rien ; elle n'a sur les registres aucun mandat d'amener. On finit par découvrir, grâce à cette longue filière, ce que Collot certainement avait deviné tout d'abord : que c'est le Comité de Sûreté qui a fait faire l'enlèvement.

Un Jacobin enlevé, à l'insu de la société, à l'insu de toute l'autorité, et du Comité de Salut public, et de la Commune, et de la Police municipale, et des Comités de sa section ! c'était un fait nouveau, renouvelé de l'Inquisition de Venise. La société tout entière se mit en mouvement ; elle alla en masse au Comité de Sûreté, et lui arracha Desfieux. Il rentra triomphant, le 17, aux Jacobins.

Collot, le même jour, y montait une forte scène contre Couthon et Robespierre, voulant rendre coup pour coup. Couthon, pour se concilier la société, avait imaginé de demander quarante Jacobins pour l'aider à régénérer Lyon. « Il n'y a qu'un mot qui me blesse dans ces nouvelles de Lyon, dit Collot malignement : c'est cette trouée par laquelle les rebelles ont échappé. Faut-il croire qu'ils ont passé sur le corps des patriotes ? ou bien ceux-ci se seront-ils *dérangés* pour les laisser passer ?... »

La société, peu satisfaite, accueillit d'autant mieux une *proposition* que jadis Robespierre avait fait rejeter, celle de mettre Marat au Panthéon, avec Chalier et J.-J. Rousseau.

Il devenait probable, d'après ceci, que Dubois-Crancé allait trouver un accueil sympathique. Avec lui, arrivait de Lyon l'ami de Chalier, le second Chalier, la victime des Girondins, Gaillard, qui, pendant tout le siège, était resté dans les cachots, et qui, n'espérant rien de Couthon, venait demander vengeance à l'Assemblée, aux Jacobins.

Dubois-Crancé arriva le 19 avec Gaillard. Et ce jour même où Robespierre avait à redouter cette terrible accusation de *modérantisme*, paraissait un violent *rapport* de Philippeaux contre la protection que Robespierre avait donnée en septembre à Ronsin, aux *exagérés*.

Il était pris de deux côtés.

Mais ce même jour, 19 octobre, tomba, comme du ciel, la nouvelle de la victoire.

Robespierre était sauvé ; l'effort de ses ennemis, atténué. Dubois-Crancé, reçu à la Convention, n'obtint pas même d'y parler. Aux Jacobins, amené par Collot, il montra beaucoup de prudence, se justifia sans accuser. Il flatta les Jacobins en leur offrant le drapeau lyonnais qu'il avait pris de sa main. Et avec tout cela la société restait froide. Gaillard même, l'ombre de Chalier, Gaillard vivant, en personne, que Collot menait et montrait comme les reliques d'un saint, Gaillard produisit peu d'effet. Avant qu'on le laissât parler, on fit passer je ne sais combien d'incidents minimes et de froids discours. Il parla enfin avec une sécheresse désolée, une brièveté désespérée. Un mois après, il se tua.

Les Jacobins montrèrent en cette circonstance qu'ils étaient des politiques, bien moins prenables au fanatisme qu'on aurait pu le croire.

Couthon, qui les connaissait parfaitement et qui comptait sur eux, montra plus de sang-froid que Robespierre. Il neutralisa à Lyon tout l'élan des vengeances. Il se hâta lentement d'organiser ses Tribunaux. Quand il reçut le décret exterminateur, il répondit avec admiration, avec enthousiasme, à la Convention, mais ne fit rien du tout. Sauf quelques hommes pris les armes à la main, personne ne périt. Couthon attendit au 25 sans prendre aucune mesure contre l'émigration. Vingt mille hommes au moins sortirent de Lyon, qui se trouvaient en grand danger de mort. Et la plupart étaient de pauvres ouvriers qui avaient agi au hasard.

La mort des Girondins, demandée tant de fois, fut le calmant qu'on crut devoir donner à la fureur des *violents*, qui s'indignaient de voir cette immense proie de Lyon fondre et s'échapper de leurs mains.

Les vingt-deux députés arrêtés le 2 juin étaient réduits par la fuite ou la mort à une douzaine. On en ajouta d'autres, qui n'étaient point de la Gironde, et l'on parvint à compléter ce nombre sacramentel, auquel le peuple était habitué.

Fouquier-Tinville avait pour la dixième fois demandé les pièces. On a vu que les Jacobins s'en étaient emparés. Ils les cherchèrent dans leurs archives, et plusieurs jours. On retrouva enfin dans un coin un petit dossier, si nul que Fouquier n'osa le montrer. Nulle pièce ne fut communiquée d'avance aux défenseurs. Au jour de l'ouverture des débats, Fouquier cherchait encore.

On n'était pas sans inquiétude sur la manière dont Paris prendrait cette hécatombe. L'immense majorité des sections était girondine, et quoiqu'elles fussent muettes, terrifiées, tenues comme aplaties par leurs Comités révolutionnaires, on craignait un réveil. A tort. Paris était très mort. Les Girondins étaient très vieux. L'attention était ailleurs. On les exhuma pour les tuer.

Toutefois, on crut utile de créer une diversion (et burlesque) à la tragédie, comme la queue du chien d'Alcibiade. Des femmes de Clubs, coiffées du bonnet rouge, habillées en homme et armées, se promenèrent aux Halles, trouvèrent mauvais que les poissardes n'eussent pas la cocarde.

Celles-ci, royalistes et fort colères, comme on sait, tombèrent sur les belles amazones, et leurs robustes mains leur appliquèrent, au grand amusement des hommes, une indécente correction. Paris ne parla d'autre chose. La Convention jugea, mais contre les victimes : elle défendit aux femmes de s'assembler. Cette grande question sociale se trouva ainsi étranglée par hasard.

Une autre chose fit tort aux Girondins. On plaça leur procès immédiatement après celui du député Perrin, condamné aux fers pour spéculations scandaleuses, exposé, le 19, à la place de la Révolution, ils trouvèrent ainsi l'échafaud sali par un voleur. La foule, qui n'y regarde guère, les voyant exécutés entre les voleurs et les royalistes, s'intéressa moins à leur sort.

Royalistes et Girondins furent habilement entremêlés.

La Reine périt le 16; les Girondins, le 30; madame Roland, le 8; et le surlendemain, un royaliste, Bailly. Le girondin Girey-Dupré, le 21; et peu de jours après, le royaliste Barnave. En décembre, les exécutions des girondins Kersaint, Rabaut, furent faites ainsi pêle-mêle avec celle de la Du Barry.

Qu'il eût bien mieux valu pour eux périr le 2 juin, sur les bancs de la Convention ! Ils n'auraient pas passé ainsi après la Reine, dans ce fâcheux mélange royaliste, comme une annexe misérable du procès de la royauté. Ils seraient morts eux-mêmes, tout entiers, d'un cœur invaincu ! Ils n'auraient pas subi l'affaiblissement, l'énervation des longues prisons. Ils n'auraient pas essayé de défendre leur vie. Ils seraient morts comme Charlotte Corday.

Sauf cette faiblesse qu'ils eurent de plaider, ils montrèrent beaucoup de constance dans leurs principes. Républicains sincères, invariables dans la haine des rois, pleins d'immuable foi aux Libertés du monde. Du reste, fidèles aussi à la philosophie du dix-huitième siècle, sauf deux, le marquis et l'évêque, Fauchet et Sillery, tous les autres étaient de la religion de Voltaire ou de Condorcet.

On voit encore aux Carmes les trois ou quatre greniers qu'y occupèrent les Girondins. Les murs sont couverts d'inscriptions. Pas une n'est chrétienne. Le mot Dieu n'y est qu'une fois. Toutes respirent le sentiment de l'héroïsme antique, le génie stoïcien. Celle-ci est de Vergniaud :

<blockquote>
Potius mori quam fœdari.
La mort ! et non le crime.
</blockquote>

Les faibles *Mémoires* de Brissot, écrits dans sa longue prison, témoignent du même caractère. On sent un cœur qui ne s'appuie que sur le Droit et le Devoir, sur le sentiment de son innocence, sur l'espoir du progrès et le futur bonheur des hommes. Croirait-on que l'infortuné qui écrit sous la guillotine ne s'occupe que d'une chose, sur laquelle il revient toujours : l'esclavage des Noirs? Indifférent à ses fers, il ne sent peser sur lui que *les fers du genre humain.*

Les trois grands procès du Tribunal révolutionnaire (ceux de la Reine, des Girondins, de Danton) ont été conduits par le même homme, Herman, président du Tribunal. C'était un homme d'Arras, compatriote et ami personnel de Robespierre. Dans les différentes listes que celui-ci a laissées d'hommes qui devaient arriver aux grands emplois, le premier nommé en tête est toujours Herman. Un homme de lettres distingué, d'Arras, qui vit encore dans un grand âge, m'a souvent conté qu'il l'avait connu. Herman était un homme de maintien posé, de parole douce, de figure sinistre ; il louchait extrêmement d'un œil et paraissait borgne.

Il n'y eut aucune hypocrisie dans le procès. Tout le monde vit tout de suite qu'il ne s'agissait que de tuer. On dédaigna toutes les formalités, usitées encore à cette époque au Tribunal révolutionnaire. Point de pièces communiquées. Les accusateurs (Hébert et Chaumette), reçus comme témoins. Aucune défense d'avocat. Plusieurs des accusés ne purent parler, chose bien nécessaire pourtant dans un procès où l'on accolait ensemble des hommes accusés de crimes tout différents, les uns de faits, les autres de paroles, quelques-uns d'opinions.

Ce qui fut très choquant, ce fut de voir arriver

pour accabler les vingt-deux, morts d'avance, jugés pour la cérémonie, des hommes eux-mêmes en péril, et qui, sous le coup d'une extrême peur, croyaient acheter leur vie en se faisant bourreaux.

Desfieux, que l'on a vu tout à l'heure arrêté et violemment délivré par Collot, par l'émeute de la société jacobine, Desfieux, terrifié de son succès et sentant qu'il serait repris, vint jeter une pierre à ces mourants. Il imagina de les accuser d'avoir fabriqué une lettre pour le perdre, lui, Desfieux! « Eh! mon ami, lui dit Vergniaud, si nous avions eu intérêt à perdre quelqu'un, ce n'était pas toi, c'était Robespierre. »

Chabot était dans le même cas. Il n'était nullement cruel, et quand Garat alla prier Robespierre pour les Girondins, Chabot, qui était là, laissa voir de l'intérêt pour eux. Mais l'ex-moine, homme de chair, paillard, lâche et bas, mourait de peur, faisant en même temps ce qu'il fallait pour mourir. Il se faisait riche, engraissait, épousait une fille de banque. Et plus il engraissait, plus sa peur croissait. Il s'évanouissait presque devant Robespierre. Il l'avait, par étourderie, blessé sur l'article délicat de la Constitution. Comment rentrer en grâce? Il fit une pièce remarquable, un long roman, industrieusement tissu : l'ensemble était ingénieux, le détail mal choisi, trop visiblement romanesque. Il reprochait aux Girondins les massacres de Septembre! la tentative d'assassinat en mars (c'est-à-dire d'avoir voulu s'assassiner eux-mêmes!); enfin le vol du Garde-Meuble!

Les Girondins étaient accusés d'avoir été amis de La Fayette, d'Orléans et de Dumouriez. Tous trois, s'ils n'eussent été absents, auraient dit, sans nul doute, ce qui était vrai, qu'au contraire ils avaient trouvé dans la Gironde leur principal obstacle. Pour le dernier, il atteste, en 94, six mois après leur mort, qu'il fut leur mortel ennemi, et il le prouve par un torrent d'injures. En réalité, ce fut Brissot qui, par son acte vigoureux de déclarer la guerre à l'Angleterre, trancha la trame que filait Dumouriez, coupa les ailes à sa fortune.

La déclaration de guerre à tous les rois leur fut imputée au procès, avec raison. — Elle leur appartient et leur reste dans l'Histoire; c'est leur titre de gloire éternel.

Du reste, que les Girondins fussent coupables ou non, il eût fallu du moins, dans ces vingt-deux, mettre à part ceux qui se trouvaient là introduits par erreur, et qui, en réalité, n'étaient pas Girondins.

Fonfrède et Ducos, par exemple, assis à la droite, avaient le plus souvent voté avec la Montagne. Marat lui-même, au 2 juin, défendit Ducos. Ces deux jeunes représentants, nullement en danger alors, restèrent généreusement pour protéger leurs collègues, et parurent plus Girondins par cette défense qu'ils ne l'étaient d'opinion.

Il n'y avait personne dans la Montagne qui ne s'intéressât à eux.

Deux hommes encore étaient à part, et ne pouvaient se mêler avec la Gironde. Quoi qu'on pût leur reprocher dans le passé, c'était à Dieu de les punir et non à la France, qu'ils avaient, par leur intrépidité, par leur crime même, enrichie d'un département. La France ne pouvait toucher Mainvielle et Duprat, qui s'étaient perdus pour elle, qui, dans leur patriotisme frénétique, s'immolèrent, se déshonorèrent pour lui donner sa plus belle conquête, la plus sûre, celle d'Avignon.

Qu'avaient-ils eu pour allié, pour ami, dans cette guerre d'Avignon ? Le maire d'Arles, Antonelle, et c'était lui justement qui présidait le jury. Antonelle, ex-marquis, forcé par là d'être implacable, âpre d'ailleurs de nature, sincère amant de la Terreur, n'en était pas moins troublé en voyant dans cette malheureuse bande ceux qui, de concert avec lui, avaient rendu à la France cet immense service, et qui, quand elle aurait entassé sur eux l'or et les couronnes civiques, restaient encore ses créanciers.

Il y avait déjà sept jours que durait le triste procès. Il était beaucoup moins avancé que le premier jour. Il devenait impossible de le dénouer sans le glaive. Il fallut à la lettre guillotiner le procès, afin de pouvoir ensuite guillotiner les accusés.

Le matin du 29 octobre, Fouquier-Tinville fait

lire la loi sur l'accélération des jugements. Herman demande si les jurés sont suffisamment éclairés. Antonelle répond négativement.

Cependant on voulait finir. On court aux Jacobins. On obtient d'eux une députation pour demander à l'Assemblée de décréter *qu'au troisième jour le jury peut se dire éclairé*, et fermer les débats. La minute du décret s'est retrouvée, écrite par Robespierre. Chose étrange ! ce fut un *indulgent* qui appuya la chose, le dantoniste Osselin. C'était lui-même un homme terrorisé, en péril : il avait chez lui une jeune femme émigrée, qu'il cachait. Dans son anxiété, il croyait se couvrir en donnant ce couteau pour en finir avec les Girondins. Lui-même il fut pris quelques jours après.

Le décret demanda du temps. Herman, pour passer quelques heures, pour empêcher surtout de parler Gensonné, le logicien de la Gironde, qui voulait résumer toute la défense, Herman interrogeait celui-ci, celui-là, sur des questions sans importance. Enfin, à huit heures du soir, arrive le décret. Pouvait-on l'appliquer dans une affaire commencée sous une autre législation ? On n'y regarda pas de si près. Le jury, sans preuve nouvelle, et sans nouveau débat, après un jour passé à divaguer, se trouve éclairé tout à coup et le déclare.

Ils sont tous condamnés à mort.

Plusieurs des condamnés n'y croyaient pas. Ils

poussèrent des cris de malédiction. Vergniaud, préparé sur son sort, demeurait impassible. Valazé se perça le cœur.

La scène fut si terrible, dit Chaumette, qui était présent, que les gendarmes restèrent littéralement paralysés. Les accusés, qui maudissaient leurs juges, auraient pu les poignarder, sans que rien y fît obstacle.

Mais le plus tragique accident eut lieu dans l'auditoire. Camille Desmoulins s'y trouvait. La sentence lui arracha un cri :

« Ah ! malheureux ! c'est moi, c'est mon livre qui les a tués ! »

Il n'était pas loin de minuit. Le mort et les vivants redescendirent du Tribunal dans les ténèbres de la Conciergerie.

D'une voix grave, ils marquaient la descente du funèbre escalier par le chant de *la Marseillaise* :

Contre nous de la tyrannie
Le couteau sanglant est levé.

Les autres prisonniers veillaient et attendaient. Ce mot convenu leur dit la sentence, et que c'était fait de la Gironde. De tous les cachots, ils répondirent par leurs cris et par leurs sanglots.

Eux, ils ne pleuraient pas. Un repas soigné, délicat, avait été envoyé par un ami pour le dernier banquet.

Deux prêtres voulaient les confesser. L'évêque et le marquis, Fauchet et Sillery, acceptèrent seuls.

Si l'on croit l'un de ces prêtres (qui lui-même avoue ne pas être entré dans la salle), ils auraient passé la nuit à parler de religion. Pour le croire, il faudrait bien peu connaître ces temps et la Gironde.

« De quoi donc parlèrent-ils ? »

Pauvres gens, pourquoi vous le dire ? Êtes-vous dignes de le savoir, vous qui pouvez le demander ?

Ils parlèrent de la République, de la patrie. C'est ce que dit en propres termes leur compagnon de prison.

Ils parlèrent (nous l'affirmons et le jurons au besoin) de la France sauvée par la glorieuse bataille qui la fermait à l'invasion. Ils y trouvèrent la consolation de leurs malheurs et de leurs fautes. Nul doute qu'ils n'aient senti ces fautes, qu'ils ne se soient repentis d'avoir compromis l'*unité*. Vergniaud le dit lui-même : « Je n'ai écrit ces choses *qu'égaré par la douleur.* » Noble aveu devant la mort, et d'un homme qui ne voulait ni n'attendait la vie.

Fondateurs de la République, dignes de la reconnaissance du monde pour avoir voulu la croisade de 92 et la Liberté pour toute la terre, ils avaient besoin de laver leur tache de 93, d'entrer par l'expiation dans l'immortalité.

Le 30 octobre se leva pâle et pluvieux, un de ces jours blafards qui ont l'ennui de l'hiver et n'en ont pas le nerf, la salutaire austérité. Dans ces tristes jours détrempés, la fibre mollit ; beaucoup sont au-dessous d'eux-mêmes. Et l'on avait eu soin de défendre qu'on donnât désormais aucun cordial aux condamnés. Le cadavre, déjà livide, de Valazé, mis dans les mêmes charrettes, la tête pendante, sur un banc, était là pour énerver les cœurs, réveiller l'horreur de la mort ; ballotté misérablement à tous les cahots du pavé, il avait l'air de dire : « Tel je suis, et tel tu vas être. »

Au moment où le funèbre cortège des cinq charrettes sortit de la sombre arcade de la Conciergerie, un chœur ardent et fort commença en même temps, une seule voix de vingt voix d'hommes qui fit taire le bruissement de la foule, les cris des insulteurs gagés. Ils chantaient l'hymne sacré : « Allons, enfants de la patrie !... »

Cette patrie victorieuse les soutenait de son indestructible vie, de son immortalité. Elle rayonnait pour eux dans ce jour obscur d'hiver, où les autres ne voyaient que la boue et le brouillard.

Ils allaient, forts de leur foi, d'une foi simple, où tant de questions obscures qui devaient surgir depuis ne se mêlaient pas encore.

Forts de leur ignorance aussi sur nos destinées futures, sur nos malheurs et sur nos fautes.

Forts de leur amitié, la plupart allaient deux à deux et se réjouissaient de mourir ensemble.

Fonfrède et Ducos, couple jeune, innocent, frères par l'hymen de deux sœurs, n'auraient pas voulu de la vie pour survivre séparés. Mainvielle et Duprat, couple souillé, voué à la fatalité, frères dans l'amour d'une femme, frères dans ce frénétique amour de la France, qui les précipita au crime, embrassaient cette commune guérison de la vie qui allait les unir encore. Ils chantaient en furieux, et sur la triste voiture, et descendant sur la place, et remontant sur l'échafaud ; la pesante masse de fer put seule étouffer leurs voix.

Le chœur allait diminuant à mesure que la faulx tombait. Rien n'arrêtait les survivants. On entendait de moins en moins dans l'immensité de la place. Quand la voix grave et sainte de Vergniaud chanta la dernière, on eût cru entendre la voix défaillante de la République et de la Loi, mortellement atteintes, et qui devaient survivre peu.

Les assistants des débats, les spectateurs du supplice, furent également émus, mais, s'il faut le dire, l'impression fut assez faible dans Paris. Ce grand et terrible événement n'entraîna pas l'agitation qu'avait excitée l'affaire de Custine, si peu importante relativement. Les morts stoïques affectaient peu. Les masses jugeaient ces tragédies uniquement au point de vue de la sensibilité. Les larmes que le vieux général versait sur ses moustaches grises, sa dévotion attendrie et l'étreinte de son confesseur, son intéressante belle-fille qui l'avait entouré, défendu de sa piété filiale, tout cela faisait un tableau touchant de nature et de faiblesse qui émouvait et troublait. L'émotion fut au comble le jour de l'exécution de la plus indigne victime, de madame Du Barry. Son désespoir, ses cris, sa peur et ses défaillances, son violent amour de la vie, firent vibrer en tous une corde matérielle, la sensibilité instinctive ; on se souvint que la mort est quelque chose ; on douta que la guillotine, « ce supplice si doux, » ne fût rien.

La mort de madame Roland, justement pour cette raison, fut à peine remarquée (8 novembre). Cette reine de la Gironde était venue à son tour loger à la Conciergerie, près du cachot de la Reine, sous ces voûtes veuves à peine de Vergniaud, de Brissot, et pleines de leurs ombres. Elle y venait royalement, héroïquement, ayant, comme Vergniaud, jeté le poison qu'elle avait, et voulut mourir au grand jour. Elle croyait honorer la République par son courage au Tribunal et la fermeté de sa mort. Ceux qui la virent à la Conciergerie disent qu'elle était toujours belle, pleine de charme, jeune à 39 ans ; une jeunesse entière et puissante, un trésor de vie réservé jaillissait de ses beaux yeux. Sa force paraissait surtout dans sa douceur raisonneuse, dans l'irréprochable harmonie de sa personne et de sa parole. Elle s'était amusée en prison à écrire à Robespierre, non pour lui demander rien, mais pour lui faire la leçon. Elle la faisait au Tribunal, lorsqu'on lui ferma la bouche. Le 8, où elle mourut, était un jour froid de novembre. La Nature, dépouillée et morne, exprimait l'état des cœurs; la Révolution aussi s'enfonçait dans son hiver, dans la mort des illusions. Entre les deux jardins sans feuilles, la nuit tombant (cinq heures et demie du soir), elle arriva au pied de la Liberté colossale, assise près de l'échafaud, à la place où est l'obélisque, monta légèrement les degrés, et, se tournant vers la statue, lui dit avec une grave douceur, sans reproche : « O Liberté, que de crimes commis en ton nom ! »

Elle avait fait la gloire de son parti, de son époux, et n'avait pas peu contribué à les perdre. Elle a involontairement obscurci Roland dans l'avenir. Mais elle lui rendait justice; elle avait pour cette âme antique, enthousiaste et austère, une sorte de religion. Lorsqu'elle eut un moment l'idée de s'empoisonner, elle lui écrivit pour s'excuser près de lui d'avoir voulu disposer de sa vie sans son aveu. Elle savait que Roland n'avait qu'une unique faiblesse : son violent amour pour elle, d'autant plus profond qu'il le contenait.

Quand on la jugea, elle dit : « Roland se tuera. » On ne put lui cacher sa mort. Retiré près de Rouen, chez des dames, amies très sûres, il se déroba, et, pour faire perdre sa trace, voulut s'éloigner. Le vieillard, par cette saison, n'aurait pas été bien loin. Il trouva une mauvaise diligence qui allait au pas; les routes de 93 n'étaient que fondrières. Il n'arriva que le soir aux confins de l'Eure. Dans l'anéantissement de toute police, les voleurs couraient les routes, attaquaient les fermes; des gendarmes les poursuivaient. Cela inquiéta Roland, il ne remit pas plus loin ce qu'il avait résolu. Il descendit, quitta la route, suivit une allée qui tourne pour conduire à un château; il s'arrêta au pied d'un chêne, tira sa canne à dard et se perça d'outre en outre. On trouva sur lui son nom, et ce mot : « Respectez les restes d'un homme vertueux. » L'avenir ne l'a pas démenti. Il a emporté avec lui l'estime de ses adversaires, spécialement de Robert Lindet.

On le trouva le matin, et, l'autorisation venue, on l'enfouit négligemment, hors de la propriété, à l'angle de la grande route. On lui jeta deux pieds de terre. Les jours suivants, les enfants y venaient jouer, et enfonçaient des baguettes pour sentir le corps.

Nulle attention du public. La Gironde est déjà antique, reculée dans un temps lointain. Comment en serait-il autrement? Ses vainqueurs, les Jacobins, sont dépassés eux-mêmes. La Révolution les déborde les uns et les autres, et par ses fureurs et par son génie. Madame Roland meurt le 8, mais, le 7, une question immense a surgi, également incomprise et des Girondins et des Jacobins.

LIVRE XIV

CHAPITRE PREMIER

LA RÉVOLUTION N'ÉTAIT RIEN SANS LA RÉVOLUTION RELIGIEUSE

Pourquoi échoua la Révolution. — Comment elle fût devenue une création. — Impuissance des Girondins et des Jacobins. — Les cordeliers Clootz et Chaumette. — Registres de la Commune. — Admirables inspirations d'humanité.

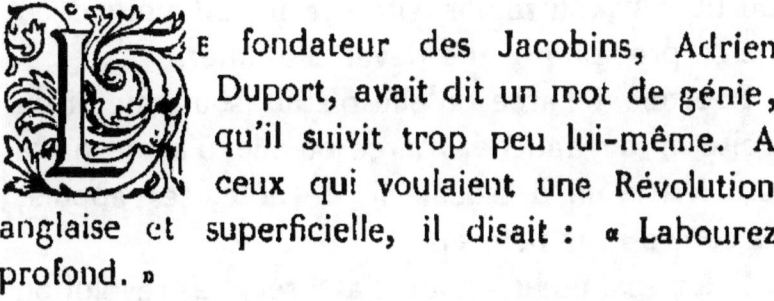E fondateur des Jacobins, Adrien Duport, avait dit un mot de génie, qu'il suivit trop peu lui-même. A ceux qui voulaient une Révolution anglaise et superficielle, il disait : « Labourez profond. »

Ce que Saint-Just a dit aussi sous cette forme grave et mélancolique : « Ceux qui font les révolutions à demi ne font que creuser leurs tombeaux. »

Ce mot s'applique non seulement à tous les révolutionnaires artistes, mais aux deux partis raisonneurs :

Aux Girondins, à Vergniaud, à madame Roland ;

Aux Jacobins, à Robespierre, à Saint-Just lui-même.

Girondins et Jacobins, ils furent également des logiciens politiques, plus ou moins conséquents, plus ou moins avancés. Peu différents de principes, ils marquent des degrés sur une ligne unique, dont ils ne s'écartent guère ; ils forment comme l'échelle de la révolution politique.

Le plus avancé, *Saint-Just*, n'ose toucher ni la religion, ni l'éducation, ni le fond même des doctrines sociales ; on entrevoit à peine ce qu'il pense de la propriété.

Que cette révolution, politique et superficielle, allât un peu plus ou un peu moins loin, qu'elle courût plus ou moins vite sur le *rail* unique où elle se précipitait, elle devait s'abîmer.

Pourquoi ? Parce qu'elle n'était soutenue ni de droite ni de gauche, parce qu'elle n'avait ni sa base ferme en dessous, ni, de côté, ses appuis, ses contre-forts naturels.

Il lui manquait, pour l'assurer, la révolution

religieuse, la révolution sociale, où elle eût trouvé son soutien, sa force et sa profondeur.

C'est une loi de la vie : elle baisse si elle n'augmente.

Le Révolution n'augmentait pas le patrimoine d'idées vitales que lui avait léguées la philosophie du siècle. Elle réalisait en institutions une partie de ces idées, mais elle y ajoutait peu. Féconde en lois, stérile en dogmes, elle ne contentait pas l'éternelle faim de l'âme humaine, toujours affamée, altérée de Dieu.

La Loi, c'est le mode d'action, c'est la roue, la meule. Mais qui tourne cette roue? mais cette meule, que moud-elle? — Mettez-y le grain, le dogme, — sinon, la meule tourne à vide, elle s'use, elle va frottant ; elle pourra se moudre elle-même.

Les deux partis raisonneurs, les Girondins, les Jacobins, tinrent peu compte de ceci. La Gironde écarta entièrement la question, les Jacobins l'éludèrent. Ils crurent payer Dieu d'un mot.

Toute la fureur des partis ne leur faisait pas illusion sur la quantité de vie que contenaient leurs doctrines. Les uns et les autres ardents scoastiques, ils se proscrivirent d'autant plus que, différant moins au fond, ils ne se rassuraient bien sur les nuances qui les séparaient qu'en mettant entre eux le *distinguo* de la mort.

Eh bien! ces drames terribles, cette horreur, ce sang versé, tout cela ne remplissait pas le vide infini de l'âme nationale. Tout l'ennuyait également. — Et elle attendait.

Les deux génies de la Révolution, Mirabeau, Danton, son grand homme, Robespierre, n'eurent pas le temps d'observer (emportés par l'ouragan) ce qu'elle avait précisément à faire pour perdre le nom de révolution, devenir création.

Elle devait, sous peine de périr, non seulement codifier le dix-huitième siècle, mais le vivifier, *réaliser en affirmation vivante* ce qui chez lui fut négatif. — Je m'explique :

Elle devait montrer que sa négation d'une religion, arbitraire de faveur pour les élus, contient *l'affirmation de la religion de justice égale pour tous;* montrer que sa négation de la propriété privilégiée contient *l'affirmation de la propriété non privilégiée, étendue à tous.*

Voilà ce que la Révolution devait à son illustre père, le dix-huitième siècle : briser le noyau scolastique qui contenait sa doctrine, en tirer le fruit de vie.

Dès ce jour, elle vivait, et elle pouvait dire :

« Je suis. » A elle la vie, le positif. Et l'ancien régime, convaincu d'être le vide, s'évanouissait.

La Révolution réserva justement les deux questions où était la vitalité. Elle ferma un moment l'église et ne créa pas le temple. Elle changea la propriété de main, mais la laissa monopole ; le privilégié renaquit comme usurier patriote, bande noire, agioteur, tripotant dans l'assignat et les biens nationaux*.

Quels remèdes ? La répression individuelle, la sévérité croissante, vieux moyens gouvernementaux, furent de moins en moins efficaces. Émonder servait très peu, si la race était la même. C'est elle qu'il eût fallu changer par la force d'une sève nouvelle. Cette sève, qui pouvait la donner ? L'apparition d'une idée dominante et souveraine qui, ravissant les esprits, soulevant l'homme du pesant limon, se créant à soi un peuple, s'armant du monde nouveau qu'elle aurait créé, neutraliserait d'en haut l'effort mourant de l'ancien monde.

Le rapport de l'homme à Dieu et de l'homme à la Nature, la religion, la propriété, devaient se constituer sur un dogme neuf et fort, ou la Révolution devait s'attendre à périr.

———

Les Girondins ne firent rien, ne soupçonnèrent même pas qu'il y eût à faire.

Les Jacobins ne firent rien que juger, épurer, cribler. Ils se montrèrent infiniment peu capables de création.

Les Cordeliers essayèrent. Seulement, comme ils étaient en insurrection permanente, spécialement contre eux-mêmes, ce qu'ils essayaient était nul d'avance. Le seul parti qui, par moment, semble avoir rêvé les moyens de féconder la Révolution, c'est celui qui, anarchie vivante, était infécond.

Comme foyer d'anarchie, les Cordeliers continrent tout élément, ce que la Révolution eut de meilleur, ce qu'elle eut de pire.

Le mélange fit horreur, et les Jacobins brisèrent tout.

Les contrastes, adoucis, fondus plus habilement dans la société jacobine (véritable société), apparurent avec une dureté cruelle et choquante dans celle des Cordeliers.

L'ange noir des Cordeliers est dans le scélérat Ronsin, dans Hébert, muscadin fripon, masqué sous *Le Père Duchêne*, dans le petit tigre Vincent.

L'ange blanc des Cordeliers fut dans l'infortuné, l'innocent, le pacifique Anacharsis Clootz, l'orateur du genre humain, homme du Rhin, frère de Beethoven, Français, hélas! d'adoption.

Cette blessure saigne en moi, et elle saignera toujours : la mort des étrangers illustres mis à mort pour nous, par nous!

Ah! France! quelle chose es-tu donc, et comment te nommerai-je?... Tant aimée!... Et combien de fois tu m'as traversé le cœur!... Mère, maîtresse, marâtre adorée!... Que nous mourions pour toi, c'est bien! que tu nous brises, c'est toi-même; tu n'entendras pas un soupir. Mais ceux-ci, qui, si confiants, vinrent d'eux-mêmes se mettre en tes bras, âmes d'or, âmes innocentes, qui n'avaient plus vu de frontières, qui, dans leur aveugle amour, ne distinguaient ni Rhin ni Alpes, qui ne sentaient plus la patrie qu'en la déposant aux genoux de leur meilleure patrie, la France!... ah! leur destinée laisse en moi un abîme de deuil éternel*!

Entre l'ange noir et l'ange blanc, le bon et le mauvais esprit, entre Hébert et Clootz, s'agitait Chaumette.

Le parleur ingénieux et adroit, l'homme matériel et lâche, qui, même à côté d'Hébert, n'eut jamais la force d'être un scélérat, et garda un cœur.

Il fut tué par son bon génie, par l'influence de Clootz. Il osa, un jour, être humain. Et il alla à la mort**.

Le mariage de ces deux hommes, si profondément différents d'esprits :

Du pauvre spéculatif Allemand, bayant aux nues;

Et du caméléon mobile, homme d'affaires, tout

pratique : ce mariage étonnant mérite d'être expliqué.

Clootz, comme tout Allemand, arrivait du fond du panthéisme, de la Nature et de l'Infini ;

Chaumette, comme tout Français (et celui-ci de basse espèce), partait de l'individualisme, du particulier, du jour, de l'aventure quotidienne, qui en tout temps n'est guère que l'infiniment petit.

Une chose les ralliait, celle qu'ils avaient tous deux haïe dans les Girondins : l'esprit décentralisateur.

La générosité de Clootz, son ardent amour de la France, où il fut amené enfant, le désintéressait de l'Allemagne. Il était Français, regardait le Rhin *comme un futur département* de la République française. Il était décentralisateur de l'Allemagne à force d'aimer la France.

Chaumette, c'était le contraire. Il n'avait pas à décentraliser une patrie étrangère ; il ne connaissait que Paris. Il était la voix, l'agréable organe du chaos discordant de la Commune. Ce chaos, dans sa bouche, était harmonie. Sa vie, sa voix, étaient municipales. Donc, avec toutes ses déclamations violentes contre les décentralisateurs, il n'était décentralisateur qu'au profit de la grande et redoutable Commune, qui, il est vrai, contient *le tout*.

Le tout? est-ce seulement la France? Ne le croyez pas. Paris, c'est le monde.

Donc, sur ce terrain, se retrouvaient l'homme du monde, Anacharsis, et le municipal Chaumette.

———

On a imprimé quelques pages des registres du Conseil général de la Commune, celles qui se rapportent aux grandes journées de la Révolution. Pour bien connaître la Commune, il faut la prendre dans un moment plus paisible. Ouvrons ces registres en novembre 93, risquons-nous dans ces archives des crimes, pénétrons dans ce repaire de l'impie, de l'horrible, de la sanguinaire Commune, comme l'appellent les historiens. Je donne les faits sans ordre, comme ils se suivent aux registres. *(Archives de la Seine.)*

Une enfant de onze ans, maltraitée de sa mère, est amenée par le Comité révolutionnaire de sa section; elle demande du travail. La Commune se charge de pourvoir à ses besoins (19 brumaire).

Les adoptions d'enfants se présentent à chaque instant. L'adoption d'un vieillard, chose rare aujourd'hui, se retrouve quelquefois sur les registres de la Commune.

Les cadavres des suppliciés, que des scélérats ont l'infamie de dépouiller, seront décemment inhumés en présence d'un commissaire de police (17 brumaire).

A Bicêtre et autres hôpitaux, on séparera désormais des malades les fous et les épileptiques (17 brumaire).

A la Salpêtrière, on détruira les cabanons horribles où l'on enfermait les folles (21 brumaire). On améliorera le logement des fous de Bicêtre (26 brumaire).

On traitera avec des soins particuliers les femmes en couches. On leur assigne (pour la première fois !) une maison à part, celle de la Mission, et, plus tard, l'Archevêché. On mettra sur la porte : Respect aux femmes en couches, espoir de la Patrie.

Je vois aussi que, dans les cérémonies publiques, la Commune fit donner des places réservées, l'une aux femmes enceintes, l'autre aux vieillards, pour les préserver de la foule.

Violente invective de Chaumette contre les loteries (24 brumaire), contre les filles publiques. Les arrêtés de la Commune contre elles ne servant à rien, on rend responsables tous ceux qui les logent, propriétaires, principaux locataires, etc.

Le théâtre de la Montansier au Palais-Royal sera fermé, de crainte qu'il ne brûle la Bibliothèque nationale qui est en face (24 brumaire).

La section de Bonne-Nouvelle demande que la bibliothèque de son arrondissement soit ouverte tous les jours (même date).

La Commune place au musée du Louvre une garde de dix hommes pour la nuit (3 nivôse). Elle demande à la Convention de suspendre toute restauration de tableaux et qu'on institue un concours à ce sujet (13 frimaire).

Une section demande que l'on écrive *des livres pour les enfants*. La Commune en fera l'objet d'une pétition à la Convention (28 brumaire).

On cherchera les moyens de loger les indigents, les infirmes et les vieillards ; on emploiera les indigents valides dans l'intérêt de la République et dans leur propre intérêt (1er frimaire).

Des femmes viennent se plaindre de ce qu'elles ne peuvent avoir des nouvelles de leurs enfants qui sont à l'armée. On nomme des commissaires pour inviter le ministre à demander la liste des jeunes soldats dont les parents ont droit aux secours (7 frimaire). Le procureur de la Commune observe, à cette occasion, la bonne conduite des femmes qui remplissent les tribunes et travaillent en écoutant. Mention civique.

Organisation des Quinze-Vingts. On y donnera un logement à part aux aveugles plus infirmes ou plus âgés. On demandera à la Commission de Bienfaisance 15 sous par jour pour les aveugles non logés aux Quinze-Vingts (16 frimaire).

On nomme une Commission pour prendre des *notes* sur ceux qui soignent les malades (9 nivôse). On fait prêter serment aux infirmières (14 nivôse).

Chaumette fait décider que la bibliothèque de la Commune fera collection des *arrêtés*, *imprimés*, *Adresses*, etc., qui peuvent servir de matériaux aux historiens (20 frimaire).

Un mari vient se plaindre du vicaire général

Bodin, qui lui enlève sa femme, et de l'Administration de Police, qui repousse sa plainte. La Commune fera une enquête à ce sujet (2 nivôse, 22 décembre).

Des plaintes analogues à celles-ci sont portées aux Jacobins, qui les accueillent et se chargent de les appuyer auprès des autorités. Les sociétés populaires et le pouvoir municipal devenaient les garants de la moralité publique et d'une manière très efficace, la peine la plus terrible étant en réalité l'excommunication des patriotes. L'homme immoral était jugé *suspect* et *aristocrate*.

La Commission de Correspondance donnera des exemplaires de tous les imprimés intéressants aux communes qui correspondent avec celle de Paris, et spécialement *aux hospices* (2 nivôse).

Que d'idées touchantes, heureuses! Et tout cela, en deux mois, novembre et décembre!... Quelle Administration, en si peu de temps, peut montrer, par tant de faits, un si tendre intérêt pour l'espèce humaine, une telle préoccupation de tout ce qui touche la civilisation, même des objets auxquels on semblait devoir moins songer dans ces temps de troubles : des bibliothèques, des musées, et jusqu'aux restaurations de tableaux? Plût au ciel que l'Administration de nos temps civilisés eût suivi, sur ce dernier point, l'idée du vandale Chaumette, le musée du Louvre n'eût pas subi les transformations hideuses qu'on y déplore aujourd'hui!

On répète à satiété, en preuve de la barbarie de la Commune, que Chaumette demanda qu'on plantât en légumes les jardins publics et autres Domaines nationaux. La première *proposition* de ce genre fut faite à Nantes par un Girondin. Un M. Laënnec fit observer que, par suite de l'émigration, des jardins, des parcs immenses étaient sans culture, qu'on devrait les cultiver en plantes alimentaires. Cette observation judicieuse, dans la disette de Nantes (mai 93), fut reproduite par Chaumette dans la disette de Paris (septembre). En ce qui touche nos promenades, elle semblait exagérée, mais elle était fort habile et propre à calmer le peuple, très ému en ce moment.

Je ne ferai pas à mes lecteurs l'injure d'analyser les choses admirables qu'ils viennent de lire ; qu'ils les relisent, les méditent et tâchent d'en profiter ; qu'ils agrandissent leur cœur dans la contemplation du grand cœur de 93, dans l'admiration du pouvoir le plus populaire qui sans doute ait été jamais.

Qu'on me permette de m'arrêter sur une seule chose, toute simple, et, malgré sa simplicité, vraiment ingénieuse et profonde.

C'est l'*arrêté* du 2 nivôse : Envoyer les imprimés intéressants *spécialement aux hospices*, c'est-à-dire les envoyer à ceux qui ont le plus de temps pour les lire, les envoyer aux pauvres désoccupés qui se meurent d'ennui, les envoyer au malade, à l'infirme, à celui qui gît oublié, souvent délaissé de sa famille, lui dire : « Si tes parents t'oublient, ta parente, ta mère, la bonne Commune de Paris, se souvient de toi... Elle vient te visiter par l'écrit qu'elle t'envoie... Pauvre homme dédaigné du monde ! celle qui est la lumière du monde, la grande Ville qui est ta ville, veut rester en communication avec toi, te faire part de sa pensée*. »

Qui trouve de pareilles choses? Celui qui aime le peuple, celui qui respecte en lui et ses maux et ses énergies dont on profite si peu, celui qui sent le besoin d'adoucir son présent, d'ouvrir son avenir, celui qui sent Dieu en l'homme !

Clootz disait pieusement, dévotement : « Notre Seigneur Genre humain ! »

Hélas ! après tant de siècles où l'homme a été si barbarement ravalé plus bas que la bête, où la pauvre personne humaine fut chaque jour écrasée sous la roue du char des faux dieux, qui ne pardonnera au grand cœur de nos patriotes de 93 l'erreur généreuse de vouloir, en expiation, faire un dieu de l'homme, de repousser les symboles auxquels on avait cruellement immolé la vie, de mettre la victime elle-même sur l'autel, de diviniser le malheur et l'humanité? Pieux blasphèmes, auxquels Dieu aurait pardonné lui-même, comme à la violente réaction de la pitié !

CHAPITRE II

CALENDRIER RÉPUBLICAIN
CULTE NOUVEAU

(NOVEMBRE 93)

Pour la première fois, l'homme eut la mesure du temps, de l'espace, de la pesanteur. — L'année commencée aux semailles. — Austérité du Calendrier de Romme. — Fête astronomique à Arras, 10 octobre 93. — Fabre d'Églantine trouve les noms des mois et des jours. — Raison, Logos, Verbe de Platon. — Clootz et Chaumette. — Chaumette fait créer le Conservatoire de musique. — Opposition de Chaumette et d'Hébert. — Chaumette combat le fédéralisme tyrannique des Comités de sections. — Il veut supprimer le salaire du Clergé. — Il obtient l'égalité des sépultures et l'adoption nationale des enfants des suppliciés.

E 20 septembre, avant-veille de l'anniversaire de la République, Romme lut à la Convention le *projet* du Calendrier républicain, adopté le 5 octobre. Pour la première fois en ce monde, l'homme eut la vraie mesure du temps.

Il eut celle de l'espace, de la pesanteur. L'uniformité des poids et mesures, dont le type invariable fut pris dans la mesure même de la terre, fit disparaître le chaos barbare qui jetait l'inexactitude, le hasard, et dans les transactions, et dans les œuvres d'industrie.

Romme put dire cette grave parole : « Le Temps enfin ouvre un livre à l'Histoire... » Jusque-là, elle ne pouvait pas même dater dans la vérité.

Il ne serait pas facile, en travaillant bien, de rien trouver de plus absurde que notre Calendrier. Les nations antiques commençaient l'année à une époque ou astronomique ou historique, à telle raison, à tel événement national. Notre 1er janvier n'est ni l'un ni l'autre. Les noms des mois n'ont aucun sens, ou un sens faux, comme octobre pour dire le dixième mois. Les noms des jours de la semaine ne rappellent que les sottises de l'astrologie. Pour la longueur de l'année, l'erreur julienne, corrigée par l'erreur grégorienne, n'offrait encore qu'un à-peu-près qui devait de plus en plus devenir sensible. Le ciel, pour la première fois, fut sérieusement interrogé.

L'ère fut historique et astronomique à la fois.

Historique. Non plus l'ère chrétienne, rappelée par la fête variable de Pâques, — mais l'ère française, fixée à un jour précis, à un événement daté et certain : *la fondation de la République française*, premier fondement jeté de la République du monde.

Traduisons ces mots : *l'ère de Justice, de Vérité, de Raison.*

Et encore : l'époque sacrée où l'homme devint majeur, *l'ère de la majorité humaine.*

Les successeurs d'Alexandre, suivant la tradition de l'Égypte, et suivis eux-mêmes de tout l'Orient, avaient fait commencer l'année à l'équinoxe d'automne. En prenant cette ère, la République ouvrait l'année comme le doit un peuple agricole, au moment où la vendange ferme le cercle des travaux, où les semailles d'octobre, qui confient le blé à la terre, commencent la carrière nouvelle. Moment plein de gravité, où l'homme croise un instant les bras, revoit la terre qui se dépouille de son vêtement annuel, la regarde avant de mettre dans son sein le dépôt de l'avenir.

La Révolution française, le grand semeur du monde, qui mit son blé dans la terre, n'en profita pas elle-même ; préparant de loin la moisson à nous, enfants de sa pensée, la Révolution dut prendre cette ère annuelle. Qu'une partie ait péri, tombant sur la pierre, une autre mangée des oiseaux du ciel, n'importe ! le reste viendra... Soyez béni, grand semeur !

Donc, la terre, pour la première fois, répondit au ciel dans les révolutions du temps. Et, le monde du travail agissant aussi dans les mesures rationnelles que donnait la terre elle-même, l'homme se trouva en rapport complet avec sa grande habitation. Il vit la raison au ciel, et la raison ici-bas. A lui de la mettre en lui-même.

Elle absente, le chaos régnait. L'œuvre divine, brouillée par l'ignorance barbare, semblait un caprice, un hasard sans Dieu. État impie, objection permanente contre toute religion. La Science, à la fin des temps, se charge d'y répondre en rétablissant l'harmonie, en détrônant le chaos, en introduisant la Sagesse.

Il était facile de dire avec Platon et le platonisme chrétien : *La Sagesse* (le Logos ou Verbe) *est le Dieu du monde*. Mais comment fonder son autel, quand l'apparente discordance de son œuvre ne nous montrait rien de sage?

Le génie stoïcien de Romme, sa foi austère dans la Raison pure apparaît dans son Calendrier. Nul nom de saint, ni de héros, rien qui donne prise à l'idolâtrie. Pour noms des mois, les idées éternelles : *Justice, Égalité*, etc. Deux mois seuls étaient nommés de leurs dates sublimes : Juin s'appelait *Serment du Jeu-de-Paume*, et Juillet, c'était *la Bastille*.

Du reste, rien que des noms de nombres. Les jours et les décades ne se désignent plus que par leur numéro. Les jours suivent les jours, égaux dans le devoir, égaux dans le travail. Le temps a pris la face invariable de l'Éternité.

Cette austérité extraordinaire n'empêcha pas le nouveau Calendrier d'être bien reçu. On avait faim et soif du vrai. Une fête prodigieuse de tous les départements du Nord eut lieu à cette occasion, le 10 octobre, à Arras, fête astronomique et mathématique, où la terre imita le ciel ; elle n'eut pas moins de vingt mille acteurs, qui figurèrent dans une pompe immense les mouvements de l'année. Tout cela, six jours avant la bataille qui délivra la France, si près de l'ennemi, dans cette attente solennelle !... Devant la Belgique idolâtre, devant l'armée barbare qui nous rapportait les faux dieux, la France républicaine se montra pure, forte, paisible, jouant le jeu sacré du temps, célébrant l'ère nouvelle, la plus grande qu'ait vue la planète depuis son premier jour.

Les vingt mille hommes, divisés en douze groupes, selon les âges, représentaient les mois. L'année défilait variée en visages humains, jeune et riante d'espérance, puis mûre et grave, enfin aspirant au repos. Les vainqueurs de la vie, ceux qui ont dépassé leurs quatre-vingts années, en un petit groupe sacré, étaient les jours complémentaires qui ferment l'année républicaine. Le jour ajouté au bout des quatre ans dans ce Calendrier avait la figure vénérable d'un centenaire qui marchait sous un dais. Derrière ces vieux, courbés sur leurs bâtons, venaient les tout petits enfants, comme la jeune année suit la vieille, comme les générations nouvelles remplacent celles qui vont au tombeau.

La grâce de la fête était le bataillon des vierges, avec cette devise, touchante dans un si grand

danger : « Ils vaincront ; nous les attendons. »
Étaient-ce leurs amants ? ou leurs frères ? La bannière virginale ne le disait point.

Tous les métiers qui font le soutien de la vie humaine consacrèrent leurs outils en touchant l'arbre de la Liberté.

Le centenaire prit la Constitution, et la leva au ciel. Autour de lui, au pied de l'arbre, les vieillards siégèrent et prirent un repas. Les vierges, les jeunes gens, les servaient. Le peuple faisait cercle, entourant d'une couronne vivante la table sacrée, bénissant les uns et les autres, et ses pères et ses enfants.

Ce Calendrier tout austère, ces fêtes infiniment pures, où tout était pour la raison et le cœur, rien pour l'imagination, pourraient-ils remplacer le grimoire du vieil Almanach, baroque, bariolé de cent couleurs idolâtriques, chargé de fêtes légendaires, de noms bizarres qu'on dit sans les comprendre, de *Lætare*, d'*Oculi*, de *Quasimodo ?* La Convention crut qu'il fallait donner quelque chose de moins abstrait à l'âme populaire. Elle adopta la base scientifique de Romme, mais elle changea la nomenclature. L'ingénieux Fabre d'Églantine, dans un aimable écrit des temps paisibles, en 1783 *(L'Histoire naturelle dans le cours des saisons)*, avait donné l'idée du Calendrier vrai, où la Nature elle-même, dans la langue charmante de ses fruits, de ses fleurs, dans les bienfaisantes révélations de ses dons maternels, nomme les phases de l'année. Les jours sont nommés d'après les récoltes, de sorte que l'ensemble est comme un manuel de travail pour l'homme des champs; sa vie s'associe jour par jour à celle de la Nature. Quoi de mieux approprié à un peuple tout agricole, comme l'était la France alors ? Les noms des mois, tirés ou du climat ou des récoltes, sont si heureux, si expressifs, d'un tel charme mélodique, qu'ils entrèrent à l'instant au cœur de tous, et n'en sont point sortis. Ils composent aujourd'hui une partie de notre héritage, une de ces créations toujours vivantes, où la Révolution subsiste et durera toujours. Quels cœurs ne vibrent à ces noms ? Si l'infortuné Fabre ne vit pas quatre mois de son Calendrier, si, arrêté en pluviôse, il meurt avec Danton en germinal, sa mort, trop cruellement vengée en Thermidor, n'empêche pas qu'il ne vivra toujours pour avoir seul entendu la Nature et trouvé le chant de l'année.

La portée de ces changements était immense. Ils ne contenaient pas moins qu'un changement de religion.

L'Almanach est chose plus grave que ne croient les esprits futiles. La lutte des deux Calendriers, le républicain et le catholique, c'était celle *du passé*, de la tradition, *contre ce présent* éternel du calcul et de la Nature.

Rien n'irrita davantage les hommes du passé. Un jour, avec colère, l'évêque Grégoire disait à

Romme : « A quoi sert ce Calendrier ? » Il répliqua froidement : « A supprimer le dimanche. » Grégoire assure que tous les gallicans eussent souffert le martyre pour ne pas transporter le dimanche au décadi.

Mirabeau, qui se mêlait parfois de prophétiser, avait dit : « Vous n'aboutirez à rien si vous ne déchristianisez la Révolution. »

Le siècle de l'analyse, le dix-huitième siècle, gravitait invinciblement au culte de la Raison pure. La Convention, le 3 octobre, décrète la translation de Descartes au Panthéon. L'initiateur du grand doute qui commença la foi nouvelle repose avec Rousseau, Voltaire, le père à côté de ses fils.

L'œil sévère, le regard brûlant de la pensée moderne, envisage cette immense agrégation de dogmes que les siècles entassèrent. Et dessous, que voit-elle ? Le roc où tant d'alluvions se sont déposées peu à peu, le Logos ou Verbe platonicien, l'Idée de la Raison vivante.

Comme une île du Sud qui fut jadis fertile, et que le corail peu à peu a couverte de sa riche et stérile fructification : arrachez tout ce luxe aride, rendez le soleil à la terre et les rosées du ciel. Elle sera féconde encore.

Cette révolution nécessaire du dix-huitième siècle donne : en métaphysique, Kant et la Raison pure ; en pratique, la tentative religieuse de Romme et d'Anacharsis Clootz, le culte de la Raison.

Culte mathématique, dont les voyants seraient les Newton et les Galilée. Culte humanitaire, dont les pères sont les Descartes et les Voltaire, les bienfaiteurs du genre humain.

Dans quels sens différents comprit-on le mot de Raison ?

Tels n'y voyaient que la raison humaine. Possédés du besoin critique d'une époque de lutte, ils ne cherchaient guère dans la vérité qu'une négation de l'erreur, une arme pour briser le vieux monde.

D'autres, spécialement certaines sociétés populaires, déclarent que par Raison ils entendent la *raison divine et créatrice*, autrement dit, l'*Être suprême*.

Entre la divine et l'humaine, où sera la limite ? Les idées nécessaires (cause, substance, temps, espace, devoir), qui sont en nous, mais non notre œuvre, qui constituent pourtant notre raison même, sont-elles nôtres, sont-elles de Dieu ?

Les grands esprits qui donnèrent cette impulsion en employant les formes du temps, flottèrent d'un sens à l'autre et firent peu de distinction. Nul doute que la Raison ne soit le côté le plus haut de Dieu. Nul doute qu'elle ne soit nulle part plus clairement révélée que dans son incarnation permanente : l'Humanité.

Lorsque le pauvre Clootz s'attendrissait au mot : « Notre Seigneur Genre humain, » lorsqu'il déplorait les misères de ce malheureux roi du monde, Dieu, pour lui apparaître ainsi voilé, n'en ut pas moins en lui.

Le philosophe Clootz, le mathématicien Romme, n'auraient rien fait si leurs idées n'avaient gagné un homme d'activité pratique, l'ingénieux et infatigable tribun de la Commune, Anaxagore Chaumette.

Le 26 septembre, Chaumette demanda à la Commune qu'on bâtît un hospice, sous le nom de Temple de l'Humanité. Il revenait de son pays, la Nièvre, où il avait conduit sa mère malade. Fouché y avait hardiment aboli le Catholicisme. Fouché de Nantes, témoin des premiers massacres de la Vendée, les vengeait dans la Nièvre, secondait violemment le mouvement populaire contre le Clergé. Chaumette raconte ainsi la chose à la Commune : « Le peuple a dit aux prêtres : « Vous nous promettez des miracles. « Nous, nous allons en faire... » Et il a institué les fêtes de la vieillesse et du malheur... Vous auriez vu les pauvres, les aveugles, les paralytiques, siéger aux premières places... En voilà, des miracles ! »

Chaumette, pour ses fêtes, avait besoin de chants. Il demanda, obtint la création de la grande école de musique, le Conservatoire.

Le vénérable Gossec, rajeuni par l'enthousiasme, dirigea cette école, et trouva les chants du culte nouveau.

Chaumette, pour les vers, s'adressa à Delille,

le facile versificateur. L'abbé Delille, violent royaliste, enfant colère, trouva du courage dans sa douleur, dans son deuil de la Reine, dont il avait été le maître. Il lut hardiment à Chaumette son dithyrambe sur l'*Immortalité :*

> *Lâches oppresseurs de la terre,*
> *Tremblez, vous êtes immortels !*

C'était aller droit à la guillotine. Chaumette ne voulut pas comprendre. « C'est bon, l'abbé, dit-il, cela servira pour une autre fois. » Il garda la chose secrète, et lui sauva la vie.

Il avait sauvé de même l'imprimeur Tiger, qui, au 5 septembre, l'insulta, le prit à la gorge, publiquement, sur le quai, comme il marchait à l'Assemblée à la tête de la Commune.

On a vu l'émotion de Chaumette au procès de Louis XVI, et l'intérêt qu'il montra à M. Hue, qui pleurait. Il en témoigna beaucoup aussi à la jeune Dauphine. Il fit élargir Cléry.

La fatalité l'avait comme attelé à Hébert dans cette terrible direction de la Commune. Cependant la forte opposition de leurs caractères ne laissait pas que de paraître. On le vit au 31 mai; on le vit au 14 août, où il parla assez vivement contre Hébert et Henriot. Vers la fin d'août, aux Jacobins, une polémique s'éleva sur la question de savoir si les suspects devaient être enfermés ou déportés ; Hébert et Robespierre étaient pour le premier avis ; Chaumette préférait la déportation, peine plus dure en apparence, plus douce en réalité à une époque où la prison se trouvait si près de la guillotine.

Le caractère de Chaumette était très faible. Dès qu'il risque d'être pris en flagrant délit de *modération* (par exemple, les 4-5 octobre), on le voit reculer sur-le-champ, se cacher dans la cruauté. Le 10, jour du foudroyant *rapport* de Saint-Just, où le parti de Chaumette était trop désigné, Chaumette donna à la Commune une liste de tous les cas qui rendaient suspect, liste telle, qu'il eût fallu emprisonner toute la France.

Avec tout cela, Chaumette et le Conseil général, qu'il dirigeait seul (Hébert était à son journal, à la Guerre, aux Jacobins), Chaumette, dis-je, était encore le meilleur secours qu'on eût contre la tyrannie locale des Comités révolutionnaires de sections. Il y avait du moins là une publicité devant laquelle ces Comités reculaient. Dénoncés fréquemment à la Commune, ils le furent à la Convention, le 9 octobre, par Léonard Bourdon, le 18, par Lecointre, comme sujets à frapper leurs ennemis personnels, parfois à emprisonner leurs créanciers. Collot d'Herbois lui-même, qui ne peut passer pour un *modéré*, accusait, le 26 septembre, aux Jacobins, *la furieuse étourderie* des Comités révolutionnaires.

Le Comité de Sûreté générale, placé si haut et si loin, obligé d'embrasser la France, n'offrait pas un recours sérieux contre ces petits tyrans. Il les ménageait comme ses agents personnels, étouffait dans le secret tous leurs excès de pouvoir. A la Commune, au contraire, tout arrivait au jour. Le 26 septembre, le 3, le 26 octobre, elle accueillit, appuya les plaintes qu'on faisait contre ces Comités, parfois même réforma leur jugement.

Enrayer ainsi politiquement, c'était un grand péril, si l'on n'ouvrait à la Révolution une autre carrière, *si l'on ne compensait la modération politique par l'audace religieuse;* c'est ce que sentirent plusieurs représentants. Ils firent la Terreur sur les choses et non sur les personnes : ils décapitaient des images, suppliciaient des statues, envoyaient à la Convention des charretées de saints guillotinés qui allaient à la Monnaie.

Pour centre de sa propagande, Chaumette prit les Gravilliers, les Filles-Dieu (passage du Caire). C'est le principal foyer de la petite industrie, l'industrie vraiment parisienne; elle y est prodigieusement active, y comprend mille métiers. Il y a là un esprit plus varié qu'au faubourg Saint-Antoine, classé en grandes légions, celle du fer, du bois, etc. Léonard Bourdon avait établi son école d'Enfants de la Patrie dans le prieuré Saint-Martin ; de là, il secondait Chaumette. Le premier point de leur prédication, très bien reçu, fut : *Qu'il ne fallait plus payer le Clergé*, principe adopté bientôt par toutes les sections, qui en portèrent le vœu à la Convention.

Le second point, fort populaire, fut un bel arrêté (28 octobre) sur *l'égalité des sépultures*. Le pauvre comme le riche doit être enterré avec un cortège décent, non sous un méchant drap noir, mais dans un drapeau tricolore, le drapeau de la section. La Ville de Paris a gardé quelque chose de cette loi de l'Égalité. L'indigent, le mendiant, va à sa dernière demeure dans un char à deux chevaux, avec quatre appariteurs, précédé d'un commissaire des Pompes funèbres.

C'est aussi sur le drapeau de la section que la Commune devait recevoir les enfants qu'on lui apportait pour les rebaptiser de noms révolutionnaires.

Ainsi nos saintes couleurs, le drapeau sacré de la régénération humaine, recevait l'homme à la naissance et le recueillait à la mort. Pour consolation de la destinée, il trouvait ce bon accueil à son dernier jour ; il s'en allait vêtu de la France, sa mère, enveloppé de la Patrie.

Le peuple, reconnaissant, éprouvait le besoin d'être béni de la Commune. Des ouvriers Vainqueurs de la Bastille voulaient être remariés, ne croyant pas, disaient-ils, qu'aucun mariage fût légitime, sinon de la main de Chaumette.

Une scène infiniment touchante fut celle d'une adoption : un caporal des Vétérans vint présenter une enfant, fille d'un guillotiné qui avait laissé huit enfants. Ce brave homme demandait si, en adoptant la fille d'un coupable, il n'agissait pas contre la Patrie. Chaumette prit l'enfant dans ses bras et l'assit à côté de lui. « Heureux exemple, dit-il, des vertus de la République !... Nous les voyons déjà paraître, ces vertus douces qui partout se mêlèrent à l'héroïsme de la Liberté. Ici ce n'est plus l'adoption d'orgueil, celle des patriciens de l'antiquité, les Scipions entés sur les Paul-Émile : c'est la raison qui dérobe l'innocence à l'ignominie du préjugé. Citoyens, joignez-vous tous à ce bon et vieux soldat ! Orpheline par la Loi, qu'elle reçoive, cette enfant, dans vos embrassements paternels, l'adoption de la Patrie. »

Cette séance porta un fruit admirable. La Convention créa un hospice des Enfants de la Patrie. C'est ainsi qu'on nomma ceux des condamnés.

Événement de grande portée. Il attaquait dans son principe les croyances du moyen âge, dont la base n'est autre que l'hérédité du crime.

Cette aurore de modération et d'humanité éclaira le dissentiment secret d'Hébert et de Chaumette. Le premier voulait tendre l'arc, déjà horriblement tendu. Chaumette voulait détendre.

Le 4 novembre, la section du Luxembourg, dirigée spécialement par Hébert et Vincent, lança un frénétique *arrêté* pour publier les noms de tous ceux qui avaient été en prison, les proscrire comme incapables de toute place, ainsi que les signataires des pétitions des huit mille et des vingt mille.

Ce mouvement de *terreur* était directement contraire aux intérêts du mouvement religieux auquel travaillait Chaumette. Il para le coup, en disant toutefois qu'on allait rechercher cette fameuse pétition des vingt mille. Le 6, il paya l'assistance d'une comédie qui prévenait le reproche de *modérantisme*. La section du Bonnet-Rouge (Croix-Rouge), venant faire serment, offrit le bonnet à Chaumette, qui le mit avec enthousiasme, et le fit mettre à tout le monde. Des bonnets rouges se trouvèrent à point pour cette nombreuse assemblée.

Le moment semblait venu de frapper les grands coups.

La Convention accueillait à merveille les envois de saints, de châsses, les défroques ecclésiastiques, que lui faisaient passer Fouché, Dumont, Bô, Ruhl, etc.

La Convention avait voté la destruction des tombeaux de Saint-Denis. L'on avait réuni la cendre des rois à celle des morts obscurs. Cruel outrage pour ceux-ci, d'être accolés à Charles IX, de recevoir à côté d'eux la pourriture de Louis XV, ou l'infâme mignon Henri III !

La Convention avait trouvé très bon que le vieux Ruhl, ardent et austère patriote (humain au fond, et compromis par son humanité), brisât de sa main la fiole appelée la Sainte-Ampoule.

On pouvait croire d'après ceci qu'elle ordonnerait ou accepterait l'abolition de l'ancien culte.

L'obstacle était le personnel. Que faire de l'Église constitutionnelle ? Pour avoir fait serment de fidélité à la République, elle n'en gardait pas moins *tous ses dogmes antirépublicains*. Intolérants, persécuteurs comme les autres prêtres, ils ont fait mourir de faim les prêtres mariés en 95 et 96. Même en 93, ils persécutaient ; ils ôtaient à ces malheureux leur état, leur coupaient les vivres. Au 15 juillet, au 1er septembre, au 17 encore, la Convention retentit des plaintes douloureuses des prêtres mariés, que leurs seigneurs, les évêques républicains, voulaient empêcher d'être hommes. L'Assemblée, de mauvaise humeur, réduisit les évêques à six mille francs de traitement, et menaça les persécuteurs de déportation.

Une partie plus tolérante de l'Église constitutionnelle, c'étaient les prêtres philosophes ; tels étaient Gobel, évêque de Paris, tel Thomas Lindet, tel j'ai connu M. Daunou. Moralistes avant tout et de vie honorable, ils acceptaient le Christianisme comme véhicule de morale. Eux-mêmes cependant, honnêtes et loyaux, souffraient de cette position double et ne demandaient qu'à en sortir. Daunou en sortit de bonne heure et de lui-même. Les autres eurent le tort d'attendre la pression des événements.

Gobel réunissait chez lui, chaque soir, Anacharsis Clootz et Chaumette. Tous deux lui montraient combien son Christianisme philosophique, suspect aux populations, était impuissant, inutile ;

ils le pressaient de quitter cet autel désert, de déposer les fonctions de ministre catholique.

Il céda, le 6 au soir, et son clergé l'imita. Il fut convenu que, le lendemain, tous ensemble donneraient leur démission dans les mains de l'Assemblée.

CHAPITRE III

FÊTE DE LA RAISON

(10 NOVEMBRE 93)

L'évêque de Paris et autres résignent leurs pouvoirs, 7 nov. — Les Comités essayent de terroriser l'Assemblée. — Ils s'appuient de la résistance de Grégoire. — Irritation de Robespierre. — Les Comités frappent la Convention. — Accord de Chaumette et de la Convention. — Fête de la Raison à Notre-Dame, 10 nov. 93. — Bazire réclame contre l'asservissement de l'Assemblée et contre l'avilissement de la Justice. — La Convention reçoit la Raison et la suit à Notre-Dame, 10 novembre.

LA chose fut sue à l'instant même aux Comités de Salut public et de Sûreté. Violente fut leur irritation contre ces audacieuses nouveautés, contre l'initiative hardie de la Commune, contre l'encouragement secret qu'elle trouvait dans la Montagne. Une machine fut montée pour faire manquer tout l'effet de la scène qui se préparait.

La séance s'ouvrit par la lettre d'un prêtre marié, qui brutalement *abjurait*, disait que lui et ses confrères n'étaient que des charlatans, puis *demandait pension* pour lui, sa femme et ses enfants. — Lettre habilement combinée pour avilir d'avance la démission de Gobel, pour montrer que la suppression du Clergé ne ferait qu'augmenter les charges publiques.

Gobel, avec son clergé amené par la Commune, parla avec convenance, n'abjura aucune doctrine et remit ses fonctions. Il fut imité de plusieurs prêtres et évêques de la Convention, spécialement du frère de Lindet, qui parla avec beaucoup de noblesse et de gravité : « Ce n'est pas tout de détruire, dit-il; il faut remplacer... Prévenez le murmure que feraient naître dans les campagnes l'ennui de la solitude, l'uniformité du travail, la cessation des assemblées. Je demande un prompt *rapport* sur les fêtes nationales. »

Chaumette pria l'Assemblée de donner dans le Calendrier une place à la fête de la Raison.

Ce fut au nom de la Raison que deux représentants du peuple, l'un évêque catholique, l'autre ministre protestant, se réunirent à la tribune, *donnèrent leur démission* ensemble et se donnant la main. *Ils n'abjurèrent point*, quoi qu'en dise le *Journal de la Montagne*, rédigé alors par un homme de Robespierre.

A ce moment, qui n'était pas sans grandeur, dans l'émotion de l'Assemblée, Amar, de la douce voix qui lui était ordinaire, prend la parole au nom du Comité de Sûreté générale ; il demande que les portes de la salle soient fermées. Nul n'objecte. Décrété. Tous les cœurs se contractèrent. On savait, depuis le 3 octobre, ce que devait amener ce préalable sinistre : il fallait des victimes humaines. Amar lit alors une lettre adressée de Rouen à un membre peu connu de l'Assemblée ; on lui donnait la nouvelle « que Rouen allait en masse au secours de la Vendée. » Le contraire était exact ; les Comités savaient parfaitement que les Normands étaient en marche contre la Vendée. L'invention parut si misérable que l'Assemblée, rassurée, demanda d'un cri quel était le signataire d'une telle lettre ! Amar avoua qu'elle était anonyme. « Quoi, dit Bazire, notre liberté dépend d'une lettre anonyme ! Si cela suffit pour arrêter un représentant, la contre-révolution est faite ! » Amar descendit de la tribune, et alla se cacher.

On avait gardé pour le dernier acte Grégoire, l'évêque de Blois. Il vint enfin fort à point pour les Comités, malades de cette chute. Absent jusqu'à ce dernier moment de la séance, il vint à leur prière, je n'en fais nul doute. Leur politique, tristement démasquée par la tentative d'Amar pour terroriser l'Assemblée, avait grand besoin de secours. On lança le gallican. Grégoire, courageux de lui-même, sanguin, colérique, fort d'ailleurs de se sentir défenseur du gouvernement, fut vaillant à bon marché contre la Montagne : « Je ne tiens mon autorité ni de vous, ni du peuple. Je suis évêque, je reste évêque. » La Montagne poussa des cris furieux. Mais, dès lors, les gallicans pouvaient la braver, réfugiés qu'ils étaient sous l'abri des Comités et de Robespierre.

L'irritation était extrême contre l'acte inqualifiable des Comités. Elle passa même aux Jacobins. On y attaqua le faiseur de Robespierre, un Laveaux, directeur du *Journal de la Montagne*, qui venait d'y faire pour lui un article religieux. Les Jacobins lui ôtèrent la direction du journal, et ils nommèrent président de la société Anacharsis Clootz.

Le soir même de la grande séance, Clootz avait été, aux Comités, tâter Robespierre. Il le trouva exaspéré, mais se contenant. Robespierre, sans toucher le fond, ni faire pressentir sa dénonciation prochaine, ne dit que ce petit mot : « Vous vouliez gagner la Belgique catholique, et vous la mettez contre nous ! »

Pendant que Clootz parlait à Robespierre, Chaumette, de retour à la Commune, siégeant au Conseil général, fit la demande hardie que la fête de la Raison, qui devait se faire au Cirque du Palais-Royal, *se fît dans l'église même de Notre-Dame*, aux lieu et place du culte supprimé, et sur son autel.

Il prenait là une position agressive contre les Comités. Ils résolurent d'y répondre par un coup de *terreur* sur la Convention. Terrorisée, elle servirait elle-même d'arme pour écraser la Commune.

Ils avaient en main une affaire sérieuse, à faire trembler la Montagne, à troubler chacun pour soi. Il n'y avait pas un Montagnard qui n'eût sauvé quelques proscrits. Les plus terribles en paroles étant souvent les plus humains. On avait la preuve qu'un des purs, un de ceux qui portaient le mieux le masque de la Terreur, cachait chez lui une femme, une jeune femme émigrée. Cette femme, éperdue de peur, s'était mise dans l'antre du lion, réfugiée au Comité de Sûreté générale, chez Osselin, qui en était membre. L'aimait-il, ou fut-il saisi, comme il arrive parfois aux plus fermes, d'un violent accès de pitié? On ne sait. Elle fut découverte à Paris. Il la sauva, la cacha chez son oncle, vicaire d'un village dans les bois de Versailles. Osselin, plein de son péril, pour éloigner les soupçons, devint à la Convention un implacable terroriste. En septembre, il ne veut pas qu'on entende Perrin, accusé. En octobre, il fait porter le décret cruel qui décapita la Gironde. En novembre, il fait arrêter Soulès, ami de Chalier, administrateur de Police, pour avoir à la légère élargi des suspects.
— Et le même jour, 9 novembre, le Comité de Sûreté vient à la Convention, arrache à Osselin son masque : ce terrible puritain a caché madame Charry.

La Convention tout entière baissa les yeux, frémit. Bien d'autres se sentaient coupables.

L'événement eut sur-le-champ son contre-coup à la Commune. A l'occasion d'une demande de la section d'Henriot pour qu'on poursuivît les électeurs *girondins qui avaient jadis voté pour avoir un autre commandant qu'*Henriot, Chaumette laissa échapper son cœur. Il s'éleva avec une franchise fort inattendue *contre ce système universel de dénonciations:* « Ceux qui dénoncent, dit-il, ne veulent, le plus souvent, que détourner les regards d'eux-mêmes, reporter le danger sur d'autres. On arrête le dénoncé, *il faudrait arrêter pareillement le faux dénonciateur.* »

C'est sous cette bannière de modération et de justice indulgente que s'inaugura, le lendemain (10 novembre), la nouvelle religion. Gossec avait fait les chants; Chénier, les paroles. On avait, tant bien que mal, en deux jours, bâti dans le chœur, fort étroit, de Notre-Dame, un temple de la Philosophie, qu'ornaient les effigies des sages, des pères de la Révolution. Une montagne portait ce temple ; sur un rocher brûlait le flambeau de la Vérité. Les magistrats siégeaient sous les colonnes. Point d'armes, point de soldats. Deux rangs de jeunes filles encore enfants faisaient tout l'ornement de la fête; elles étaient en robes blanches, couronnées de chêne, et non, comme on l'a dit, de roses.

Quel serait le symbole, la figure de la Raison?

Le 7 encore, on voulait que ce fût une statue. On objecta qu'un simulacre fixe pourrait rappeler la Vierge *et créer une autre idolâtrie*. On préféra un simulacre mobile, animé et vivant, qui, changé à chaque fête, ne pourrait devenir un objet de superstition. Les fondateurs du nouveau culte, qui ne songeaient nullement à l'avilir, recommandent expressément dans leurs journaux, à ceux qui voudront faire la fête en d'autres villes, *de choisir pour remplir un rôle si auguste des personnes dont le caractère rende la beauté respectable, dont la sévérité de mœurs et de regards repousse la licence et remplisse les cœurs de sentiments honnêtes et purs.* Ceci fut suivi à la lettre. Ce furent généralement des demoiselles de familles estimées qui, de gré ou de force, durent représenter la Raison. J'en ai connu une dans sa vieillesse, qui n'avait jamais été belle, sinon de taille et de stature; c'était une femme sérieuse et d'une vie irréprochable. La Raison fut représentée à Saint-Sulpice par la femme d'un des premiers magistrats de Paris, à Notre-Dame par une artiste illustre, aimée et estimée, mademoiselle Maillard. On sait combien ces premiers sujets sont obligés (par leur art même) à une vie laborieuse et sérieuse.

La Raison, vêtue de blanc avec un manteau d'azur, sort du temple de la Philosophie, vient s'asseoir sur un siège de simple verdure. Les jeunes filles lui chantent son hymne; elle traverse au pied de la montagne en jetant sur l'assistance un doux regard, un doux sourire. Elle rentre, et l'on chante encore... On attendait... C'était tout.

Chaste cérémonie, triste, sèche, ennuyeuse*.

La Convention, le matin, avait promis d'assister à la fête, sur la demande expresse des *indulgents*, réconciliés avec Chaumette; mais une violente discussion la tint tout le jour. Saisissant une occasion indirecte, Bazire éclata, revint sur l'affaire d'Osselin ; lui aussi avait sauvé des proscrits. Il parla avec une vivacité, une franchise sans réserve, qui fit frissonner l'Assemblée, une sensibilité violente, comme un homme qui défend son cœur, sa liberté et sa vie. « Où s'arrêtera, dit-il, *cette boucherie de représentants?* cette proscription de tous les fondateurs de la République? cet audacieux système de terroriser l'Assemblée? Nous retournons au despotisme... Assez, assez de victimes !... Eh! ne voyez-vous pas que ceux qu'on poursuit, pour avoir péché par faiblesse, ne sont nullement des ennemis de la Révolution ?... Savez-vous ce qu'on va faire ? C'est que l'Assemblée, glacée, tombera dans un honteux mutisme... Et qui osera, dans cette mort de l'Assemblée, montrer plus de courage qu'elle ?... Tous fuiront les fonctions publiques, chacun s'enfermera chez soi, et tout finira dans la solitude. »

Elle se faisait déjà sentir. Le désert s'étendait

chaque jour. Il avait fallu payer l'assistance aux sections. Les Clubs étaient nuls. Le *Club central des Sociétés populaires* fut visité un jour par les Jacobins, qui n'y trouvèrent que six personnes. Les Jacobins eux-mêmes n'étaient guère nombreux à cette époque. Lorsque Couthon leur demanda quarante Jacobins pour l'aider à Lyon, ils refusèrent *ce grand nombre, de crainte de se dépeupler eux-mêmes*. Même les fonctions salariées, et les plus brillantes, n'étaient acceptées que par force. Kléber dit qu'une nomination de général s'appelait *un brevet d'échafaud*. Il fallut un ordre exprès et menaçant du Comité pour forcer Jourdan de se laisser faire général en chef.

Où était le mal de la situation? Dans l'anéantissement de la Justice.

Le vrai *jury d'accusation*, c'étaient les Jacobins. Cette société, si utile politiquement, n'avait nullement la fixité, la suite, qu'aurait demandées ce rôle judiciaire. Le dossier des Girondins, enlevé par elle, fut quelque temps égaré. Sa mobilité était excessive. En novembre, elle prit Clootz pour son président, et, sans cause, elle le raya outrageusement en décembre.

Le Tribunal révolutionnaire n'était pas organisé. Sauf Antonelle, Herman, Payan, il ne comptait que des hommes illettrés, ou des adolescents, dont plusieurs étaient de la *réquisition*, et jugeaient pour ne pas combattre. Un garçon léger, étourdi, comme Vilatte dont on a lu les *Mémoires*, de jeunes peintres (très nombreux à ce Tribunal), ne présentaient nullement le haut jury, imposant et grave, qui pouvait juger sérieusement les crimes de trahison, juger des représentants, juger Danton ou Robespierre !

Les grands coupables ayant presque tous émigré, ce Tribunal expédiait généralement les pauvres diables qui avaient crié : « *Vive le Roi !* » ou envoyé une lettre à un émigré. On réparerait la qualité par la quantité. Et il en résultait seulement qu'en voyant tomber pêle-mêle tant de gens obscurs, et obscurément, sommairement jugés, on les croyait tous innocents.

Un seul procès, un seul exemple, mis en grande lumière, éclairci avec force et grandeur, entouré d'une grande publicité, aurait produit infiniment plus d'effet que beaucoup de morts obscures. « Un saumon vaut cent grenouilles, » disait très bien le duc d'Albe.

Le procès de la Du Barry, habilement conduit, repris dans tous ses précédents, avec ses ornements naturels du Parc-aux-Cerfs, des millions jetés aux filles, avec ses rapprochements légitimes des vols immenses, des guerres de la Pompadour, — enfin l'ouverture totale de l'égout de Louis XV, — le tout tiré à 600,000, — eût été plus efficace contre le royalisme, que de guillotiner par vingtaines des domestiques, des porteurs d'eau ivres, ou des vieilles femmes idiotes.

Les patriotes de Laval écrivirent que les prêtres

vendéens avaient fait rôtir des hommes, nourri les feux des bivouacs de leur armée fugitive avec de la chair humaine. Si le fait était exact, on ne devait pas fusiller dans un coin ces cannibales ; il fallait les amener au grand jour de Paris, les juger solennellement et donner au jugement une telle publicité, qu'il n'y eût pas un paysan en France, dans les lieux les plus écartés, qui n'en eût pleine connaissance.

A ces jugements des monstres vivants, la Révolution pouvait mettre en confrontation le jugement des morts. Que servait de souiller l'air des cendres de Charles IX ? Il fallait amener à comparaître le roi de la Saint-Barthélemy en face de ses élèves, les modernes brûleurs d'hommes.

Revenons au discours de Bazire à la Convention.

Elle allait décidément tomber au rôle de machine à décrets, si, à la moindre parole libre, ses membres les plus illustres, dénoncés par un Jacobin quelconque (Brichet, Brochet, Blanchet, ou autre), s'en allaient, *obtorto collo*, droit au Tribunal révolutionnaire devant des rapins étourdis, sans pouvoir dire seulement un mot d'explication à la Convention.

Il fallait savoir, oui ou non, si l'on voulait une Assemblée.

Dans celle-ci, qui fut si cruellement épurée et mutilée, combien y avait-il d'hommes coupables ? Cinq ou six fripons, pas un traître, à cette époque du moins. Le peu qu'il y avait de coupables n'étaient nullement de ceux qui pouvaient perdre la République. Il eût encore mieux valu les laisser impunis que de terroriser, comme on fit, l'Assemblée jusqu'au suicide.

Ce mutisme, qu'on recommande parfois dans une place assiégée, au moment de l'assaut, n'était nullement de saison, lorsque la France, sauvée par la victoire de Wattignies, avait devant elle six mois pour se reconnaître. Lyon était réduit; les Girondins, ralliés. Restait à reprendre deux points sur l'extrême frontière : Landau et Toulon. Cette situation n'expliquait nullement un tel anéantissement systématique des libertés de la tribune.

Quoique Chabot, Thuriot, Desmoulins, eussent parlé maladroitement et gâté l'impression, toute l'Assemblée suivit Bazire et décréta cette chose décrétée par la Justice elle-même : Que nul de ses membres n'irait au Tribunal sans avoir pu s'expliquer auparavant devant la Convention.

La Raison, à ce moment, entrait dans la salle avec son innocent cortège de petites filles en blanc : — la Raison, l'humanité. Chaumette, qui la conduisait, par la courageuse initiative de justice qu'il avait prise la veille, s'harmonisait entièrement au sentiment de l'Assemblée.

Une fraternité très franche éclata entre la Commune, la Convention et le peuple. Le président fit asseoir la Raison près de lui, lui donna, au nom de l'Assemblée, l'accolade fraternelle ; et tous, unis un moment sous son doux regard, espérèrent de meilleurs jours.

Un pâle soleil d'après-midi (bien rare en brumaire), pénétrant dans la salle obscure, en éclaircissait un peu les ombres. Les dantonistes demandèrent que l'Assemblée tînt sa parole, qu'elle allât à Notre-Dame, que, visitée par la Raison, elle lui rendît sa visite. On se leva d'un même élan.

Le temps était admirable, lumineux, austère et pur, comme sont les beaux jours d'hiver. La Convention se mit en marche, heureuse de cette lueur d'unité qui avait apparu un moment entre tant de divisions. Beaucoup s'associaient de cœur à la fête, croyant de bonne foi y voir la vraie consommation des temps.

Leur pensée est formulée d'une manière ingénieuse dans un mot de Clootz : « Le discordant fédéralisme des sectes s'évanouit dans *l'unité, l'indivisibilité* de la Raison. »

Romme ajoutait : *l'immutabilité.* « Un jour, dit l'évêque Grégoire, il nous proposait, sur certaines données astronomiques, de décréter l'année comme elle serait dans 3,600 ans. — « Tu veux donc, « lui dis-je, que nous décrétions l'Éternité ? — « Sans doute, » dit le stoïcien. »

CHAPITRE IV

LA CONVENTION POUR LE NOUVEAU MOUVEMENT

(1 -21 NOVEMBRE 93)

La Convention donne les églises et presbytères aux pauvres et aux écoles, 15 nov. — Elle supprime l'hérédité du crime. — Hébert, isolé de Chaumette, attaque les Conventionnels. — La Convention effrayée se rapproche de Robespierre. — Chabot et Bazire en prison, 17 nov. — Terreur des représentants en mission. — La monarchie des Comités, 18 nov. — Elle n'osa toucher les petites tyrannies locales. — Mouvement des filles publiques et des dames de la Halle. — La Convention accueille les dépouilles des églises. — Robespierre assure que la Convention ne touchera pas au Catholicisme, 21 novembre.

La grande initiative de la Commune fut suivie sans difficulté de la Convention. Elle décréta, le 16 novembre, sur la *proposition* de Cambon, « qu'en principe, tous les bâtiments qui servaient au culte et au logement de ses ministres devaient servir d'asile aux pauvres et d'établissements pour l'instruction publique. »

L'Assemblée, par ce seul mot, déclarait implicitement le Catholicisme *déchu du culte public*.

La Convention pensa, ce qu'ont si bien démontré M. de Bonald et M. de Maistre, que Royalisme et Catholicisme sont choses identiques, deux formes du même principe : incarnation religieuse, incarnation politique.

Le Christianisme même, démocratique extérieurement et dans sa légende historique, est, en son essence, en son dogme, fatalement monarchique. Le monde perdu *par un seul* est relevé *par un seul*. Et cette restauration continue par le gouvernement d'un seul. Dieu y dit aux rois : « Vous êtes mes Christs. » Bossuet établit admirablement, contre les protestants, contre les républicains catholiques, que, le Christianisme donné, la royauté en ressort, comme sa forme logique et nécessaire dans l'ordre temporel.

La vie du Catholicisme, c'est la mort de la République. La vie de la République, c'est la mort du Catholicisme.

La liberté du Catholicisme, dans un gouvernement républicain, est uniquement et simplement la liberté de conspiration.

Un système, un être, est-il obligé, au nom de la Liberté, à laisser libre ce qui doit nécessairement le tuer? Non, la Nature n'impose à nul être le devoir du suicide.

La Convention ne s'arrêta pas aux Grégoire, à l'inconséquence des absurdes gallicans, qui ne savent pas seulement ce qui est au fond de leur dogme. Ce Clergé assermenté, républicain de position, n'en gardait pas moins, par la force des choses et comme Clergé catholique, les principes les plus ennemis de la Révolution. Leur patriarche Grégoire meurt dans le dogme monarchique du monde sauvé par un seul, dans la foi contre-révolutionnaire de l'hérédité du crime (ou péché originel). Il meurt « enfant soumis du pape, » finit comme a fini Bossuet. C'est l'invariable histoire de cette Église, ridicule et respectable, un grand esprit de résistance, de l'éloquence et des menaces : — tout cela, en conclusion, pour se faire fouetter à Rome.

Du reste, la Convention ne persécuta nullement le Clergé soumis aux Lois. Elle laissa Grégoire siéger tant qu'il voulut, en habit violet. Elle maintint les pensions ecclésiastiques, et nourrit ces gallicans qui travaillèrent la plupart à la destruction de la République.

Ce qui est assez remarquable, c'est que ce décret de Cambon, qui enlevait au Clergé les églises et les presbytères, fut voté sans réclamation, ni des gallicans, ni des robespierristes, leurs patrons ; et l'on put croire qu'il avait pour lui l'unanimité de l'Assemblée.

Ce même jour, 16 novembre, la Convention expia le dernier sacrifice humain. Les enfants de

Calas étaient à la barre ; ils furent accueillis avec effusion ; on décréta une colonne pour la place de Toulouse où Calas subit son martyre. Voltaire, enfin satisfait, repose dans son tombeau.

Le principe terrible du moyen âge (l'hérédité du crime ou péché originel), frappé déjà par la Constituante, fut décidément rayé par la Convention, et d'une manière sublime. Elle adopta, comme Enfants de la France, ceux des suppliciés. Des secours furent donnés aux enfants indigents des Girondins qui venaient de périr. Le président formula ainsi la pensée de l'Assemblée, la foi du monde nouveau : « Les fautes sont personnelles ; le supplice mérité du père n'empêche pas la nation de recueillir les enfants. » (17 ventôse.) Ce président était Saint-Just.

Cette doctrine n'était point du tout la clémence, mais la Justice. La question du moment ne pouvait être d'arrêter la Terreur, lorsque le monde entier l'employait contre la France. Mais on pouvait rendre la Terreur moins aveugle et plus efficace. Là encore, à défaut des hauts Comités gouvernementaux, qui n'essayaient rien, la Commune de Paris avait pris l'initiative. Nous l'avons vue déjà réformer en divers cas les décisions fantasques des Comités de sections qui terrorisaient pour leur compte, au hasard de leurs passions. Le 15 novembre, Chaumette hasarda de poser la chose en principe, revendiqua pour la Commune, qui, depuis le 5 septembre, épurait, recréait ces

Comités, la surveillance et la censure de leurs actes, exigeant du moins qu'ils correspondissent avec elle, travaillassent au grand jour, ne fussent plus une inquisition.

Ce grand mouvement de la Commune, qui ouvrait à la Révolution sa voie religieuse en essayant de la guider dans sa voie politique, fut accueilli, poussé unanimement dans les provinces par les représentants en mission. Ils changèrent partout les églises en temples de la Raison. Partout, ils organisèrent la prédication religieuse et politique du décadi. Seulement, la majorité des masses républicaines entendant par le mot Raison la Raison divine, ou Dieu, la figure féminine que l'on promena s'appela la Liberté. L'attachement des patriotes à cette forme de culte parut en ceci, que les robespierristes mêmes qui l'écrasèrent à Paris furent obligés de la ménager infiniment dans les départements; et, même après que Robespierre eut fait périr Clootz et Chaumette, les sociétés populaires des frontières, nos armées victorieuses, ouvraient encore, même hors de France, des temples de la Raison.

L'obstacle vint non de la France, mais de Paris même, du désaccord de la Commune, de la désertion d'Hébert, qui abandonna Chaumette, et de la violente opposition du Comité de Salut public et de Robespierre *, singulièrement jaloux de l'allure indépendante qu'avait prise la Convention en cette affaire, irrités surtout de la grande décision prise (le 16) sans les consulter, de la majorité inattendue que Cambon avait trouvée sur ce terrain, et qui, si on ne la brisait, se retrouverait sur bien d'autres.

La décision du 16, en un mot, parut au Comité un cas de révolte.

La partie honteuse et faible où Clootz et Chaumette étaient vulnérables était l'alliance d'Hébert. Étrange apôtre! une doctrine qui passait par la gueule du *Père Duchêne*, bonne ou mauvaise, d'avance était tuée. Et non seulement Hébert salissait l'idée nouvelle, mais il la compromettait et la ruinait directement, en frappant la Convention, dont l'alliance faisait seule la force de la Commune.

Hébert paraissait très peu à la Commune, ne s'entendait nullement avec Chaumette, vivait aux Jacobins, à son journal, au spectacle, dans certaines compagnies. Il marchait seul, et dans ses voies. Pendant que Chaumette, assidu à l'Hôtel de Ville, y tentait son suprême effort pour subordonner à la Commune les Comités révolutionnaires, Hébert, pour se les attacher, lançait contre la Convention toutes les fureurs des Jacobins. On pouvait prévoir aisément que l'Assemblée, qui avait essayé quelques pas hardis à la suite de la Commune, effrayée par les hébertistes, se réfugierait sous l'aile de Robespierre, qui étoufferait le mouvement, à la grande satisfaction de tous les amis du passé.

Hébert, sans s'en apercevoir, agit au profit des robespierristes, et le plus souvent sous leur influence. Ils s'en servirent comme d'un épouvantail pour pousser à eux le troupeau.

Les objets habituels des morsures du *Père Duchêne* étaient les faiblesses de Bazire, les *belles solliciteuses*, la corruption de Chabot, les méfaits, vrais ou supposés, de l'ancien Comité de Sûreté, généralement dantoniste. Le nouveau, très robespierriste alors, surveillé, mené, poussé par David (l'homme de Robespierre), guettait cet ancien Comité et voulait le perdre, croyant avec raison que Danton serait mortellement atteint par ce procès dantoniste. Chabot venait de se marier avec la sœur d'un banquier autrichien fort suspect, et d'autre part on savait qu'il tripotait avec des banquiers royalistes, amis des représentants Delaunay et Julien de Toulouse. David, pour être mieux instruit, se fit l'amant de la maîtresse de Delaunay, et quand par elle il eut de quoi perdre Chabot, il le livra préalablement aux attaques du *Père Duchêne*. Chabot eut peur, fit inviter à dîner celui-ci par sa jeune femme. Hébert n'en tint compte, le poussa à mort, mais, comme les chiens trop ardents, il se fit mal à lui-même, et, mordant Chabot, se mordit.

Cette chasse se fit aux Jacobins. Celui qui lança la bête fut un Dufourny, qu'Hébert croyait hébertiste, mais qui ne bougeait pas de l'antichambre des Comités, et dont le zèle excessif lassait Robespierre. Un ami personnel de celui-ci, Renaudin, juré du Tribunal révolutionnaire, poussa, avec Dufourny, sur Bazire, sur Chabot, sur Thuriot.

Le tout, rédigé en une pétition atroce à la Convention, pétition menaçante, méprisante, où on lui prescrivait d'être impitoyable pour elle-même et de se saigner aux quatre membres.

Hébert était si aveugle, qu'il rendit cet acte plus utile encore à Robespierre que les robespierristes ne l'avaient voulu, faisant demander en outre la mort des soixante-treize, qu'avait défendus Robespierre, et poussant la Convention à chercher son salut en lui!

Bazire, Thuriot, s'excusèrent. La Convention supprima la faible et dernière barrière qu'elle avait élevée le 9 entre la vie de ses membres et la guillotine (son droit d'examen préalable sur tout représentant qu'on accuserait). Hébert n'en suivit pas moins contre Thuriot son élan sauvage. Le 13, il le fit chasser des Jacobins, sans lui tenir compte de l'appui qu'il avait donné à la Commune dans l'affaire religieuse, sans voir qu'il rompait l'alliance entre la Commune et la Montagne. A qui profiterait ce divorce? Il était facile de le deviner.

Le 16, Chabot, poussé, pressé, étranglé aux Jacobins, se sauva chez Robespierre, qui, comprenant à merveille le parti qu'il en tirerait, ne le reçut pas trop mal, le conseilla paternement, lui dit qu'il fallait dire ceci, ajourner cela, qu'au total, il n'y avait qu'une chose à faire, c'était d'aller au-devant, de se constituer prisonnier au Comité de Sûreté générale, comme complice d'un complot « où il n'était entré que pour révéler. »

La confession de Chabot, semblable à celle de Scapin, en fit savoir encore plus qu'on n'imaginait. Il fit découvrir lui-même cent mille francs qu'il avait reçus pour corrompre Fabre d'Églantine, mais dont il n'avait pu jusque-là se séparer, et que provisoirement il tenait suspendus dans ses lieux d'aisances.

Le plus étrange, c'est que le pauvre Bazire, étranger à ces vilenies, se mit en prison avec le voleur. Bazire n'était plus à lui. On avait lu le matin à la Convention le procès d'Osselin et de la jeune femme qu'il avait cachée. Chacun regardait Bazire. Lui-même se reconnaissait. Lui aussi, il avait essayé de sauver des femmes, entre autres une princesse polonaise qui n'avait nulle pièce contre elle, et qui n'en périt pas moins. Bazire, se croyant perdu, le fut en effet. Avec l'aveugle vertige du mouton qui par peur se jette à la boucherie, lui-même il alla se livrer.

La Terreur gagnait la Montagne. Chabot, il est vrai, était un fripon. Bazire n'était pas sans reproche. Mais nombre de Montagnards, inattaquables sous les deux rapports, n'en étaient pas moins en péril, ceux surtout qui, dans leurs missions, avaient été obligés par *la loi du salut public* d'agir en dictateurs, en rois, qui avaient fait et dû faire cent choses illégales, qui, sur chaque point de la France, s'étaient préparé des légions d'accusateurs. Maintenant, les faiseurs de discours, les sédentaires, les assis, les *croupions*, qui n'avaient jamais eu occasion de se compromettre avec les affaires, n'allaient-ils pas, à leur aise, recueillir ces accusations, éplucher cruellement la conduite de leurs collègues sacrifiés dans les missions et dire : « Seuls, nous sommes purs ! » Chose facile à qui n'a rien fait.

Mais ceux qui avaient ces craintes étaient, après tout, heureux, trop heureux si, en oubliant leurs services, on oubliait aussi leurs fautes. Les Comités lurent en eux cette pensée et cette peur. Et, le 18, ils présentèrent hardiment la grande loi gouvernementale qui fondait la monarchie des Comités de Salut public et de Sûreté générale, brisant à leur profit, d'une part, le pouvoir de la Commune de Paris, d'autre part, celui des représentants en mission.

Cette loi fut présentée par Billaud-Varennes, qui, le 6 septembre, avait été porté au Comité par la victoire de la Commune. On le croyait hébertiste. Mais quelles que fussent ses sympathies pour le mouvement d'Hébert et Chaumette, elles étaient bien moins fortes que ses haines pour les représentants illustrés par leurs missions. Billaud n'avait pas brillé dans la sienne à l'armée du

Nord ; on plaisantait de son courage. Il satisfit ses rancunes et suivit d'ailleurs l'idéal d'unité gouvernementale, automatique et mécanique, qu'il avait naturellement dans l'esprit.

La loi nouvelle en trois choses était un bienfait : 1° elle créait le *Bulletin des Lois*, en assurait la promulgation, la connaissance universelle ; 2° *elle resserrait les autorités* diverses dans leurs limites naturelles ; 3° *elle supprimait les Administrations départementales*, aristocratie bourgeoise, d'esprit girondin, qui s'était montrée infiniment dangereuse pour la Liberté.

Cette loi voulait la chose que toute la France voulait : créer l'unité d'action, supprimer les petits tyrans.

Les représentants en mission ne correspondent plus avec l'Assemblée, mais avec *son* Comité de Salut public ;

Les Comités de sections, de communes, ne correspondent plus qu'avec *son* Comité de Sûreté générale.

Pour que les deux mots indiqués ne fussent pas un mensonge, il fallait qu'en effet la Convention pût appeler les *siens* les deux Comités.

C'est-à-dire *qu'ils fussent renouvelés*, en tout, ou partie, à époque fixe, et renouvelés *de droit, par la force de la loi*, non par le vote éventuel d'une Assemblée ou terrorisée ou quasi déserte.

C'est ce que la loi se garde bien d'exiger. Et là est son crime. De temps à autre, ces rois (j'appelle ainsi les Comités) viendront dire, ayant derrière eux les Clubs et la guillotine : « Voulez-vous nous renouveler ? »

Comment se fait-il que les membres des deux Comités, qui vraiment étaient patriotes, aient présenté ce piège à la Convention.

Parce que leur vanité leur dit : « Nous sommes les seuls, — les seuls purs, les bons citoyens... La patrie périrait sans nous. »

Qu'ils soient absous pour cette erreur. Nous allons montrer toutefois, d'après les actes authentiques, qu'ils se trompaient absolument. Sans méconnaître l'éminent mérite de ces excellents citoyens qui se chargèrent de régner, il faut dire que l'*originalité spéculative* des hautes et grandes idées qui dominaient la situation sociale et religieuse leur manqua entièrement, — et que, d'autre part, les *deux grands actes pratiques* qui tranchèrent les questions de salut (le Rhin, la Vendée) réussirent précisément parce qu'on ne suivit aucune des idées du Comité de Salut public. Sa singulière indifférence à la question polonaise, en 94, témoigne aussi contre lui.

Le Comité de Sûreté générale (ses registres le montrent assez) ne fit aucune des choses qu'il ôta à la Commune. Il ne centralisa point l'action de la Police révolutionnaire. Il n'osa exercer sur les petits Comités la surveillance qu'il interdisait à Chaumette.

Sa faiblesse et sa négligence alla à ce point

qu'il laissa un des Comités, celui de la Croix-Rouge ou du faubourg Saint-Germain, faire la spéculation lucrative d'avoir une prison à lui, où les gens très riches payaient des pensions énormes. Au fond, ils achetaient la vie : le Comité protégeait ses précieux pensionnaires; cette maison fut entamée la dernière, en Thermidor.

Si ces petits Comités furent ainsi maîtres à Paris, sous les yeux du pouvoir, combien plus partout ailleurs ! Ils eurent à discrétion les fortunes et les personnes.

De sorte qu'en détruisant le fédéralisme départemental, *on conserva tout entier le fédéralisme communal*, et la tyrannie locale, si pesante et si tracassière, que la France en est redevenue monarchique pour soixante années.

La loi d'unité gouvernementale au profit des deux Comités se vota pendant dix jours, du 18 au 29. Personne n'osa dire *non*.

Mais revenons sur nos pas et suivons Paris.

De grands rassemblements de femmes se faisaient à Saint-Eustache, sous la protection des dames de la Halle, maîtresses de cette église et très bonnes royalistes; mais elles ne l'étaient pas plus que les filles contrariées par la Commune, qui frappait d'amende ceux qui les logeaient. Le Palais-Royal s'était fait dévot. Le royaliste Beugnot nous a conservé l'histoire d'Églé et autres, qui se firent guillotiner pour le trône et l'autel. On vit, vers le 15 novembre, une longue file de ces Madeleines, le rosaire en main, s'acheminer vers Saint-Eustache. Le but était d'expier la profanation de Notre-Dame, où, disait-on, on avait eu l'infamie d'exposer *une femme nue sur l'autel.* Cette belle légende fut répandue dans toute l'Europe, imprimée par les émigrés. D'autres disaient que l'évêque républicain de Cambrai avait eu, à son élection, pour concurrent une femme, et que, sans une voix qu'il eut de plus, l'histoire de la papesse Jeanne se renouvelait dans cet évêché. Dans la Vendée, on faisait mieux : on fabriquait des hosties empreintes de figures d'animaux, pour faire croire aux paysans que la République adorait les bêtes.

L'Assemblée et la Commune apprenaient en même temps les scènes terribles qui suivirent le passage de la Loire. Une lettre portait : « Leurs prêtres *leur ont fait jeter des patriotes dans le feu,* etc. »

Quand l'Assemblée reçut, le 20, les ornements, les costumes de Saint-Roch et de Saint-Germain-des-Prés, elle les vit comme elle eût vu un butin pris sur l'ennemi, les dépouilles des Vendéens; elle s'associa sans réserve à la passion populaire. Un mannequin, couvert d'un drap noir, figurait l'enterrement du fanatisme; les canonniers de Paris, en habits sacerdotaux, exécutèrent une ronde pour célébrer son décès. Tous crièrent : « Plus de culte que celui de la Raison, de la Liberté, de la République! » Un cri unanime partit :

« Nous le jurons ! nous le jurons ! » Un enfant sorti du cortège demanda *que l'Assemblée fît faire un petit catéchisme* républicain. Émotion générale. On décrète que tout le détail sera envoyé à tous les départements.

Personne, d'après cette séance, ne douta que le décret obtenu par Cambon, le 16, ne fût mis à exécution, que l'Assemblée ne donnât les églises aux hôpitaux, les presbytères aux écoles, que le culte public du Catholicisme ne fût supprimé.

Il ne fallait plus qu'une chose : qu'on en fît la motion.

L'Assemblée s'était montrée déjà fort audacieuse d'agir sans l'aveu de son pédagogue, le Comité de Salut public. Irait-elle jusqu'au bout ? Ce Comité était très mécontent. Il se sentait fort, ayant un Chabot sous la clef, homme perdu, qui, pour plaire, étendait déjà ses accusations.

Dans ce moment où tant d'hommes tremblaient dans la Convention, la démentir outrageusement, c'était une inconvenance, mais ce n'était pas un péril. Robespierre eut ce courage. Le soir du 21, aux Jacobins, il assura froidement : « *Que la Convention ne voulait point toucher au culte catholique, que jamais elle ne ferait cette démarche téméraire ;* — que d'ailleurs le fanatisme expirait, qu'il était mort, qu'il n'y avait plus de fanatisme que celui des hommes immoraux, *soudoyés par l'étranger* pour donner à notre Révolution le vernis de l'immoralité. »

La question, posée le 16, ou plutôt déjà résolue par le décret de l'Assemblée, était de savoir si le Clergé catholique *conserverait la possession des églises*. Robespierre n'en dit pas un mot. Il s'étendit longuement sur *l'existence de Dieu*.

Cela s'entendait de reste. Et quoique Robespierre assurât qu'il avait toujours été mauvais catholique, les catholiques le tinrent quitte des croyances et virent en lui dès ce jour leur défenseur politique.

« La Convention, dit encore Robespierre, n'est point un *faiseur de livres, un auteur de systèmes métaphysiques*. » Dans un de ses discours qui suivent, il parla avec mépris du *philosophisme*. Ainsi l'élève de Rousseau allait s'enfonçant rapidement dans les voies rétrogrades. Le même jour où il opposait à l'Assemblée le *veto* de sa royauté, il fut pris du mal des rois, qui est la haine de l'Idée.

Caractère indélébile de la nature dans l'homme le plus artificiel! véridiques harmonies du dehors et du dedans!... Qui eût rencontré Robespierre, poudré, costumé dans la tenue de l'ancien régime, l'eût déclaré un ci-devant. Eh bien! cet air ne mentait pas. Après tant d'efforts sincères, de progrès réels, d'élans, de nobles aspirations, tel il fut, tel il retombait, pour la question capitale, et redevenait l'espoir de ceux qu'il avait combattus!

Son discours du 21 novembre, justifiable ou

louable pour tout ignorant qui n'y voit qu'une thèse générale et ne sait pas le sens précis que lui donnait le moment, fut parfaitement compris de l'Europe. Elle sentit dès lors que tôt ou tard la Révolution traiterait. En décembre 93, en juin 94, à la fête de *l'Être suprême,* les rois, aussi bien que les prêtres, espérèrent en Robespierre.

Quoique en ce discours il eût suivi vraiment sa nature et n'eût point du tout dévié, on crut y voir une grande conversion, un miracle et le doigt de Dieu. Et comme il y a au ciel cent fois plus de joie pour un pécheur qui revient que pour un juste, la joie fut intime, profonde, dans la contre-révolution. Robespierre, sans s'en douter, était rentré, dans son discours, dans le monde des honnêtes gens. Il n'y eut pas dès lors une femme bien pensante en Europe qui dans sa prière du soir n'ajoutât quelques mots pour M. de Robespierre.

CHAPITRE V

PAPAUTÉ DE ROBESPIERRE
(22 NOV. — 16 DÉC. 93)

Robespierre terrorise ses ennemis par l'attente d'une épuration. — Résistance de Chaumette. — Robespierre protège contre lui les Comités de sections. — Chaumette ferme les églises. — Danton employé à écraser Chaumette. — Robespierre arrache à l'Assemblée la liberté des cultes. — Hébert renie Chaumette. — Desmoulins employé à écraser Clootz. — Robespierre force les Jacobins de chasser Clootz. — Ils gardent Camille Desmoulins. — Robespierre veut exiger de la Convention un « credo » précis. — Il fait maintenir les prêtres dans la société jacobine.

E discours de Robespierre finissait par un mot qui jeta la terreur dans les esprits. Il demanda et obtint une épuration solennelle de la société, « l'expulsion des agents de l'étranger. »

Peu après, il demanda l'épuration des suppléants

de la Convention, qui eût amené celle des anciens membres de toute l'Assemblée.

Son aigreur était très grande pour la présidence de Clootz aux Jacobins, et sans doute pour celle de Romme à la Convention. Les deux corps avaient porté au fauteuil les fondateurs principaux du culte qu'il proscrivait.

Cependant, aux Jacobins, son autorité était prédominante, pour mieux dire, la seule (dans l'absence de Collot d'Herbois). La société pouvait avoir un moment d'infidélité; au fond, elle était son épouse et elle lui appartenait. On l'avait vu spécialement au 19 octobre, jour de crise où Robespierre, attaqué de deux côtés, comme patron du *modérantisme* à Lyon et des hébertistes en Vendée, atteint en deux sens opposés et par Dubois-Crancé et par Philippeaux, aurait péri dans l'éclat d'une telle inconsistance, s'il n'eût été raffermi sur l'inébranlable base de la fidélité jacobine. La société ne voulut rien voir, ni savoir. Elle fut volontairement sourde, aveugle, et garda son dieu.

Elle avait fort changé, mais au profit de Robespierre. Dépouillée de ses grands hommes, recrutée de gens peu connus, elle avait sa force et sa gloire uniquement dans son grand Maximilien. Elle dépendait de lui bien autrement qu'à l'époque où d'autres influences contre-balançaient la sienne. On était très sûr d'avance que l'épuration jacobine serait l'épuration de Robespierre, et de lui seul;

que sa voix, dans un sens ou l'autre, déciderait, trancherait tout, qu'il ferait rayer qui il lui plairait. Condition vraiment effrayante pour tous ceux qui, comme Danton, Desmoulins, étaient jacobins amateurs, sans assiduité et sans influence. Ce n'était pas petite chose d'être rayé des Jacobins. La redoutable société, en gardant les formes d'un Club, était en réalité un grand jury d'accusation. Sa liste était le livre de mort ou de vie. Le sort de Brissot le disait assez. Celui de Bazire parlait plus éloquemment encore. Rayé le 10; le 19, prisonnier. La radiation était le premier degré de la guillotine, une marche de l'échafaud. La route était frayée par Bazire; Danton, Fabre, Desmoulins, allaient suivre, s'ils n'obtenaient quelque répit, en rejetant le péril sur d'autres, en frappant les ennemis de Robespierre. Celui-ci en profita. Par Danton, il tua Chaumette; et par Desmoulins, Anacharsis Clootz.

La menace de Robespierre tombait d'aplomb et en premier lieu sur Clootz et Chaumette. Ils ne branlèrent pas. L'orateur du Genre humain, l'orateur de Paris, se montrèrent très fermes. Comme Galilée à ses juges, ils répondirent : « Elle se meut... »

Autrement dit : « La situation est la même. Les paroles ne changent pas les réalités. »

Trois réalités crevaient les yeux :
1º Dans l'extrême affaiblissement des croyances

religieuses, *les églises étaient purement le foyer du royalisme;*

2° Dans les misères excessives de la France, spécialement de Paris avec ses cent mille indigents, le décret rendu le 16 par la Convention était l'expression même de la nécessité : *que l'église abrite le pauvre;*

3° Enfin, dans l'anxiété universelle où se trouvaient les esprits, la société tout entière ne respirant plus, n'ayant ni pouls ni haleine, *il fallait qu'une autorité puissante, au moins par la publicité, surveillât l'inquisition locale* des Comités révolutionnaires, inquisition tantôt haineuse, tantôt inintelligente, qui ne savait rien qu'encombrer les prisons d'hommes enlevés au hasard. Il ne s'agissait pas de supprimer la Terreur, mais de la rendre efficace en dirigeant mieux ses coups.

Ces Comités rendaient d'incontestables services en levant les *réquisitions*, les *taxes* révolutionnaires. Cambon demandait seulement qu'ils en rendissent compte. Chaumette demandait seulement qu'à Paris du moins ils motivassent les arrestations.

Robespierre couvrit ces Comités de sa protection, sous l'un et l'autre rapport. Ils furent censés rendre compte au Comité de Sûreté générale, compte secret, illusoire; on n'osa jamais l'exiger.

Qu'arriverait-il pourtant, si l'on laissait subsister ce fédéralisme effroyable de quarante mille Comités qui ne répondaient de rien? Que la

France, désespérée de la tyrannie locale, se réfugierait bientôt dans la tyrannie centrale, je veux dire, sous la dictature de ce *dieu sauveur* que prédisait en août un prophète jacobin.

L'association jacobine qui remplissait ces Comités, l'association ecclésiastique, parties de deux points opposés, allaient se trouver face à face, réunies au même point : la dictature de Robespierre.

Le 23, Chaumette agit intrépidement. Il obtint de la Commune : 1° l'organisation immédiate des secours, logement, nourriture, vêtement des pauvres, par taxes levées sur les riches; 2° la répression des mouvements qui se faisaient dans Paris, la fermeture des églises, les prêtres déclarés responsable des troubles, *exclus de toute fonction*. On profita d'une absence de Chaumette pour ajouter : *de tout ouvrage*, disposition inhumaine, qu'il fit effacer.

Il montra la même fermeté pour les Comités révolutionnaires, leur reprochant d'oublier que la Commune était leur auteur, leur centre et leur unité, disant qu'ils sectionnaient, fédéralisaient Paris en je ne sais combien de communes. « Ils suivent leurs haines personnelles, dit-il; ils s'attaquent aux patriotes autant qu'aux aristocrates... Apprenons-leur que tous les hommes, y compris nos ennemis, appartiennent à la patrie, et non pas à l'arbitraire, et quand nous porterions nous-mêmes la tête sur l'échafaud, nous aurions fait un grand acte de Justice et d'humanité. »

Il ajoutait ces mots très forts qui tendaient à liguer la Commune et la Montagne : « Rallions-nous à la Convention... Qu'ils sachent, nos ennemis, qu'il nous reste encore une cloche, et que, s'il le faut, elle sera sonnée par le peuple. »

Ce fut de la Montagne même, à laquelle Chaumette faisait appel, que Robespierre tira de quoi l'écraser. Danton, inquiet de l'épreuve qu'il allait subir aux Jacobins (et qui fut terrible en effet), s'assura par ce service l'assistance de Robespierre. La Convention, étonnée, vit, le 26 novembre, un nouveau Danton, robespierrisé, qui parlait de l'*Être suprême* (mot tout nouveau dans sa bouche), *des mascarades religieuses* que l'Assemblée ne devait plus souffrir. Au milieu, toutefois, de ce discours, sa nature perçant les mensonges, il ouvrit son cœur, parla de *clemence*, d'Henri IV, et qu'un jour le peuple n'aurait plus besoin de rigueur. Là même, il nuisit encore. Cette échappée irréfléchie d'une *clémence* impossible dépassait tout à coup la mesure de la situation, qui excluait la clémence, demandait *la Justice, une Justice surveillée*, sérieuse, efficace, celle que la Commune voulait exiger des Comités révolutionnaires.

Ce discours, sautant d'un extrême à l'autre, passant par-dessus la raison, pouvait se traduire ainsi : Restons aujourd'hui dans le terrorisme absurde, vague, inefficace, où nous sommes ; nous serons cléments demain.

Coup terrible pour Chaumette. Il fit, le 20, un discours sur la tolérance, la limitant toutefois à permettre aux croyants de *louer des maisons et de payer leurs ministres* (ce qui réservait tout entier le décret du 16 : l'église aux pauvres) ; faisant, de plus, garantir par la Commune *qu'elle ferait respecter la volonté des sections qui avaient renoncé au culte catholique*. Il fut arrêté que, le 4 décembre, *au soir*, les Comités révolutionnaires paraîtraient à la Commune.

Le 4 décembre, *au matin*, dans la Convention, Billaud-Varennes, avec l'aisance et la facilité royale d'un homme qui tient la machine à décrets, *s'égaya sur la sensibilité de Chaumette*, et obtint qu'aucune autorité ne convoquât les Comités révolutionnaires, sous peine de dix ans de fers.

La Commune fut écrasée, mais les Comités de gouvernement n'eurent pas la victoire entière. Le 6, Merlin de Thionville, Thuriot, Dubois-Crancé, saisirent une occasion pour faire ressortir avec force l'impuissance absolue où était le Comité de Sûreté générale de réformer les erreurs des quarante mille Comités de France. Le Comité résista. Mais il fut abandonné par le Comité de Salut public. Sa puissance, en réalité, se trouva réduite à peu près à l'enceinte de Paris. Il fut accordé que, dans les départements, les Comités révolutionnaires motiveraient les arrestations non prévues par *la loi des suspects*, et que les représentants qui seraient sur les lieux jugeraient, dans les vingt-quatre heures, de la validité de l'arrestation.

Au prix de cette concession apparente (elle n'eut nulle application), Robespierre obtint de l'Assemblée la liberté des cultes.

Le Catholicisme, gêné, violenté localement, accidentellement, n'en eut pas moins dès lors la Loi pour lui. Il n'osa rouvrir ses églises. Mais qu'importe? Ayant la Loi de son côté, et n'ayant contre lui que les violences fortuites du peuple des villes, il attendit patiemment. Il était à l'état solide (je veux dire, comme squelette), et la Révolution, comme nouveau-née et vivante, était à l'état fluide, mobile et bien plus attaquable. L'autre, en dessous, avait les femmes, et les politiques en dessus, qui aiment tous la religion de l'obéissance.

Robespierre, préalablement, ne voyait rien de tout cela. Il suivait son instinct gouvernemental; il croyait se rallier le grand peuple qui marchait derrière Grégoire : le *catholique républicain*, le *dévot de l'autorité dans la Liberté* (le non-sens le plus complet qu'on ait pu trouver encore).

Comment se fit cet étrange traité du 6 décembre, où la Convention, pour une modification douteuse dans l'arbitraire des Comités, subit cet énorme et monstrueux démenti à tout ce qu'elle avait fait?

1° Parce qu'elle était légère, indifférente à ces profondes questions;

2° Parce que Cambon, se voyant seul, lâcha pied ;

3° Parce que Danton était mort.

Il était mort aux Jacobins, soutenu, protégé, avili par Robespierre. Il avait reparu le 3, l'indigne, l'infortuné Danton, justiciable d'une société toute changée, abaissée, où personne n'avait plus le sens ni le respect du passé. Devant ces juges imposants, Danton parla, dit-on, avec une éloquence, une véhémence extraordinaire ; mais personne n'écouta, et personne n'a écrit. Ce qui est sûr, c'est qu'il fut obligé de faire appel à la sensibilité, à l'amitié, tranchons le mot, à la pitié. Il avait déjà dix pieds dans la terre. Robespierre lui tendit la main : il y eut dix pieds de plus.

Le jour où la liberté catholique était décrétée à la Convention, Hébert comprit que Chaumette était fini, et, le 7, il le fit renier aux Cordeliers, proclamant qu'il était étranger aux tentatives de Chaumette contre les Comités révolutionnaires. Le 11, il fit lui-même en personne aux Jacobins la palinodie la plus éclatante, assurant qu'il avait toujours conseillé la lecture de l'Évangile « aux habitants des campagnes, » qu'après tout, « c'était un bon livre, et qu'il suffisait d'en suivre les maximes pour être un parfait Jacobin. »

Chaumette, trahi par Hébert, justement puni d'avoir subi une telle amitié, courut aux Cordeliers, s'excusa, dit que « s'il avait désiré que les

Comités donnassent leurs motifs aux gens arrêtés, c'était uniquement pour empêcher les vengeances personnelles ; qu'au reste, il n'avait rien fait que *de concert avec Anacharsis Clootz.* » Il se raccrochait à l'apôtre, au prophète des Cordeliers, à l'homme que les Jacobins avaient fait leur président. Et il n'y avait plus ni apôtre, ni prophète, ni président. Ce même soir du 12 décembre, pendant que Chaumette attestait le nom de Clootz aux Cordeliers, Clootz périssait aux Jacobins, conspué, avili, détruit par une furieuse attaque de Robespierre, qui le chassa de la société.

Pour expliquer cette versatilité prodigieuse des Jacobins, il faut savoir que Clootz, miné par le reniement d'Hébert, par la chute de Chaumette, avait été, le 11, percé, transpercé d'un pamphlet de Desmoulins. Portant en lui l'aiguillon de la guêpe envenimée, il arriva, le 12 au soir, faible, chancelant, vacillant, et trouva tous les Jacobins armés du pamphlet terrible ; ces choses, les plus aiguës qui soient dans la langue française, peuvent s'appeler d'un nom précis : l'assassinat par la Presse. Robespierre trouva son homme mûr pour la mort, suffisamment attendri, mortifié ; avec infiniment de grâce et de facilité, il enfonça le couteau.

Il savait que Clootz était tué d'avance ; Camille lui avait lu son œuvre. Ce grand artiste, très faible, incarnation misérable de la faiblesse du temps, était dans un accès de peur. Et c'est ce qui lui donnait une force incroyable : la peur de tous était en lui. La violente, l'ignoble séance où Danton faillit périr, mordu des plus vils animaux, avait ébranlé le cerveau du pauvre Camille. Il n'avait de religion que Danton en ce monde ; Danton de moins, il périssait. Il se jeta à corps perdu du côté de Robespierre, qui avait défendu Danton, l'embrassa comme un autel : « O mon cher Robespierre ! ô mon vieux camarade de collège ! etc., etc. » Camille, et Danton peut-être, se figuraient follement, comme on croit ce qu'on désire, qu'ils feraient entrer Robespierre dans leur complot de clémence. La douceur de Couthon à Lyon et quelques autres indices en donnaient un faible espoir. Sur cet espoir incertain, ils lui donnèrent sur-le-champ un gage réel et solide : l'abandon complet de la question religieuse et la mort de Clootz.

Souvenons-nous que Camille, le premier écrivain du temps, était un peu bègue, partant, très timide, incapable de plaider sa cause devant cette illustrissime assemblée des Jacobins. Il fallait que quelqu'un parlât pour lui ; il espérait, s'il frappait Clootz, que ce quelqu'un secourable serait Robespierre. Il écrivit, imprima : « que le prussien Clootz était cousin de l'Autrichien Proly, » fils du prince de Kaunitz, « que Clootz et Chaumette étaient *deux pensionnaires de la Prusse*, » etc., etc.

Ce pamphlet était d'autant plus cruel, que, la

veille de la publication, on avait guillotiné les Vandenyver, amis et banquiers de Clootz.

La besogne de Robespierre était bien simplifiée. Il fondit comme l'épervier sur un oiseau lié d'avance, mordit la proie par l'endroit tendre, celui qui irritait l'envie, appelant Clootz un baron prussien de cent mille livres de rente (en réalité, il en avait douze, placées en biens nationaux). Du reste, il suivit Desmoulins, se moqua du *Citoyen du Monde*, de la *République universelle*. Parmi ces basses risées, brillait un morceau pleureur dans le genre du crocodile : « Hélas ! malheureux patriotes ! Nous ne pouvons plus rien faire, notre mission est finie... Nos ennemis, élevés au-dessus de la Montagne, nous prennent par derrière... Veillons ! la mort de la patrie n'est pas éloignée ! »

Ce mouvement calculé, cette voix, visiblement fausse, détonnait horriblement. La société restait morne, inerte comme une pierre. Mais le pauvre Clootz, en véritable Allemand, au lieu de se défendre, était en contemplation de cet étrange événement, en admiration de cet homme : « Il parlait comme Mahomet, dit Clootz (dans la brochure qu'il publia)... Moi, je me disais, pendant qu'il débitait son roman, ce que le juif Orobio, prisonnier de l'Inquisition, disait dans les cachots de Valladolid : « Est-ce bien *toi*, Orobio ? — Mais
« non, je ne suis point *moi*... »

Puis, sans aigreur ni rancune, s'adressant à sa

patrie d'adoption, à cette pauvre France malade de cet étrange besoin de se faire et refaire des dieux, il lui dit ce mot de génie, dont elle a si peu profité : « France ! guéris des individus ! »

Les Jacobins montrèrent qu'ils étaient une société bien disciplinée. Croyant ou ne croyant pas le roman de Robespierre, ils suivirent leur chef de file, et, sans mot dire, rayèrent Clootz.

Camille avait fait pour Clootz ce qu'il avait fait pour les Girondins. L'enfant terrible leur avait tordu le cou, sauf à les pleurer ensuite. Tout le monde l'avait vu, la nuit du 30 octobre, pleurant, s'arrachant les cheveux. Et voilà pourquoi il avait tant besoin, le 13 décembre, de l'appui de Robespierre.

Il y croyait. Il se trompait. Robespierre le laissa froidement barbouiller dans son embarras, patauger dans son bégayement. Enfin, comme les femmes qui trouvent de la force dans leurs larmes et leur faiblesse, voilà tout à coup le bègue qui parle rapidement. Un mot qui jaillit du cœur : « Oui, je me suis souvent trompé !... Sept des vingt-deux furent mes amis. Hélas ! soixante amis vinrent à mon mariage ; tous sont morts ou émigrés !... Il ne m'en reste que deux, Robespierre et Danton. » Un silence général se fit, un silence ému, plein de larmes. Chacun étouffait.

Il avait vaincu. Robespierre vint alors à son secours ; il rappela, avec une inconvenance cruelle pour cet homme gracié : « Qu'il avait été l'ami des Lameth, des Mirabeau, des Dillon, mais qu'enfin, s'il se faisait des idoles, il était prompt à les briser. »

Clootz fut chassé, Camille admis. Ce qui revenait au même. Tous deux allaient à la mort.

Un pouvoir terrible avait apparu dans ces deux séances, terrible surtout par le vague et l'indécision. On n'avait rien objecté de sérieux à Clootz, *sauf une hérésie :* « Clootz a toujours été *en deçà ou au delà* de la révolution. » Et ailleurs : « Rien ne ressemble plus au fédéraliste que le prédicateur *intempestif* de l'indivisibilité. » On pouvait donc errer de deux manières : être hérétique par le degré ou seulement par le temps, par le défaut d'à-propos. Qui pouvait répondre de trouver justement la ligne précise où il fallait se tenir pour marcher droit dans la voie du salut révolutionnaire ? La Révolution étant devenue cette chose fine et déliée, la règle étant si délicate, si difficile à déterminer, une casuistique nouvelle commençait, un arbitraire infini sur les cas particuliers. Robespierre n'était pas bien sûr d'être pur. Et comment savoir, dès lors, qui devait vivre, qui devait mourir ?

Ces choses étaient de nature à faire songer profondément la Convention. Elles lui prêtèrent le courage de rejeter violemment l'opération analogue que lui proposait Robespierre.

On se rappelle qu'Israël, voulant massacrer les Éphraïmites au passage du Jourdain, leur fit prononcer *schibboleth*, et quiconque prononçait mal était mis à mort. C'est une opération dans ce genre que Robespierre, le 15 décembre, demandait qu'on fît subir à la Convention, aux suppléants pour commencer. Les historiens robespierristes assurent (et je les en crois) que tous les membres auraient subi cette épreuve. Il s'agissait de faire dire à chacun sa profession de foi *sur tous les événements* de la Révolution. Des dissentiments innombrables auraient éclaté, le fractionnement réel de la Convention eût été visible et sa faiblesse palpable ; toute coalition pour la République et le Droit de l'Assemblée serait devenue impossible.

Romme, irréprochable lui-même et qui eût pu parler haut, sentit le coup et s'empara de la *proposition* en la resserrant, bornant tout à ces questions : « Que pensez-vous du 6 Octobre ? du 20 Juin ? du jugement de Capet ? de Marat ? » La Convention adopta ; puis, sur la demande de Thibaudeau, rétracta l'adoption, déclina toute profession de foi : ce qui signifiait qu'en cas de coalition contre la dictature, la Montagne appellerait à elle les nuances les plus opposées, ce qui eut lieu en Thermidor.

La carrière de l'épuration où se lançait Robespierre devait le conduire très loin.

Le 10, Anacharsis Clootz est indigne d'être jacobin. Le 12, Camille Desmoulins en est trouvé digne à grand'peine. Le 16, on en exclut les nobles, des nobles comme Antonelle, chef du jury contre la Reine et contre les Girondins. Mais on n'exclut point les prêtres.

Robespierre, qui, deux jours avant, dans une Adresse à l'Europe « contre le philosophisme, » excusait la Révolution : « *Nous ne sommes pas des impies*, etc., etc., » il ne le dit pas seulement ; le 16, il le prouve, *en empêchant que les prêtres soient rayés de la société.*

Et pourtant, combien les nobles généralement formaient moins un corps ! combien ils étaient moins serrés, moins habiles à combiner, à calculer d'ensemble leurs efforts et leurs intrigues !

Les prêtres, ce corps redoutable, gardien fatal, immuable, de toute la tradition contre-révolutionnaire, pour un serment (dont ils sont, par leurs règles, déliés d'avance), les voilà bons républicains, jugés et acceptés tels.

Acceptés au saint des saints. La société épuratrice qui, dans la Révolution, est comme le Jugement dernier, envoyant les uns au pouvoir, les autres à la mort ! elle se mêle avec les prêtres. Étrange accouplement des plus hostiles esprits !

Quelle est cette haute puissance qui change la nature des choses, décide que le blanc est noir, que le prêtre est républicain !

Sévérité infinie dans le triage des amis ! Et, d'autre part, facilité, indulgence pour l'ennemi !

N'est-ce pas là l'arbitraire complet et le vague du vieux système de la Grâce, du dogme contre lequel précisément s'était faite la Révolution?

Chaumette avait dit, le lendemain du grand discours où Robespierre releva l'espérance des prêtres : « Si vous n'y prenez garde, ils vont faire des miracles. »

Ils les gardèrent pour la Vendée*. A Paris, on en fit pour eux. Le Comité de Salut public fit cette chose miraculeuse de rétablir la *censure* en pleine Révolution, d'interdire, sur les théâtres, non seulement l'imitation des cérémonies catholiques, mais les costumes sacerdotaux. Une foule de pièces toutes faites, dans l'attente que donnait le 16 novembre, furent défendues et ne purent paraître. La *censure* s'étendit aux journaux, et l'évêque de Blois obtint qu'on supprimât une feuille intitulée : *La Confession*.

Dès ce jour, les communautés se rassurèrent. Il en existait toujours de femmes au faubourg Saint-Jacques. Elles ne furent saisies que le 5 thermidor, en haine de Robespierre.

La confiance du Clergé pour son patron allait si loin, qu'en janvier, la messe, les vêpres, chantées à l'*institution de Jésus*, s'entendaient non seulement dans la rue, mais au loin, des prisonniers même de Port-Libre, qui, dans leur prison de la rue Saint-Jacques, suivaient commodément l'office chanté à si grande distance. (*Mémoire sur les prisons,* 23 *nivôse,* t. II, p. 32.)

Il en était de même dans la rue Saint-André-des-Arts, où tout le monde entendait l'office en passant, et cela, près du pont Neuf, c'est-à-dire au centre de Paris.

LIVRE XV

CHAPITRE PREMIER

DU RENOUVELLEMENT DE LA ROYAUTÉ
VICTOIRES :
LANDAU, TOULON, LE MANS

On demande que le Comité se renouvelle par mois. — Il eût dû l'être, mais lentement. — Cette amovibilité eût trop affaibli le gouvernement. — Trinité dictatoriale. — Missions des robespierristes. — Robespierre jeune à Toulon. — Saint-Just à Strasbourg. — Hoche et Pichegru. — Lutte de Baudot et Lacoste contre Saint-Just. — Kléber, Marceau ; fin de la Vendée. — Nantes et Lyon. — « Le Vieux Cordelier. » — Un robespierriste propose l'amnistie. — Desmoulins demande un Comité de Clémence.

Une fatalité fort dure pesait sur la France. L'impuissance d'association, l'esprit d'isolement, créé et fortifié par la longue servitude, la force des habitudes monarchiques, tout ramenait la royauté. Nul homme, en réalité, ne méditait la tyrannie. Elle se refaisait, pourtant. La nation, par son état moral, conspirait contre elle-même. Toujours mineure, nullement préparée à sa majorité, sa lassitude la menait déjà à l'abdication, la mettait sur la triste pente d'un retour involontaire au gouvernement d'un seul.

La guerre et l'extrême péril où nous fûmes avant Wattignies exigeaient la dictature. Depuis, la France était toujours entamée aux extrémités, mais non menacée au centre ; il y avait lieu d'examiner si la dictature, utile encore, ne serait pas modifiée par un renouvellement partiel du Comité de Salut public.

C'est ce que Bourdon de l'Oise et Merlin de Thionville demandèrent, le 12 décembre.

Merlin eut le tort de proposer le renouvellement *par mois*, ce qui eût trop affaibli le gouvernement.

Il ne s'agissait pas d'écarter du Comité ceux qui en faisaient la force et la gloire, les chefs d'opinion, les grands hommes de tribune, pas davantage les travailleurs héroïques, qui, par d'incroyables labeurs, recréaient à ce moment toutes les Administrations. Quelque modification minime que reçût le Comité, elle était indispensable pour témoigner de la République, pour avertir ce Comité souverain de sa légitime dépendance à l'égard de l'Assemblée, son auteur et créateur, l'unique source de son Droit. La Convention avait fait, pour la crise, un roi collectif, à condition, bien entendu, que l'amovibilité le distinguerait suffisamment de la royauté ancienne.

C'était l'avis des plus sages, et dans le Comité même. C'était le conseil de Lindet, qui pria plusieurs membres influents de la Convention d'obtenir le renouvellement partiel. Malheureusement Merlin rendit lui-même la chose peu admissible, en l'exagérant, en demandant qu'*un tiers du Comité sortît chaque mois*.

Il fallait un renouvellement moins rapide, mais enfin il en fallait un. Dans le besoin pressant d'unité qu'on éprouvait, si l'Assemblée ne s'harmonisait le Comité par des changements graduels et légaux, il allait arriver certainement que le Comité, en désaccord avec elle, tenterait de la mettre à son point, épurant, taillant, rognant, jusqu'à ce qu'elle le brisât, ce qui se fit en Thermidor, mais ce qui ne put s'accomplir qu'en tuant aussi la République.

Était-ce à dire que le Comité contenait et absorbait d'une manière si complète tout ce qu'il y avait de vie et de génie à la Convention, qu'il fût impossible d'en remplacer un seul membre ? Nullement. Plusieurs membres du Comité étaient des hommes secondaires ; un ou deux, très dangereux (je parle surtout de Barère). Ils auraient été, sans nul doute, très glorieusement remplacés par tels des Montagnards illustres qui ont écrit leurs noms aux Alpes, aux Pyrénées et au Rhin ;

par de grands citoyens, des hommes de principes, tels que Romme ; par Cambon, dont l'Assemblée venait d'accepter le Grand-Livre. L'exclusion d'un homme si considérable resta une cause de faiblesse pour le Comité de Salut public.

L'utilité du renouvellement était si palpable, que le Comité n'osait rien objecter contre. Un légiste vint à son aide ; Cambacérès, qui avait beaucoup à expier à l'égard de Robespierre depuis le 3 juin, parla pour le Comité. « Le renouvellement *obligé*, dit-il, limiterait le pouvoir de l'Assemblée ; *laissons-le libre*. A chaque membre d'exercer *librement* son Droit. »

On remit le vote au lendemain ; et, le lendemain, un violent robespierriste, Jay-Sainte-Foy, dit insolemment : « J'entends demander l'appel nominal... Oui, on devrait le demander *pour connaître ceux qui votent une mesure si favorable à l'ennemi.* » Suivait un éloge hautain du Comité de Salut public ; lui seul, il avait tout fait. L'Assemblée céda et le renouvela sans changement, sans condition.

Personne n'y perdit plus que le Comité lui-même. Il tombait irrémédiablement sous la royauté de Robespierre.

Toute puissante aux Jacobins, pesante sur la Convention, elle était écrasante au Comité de Salut public.

Elle s'était manifestée deux fois au dehors, à nu et sans ménagement :

Le 21 novembre, par le démenti qu'il donna à la Convention, sans égard au décret du 16 ;

Le 12 décembre, par la pression qu'il exerça sur les Jacobins, exigeant d'eux cet acte humiliant de versatilité, de chasser celui qu'ils venaient de nommer leur président.

L'autorité, c'était la Convention ; le pouvoir, c'était les Jacobins.

Convention et Jacobins, autorité et pouvoir, tout avait plié. Un homme était plus autorisé que l'autorité, plus puissant que le pouvoir.

On se fait des idées absolument fausses de l'intérieur du Comité de Salut public. On se figure que les grandes mesures y étaient délibérées. Rien n'est moins exact.

Ses registres ne relatent rien des choses les plus décisives ; leurs lacunes sont éloquentes. Elles suffiraient pour montrer, quand même on ne le saurait d'ailleurs, que les grandes affaires révolutionnaires n'étaient pas traitées en commun.

Robespierre, un en trois personnes, c'était le gouvernement.

La trinité dictatoriale, Robespierre, Couthon, Saint-Just, se suffisait à elle-même. C'était assez de trois signatures pour qu'un arrêté, un décret proposé fût estimé l'œuvre du Comité réuni. Il apprenait souvent par les journaux, non sans étonnement, qu'il avait voulu ceci, décidé cela.

Cette trinité pourtant s'appuyait ordinairement

de la fixité de Billaud-Varennes, de la flexibilité de Barère, du furieux génie mimique de Collot d'Herbois.

Billaud, Collot, les deux terroristes, entrés le 6 septembre, étaient là pour surveiller Robespierre, pour le perdre, si par la clémence il allait à la tyrannie.

La trinité gouvernementale, planant sur le tout, marchait par deux choses, nullement amies, mais qui la servaient à merveille :

Par Billaud, figure immuable de la Terreur hors des intérêts de parti, elle disait : Je suis le gouvernement révolutionnaire ;

Par Lindet, Carnot, Prieur, Jean-Bon Saint-André, elle disait : Je suis l'ordre, la prévoyance et la victoire.

Ces grands et admirables travailleurs avaient rendu à la France le service capital de détrôner le chaos*. On avait démembré pour Carnot, Prieur et Lindet, le royaume hébertiste du ministre de la Guerre. Ils le suppléèrent, réparèrent ses fautes ; mais malheureusement ne le brisèrent pas. Ils se créèrent des bureaux à côté, s'enfermèrent et firent la besogne. Il y eut un chef de la Guerre, un chef des Administrations militaires (subsistances, transports, habillement, etc.) ; du reste, étrangers aux affaires, n'inquiétant en rien la haute trinité dictatoriale. Leur travail de seize heures par jour les rendait pour elle des collègues infiniment commodes. Ils signaient, le plus souvent sans lire, ce qu'elle leur envoyait, la soutenant de leurs noms honorables et de leur probité connue, de leur concert apparent, en même temps que le succès de leurs travaux la comblait de gloire.

Tout travaillait à favoriser cette dictature des trois. La violence du terrorisme poussée par Billaud, Collot, la protection que le Comité de Sûreté donnait aux petits tyrans de localité, jetaient les populations dans le désespoir, et les faisaient d'autant plus regarder en haut vers cette trinité secourable.

Qui recrutait, alimentait les quatorze armées de la France? Les *réquisitions* (en hommes, chevaux, grain, argent, draps, souliers, etc., etc.). Point de *réquisitions* sans *terreur*, point de *terreur* sans *tyrannie*. Serait-elle locale, ou centrale? La première, intolérable, faisait désirer la seconde.

La France vaincue, suspecte, royaliste ou girondine, contre la *terreur* locale qui la poursuivait partout, appelait un bon tyran.

La France victorieuse, républicaine et montagnarde, subissait déjà l'ascendant du censeur universel, du redouté tuteur politique.

Le tout, résumé par ce mot jacobin, déjà cité :
« Espérons un dieu sauveur. »

Ce dieu descendait par moments, intervenait en effet d'une manière souvent sage, utile, d'autant plus mortelle à la Liberté. Les *missi* de Robespierre apparaissaient comme ceux d'une puissance supérieure, et dans une position dominante par rapport à ceux de la Convention. Couthon, Saint-Just, Robespierre jeune, d'autres agents, même inférieurs, habituaient les populations à placer l'espoir du salut, non plus en elles-mêmes, en la France ou l'Assemblée nationale, mais dans un individu.

On a vu l'étrange opération, grandiose et populaire, par laquelle Couthon entraîna, solda magnifiquement un monde de paysans d'Auvergne pour la ruine de Lyon ; puis, la foudre suspendue sur la malheureuse ville, tout à coup il fit grâce, arrêta les vengeances, et ne quitta Lyon qu'après l'avoir convaincue qu'elle était sauvée si elle n'eût eu rien à craindre que Couthon et Robespierre.

Loin de répondre au *mémoire* du vainqueur de Lyon, de Dubois-Crancé, Couthon, rentré aux Jacobins, lui parla non en collègue, mais en juge, l'interrogea, faisant pleinement sentir la distance qu'il y avait entre un membre du Comité de Salut public et un simple représentant du peuple. Un homme de Robespierre, Jullien de la Drôme, étouffa brusquement la chose. On fit taire Dubois-Crancé.

Robespierre jeune, qui n'avait nullement l'importance de Couthon, se trouva avoir, qu'il le voulût ou non, une importance princière, quasi dynastique, dans sa mission de Toulon. De même que Couthon avait recueilli le succès tout fait de

Lyon, ce jeune homme arriva à point pour partager l'honneur de l'affaire si populaire du Midi. Une artillerie immense ayant été amenée de Lyon et des Alpes, concentrée autour de Toulon avec des forces considérables, les assiégés anglais, espagnols, n'ayant pu rien faire pour prendre pied dans le pays, le succès était certain. Il était fort avancé par les efforts de Fréron et de Barras. Robespierre voulait les faire rappeler pour que son frère commandât seul. Ils furent avertis à temps (27 octobre).

Une députation formidable de quatre cents sociétés populaires du Midi déclara vouloir garder Barras et Fréron, qui seuls étaient à la hauteur, non suspects de *modérantisme*. Robespierre jeune n'y alla donc que comme adjoint aux deux autres. Ils n'en furent pas moins effacés. Il eut une espèce de cour; un foyer d'intrigues et d'ambition se forma autour de lui. Un jeune officier d'artillerie, le corse Buonaparte, esprit prodigieusement inquiet, s'était donné à Barras, à Fréron (*c'est-à-dire aux dantonistes*). Robespierre jeune arrivé, il devint robespierriste, et fit passer un *plan* au Comité de Salut public contre celui de son général Dugommier. Voyant pourtant le vent souffler à gauche, le prévoyant jeune homme crut qu'il ne lui suffisait pas du patronage des deux Robespierre. Le soir du même jour où il entra à Toulon, il écrivit une lettre infiniment violente et signée du nom de *Brutus*.

Barras et Fréron, sans s'inquiéter de la politique des deux Robespierre et de leurs vues de clémence intéressée, exécutèrent la Loi à la lettre, et fusillèrent tout d'abord huit cents hommes pris les armes à la main.

La chose fut plus claire encore à Strasbourg. Saint-Just apparut non comme un représentant, mais comme un roi, comme un dieu. Armé de *pouvoirs immenses sur deux armées, cinq départements*, il se trouva plus grand encore par sa haute et fière nature. Dans ses écrits, ses paroles, dans ses moindres actes, en tout éclatait le héros, le grand homme d'avenir, mais nullement de la grandeur qui convient aux républiques. L'idée d'un glorieux tyran, telle que Montesquieu l'a donnée de Sylla dans son fameux *Dialogue*, semblait toute réalisée en cet étonnant jeune homme, sans qu'on démêlât bien encore ce qui était du fanatisme, de la tyrannie de principes et de celle du caractère. Un homme tellement au-dessus des autres n'eût pas été souffert *deux jours dans les cités antiques. Athènes l'eût couronné, et l'eût chassé de ses murs.*

Remarquons en passant que le modèle original du style officiel, employé plus tard avec tant d'éclat par d'habiles imitateurs, n'est autre que celui de Saint-Just.

Ce jeune homme si violent se montra en même temps d'une habileté consommée. Il atteignit précisément l'idéal de la Terreur, en obtenant tous les effets sans avoir besoin de verser le sang.

Cela tint au profond et subit saisissement dont il frappa tout d'abord les imaginations.

L'homme dominant de Strasbourg était l'ex-capucin Schneider, versé dans les lettres antiques, puissant dans sa langue allemande et chaleureux prédicateur, directeur adoré des femmes. Aujourd'hui même, en cette ville où l'on a créé contre lui une légende d'exécration, des femmes (bien âgées), qu'il aima, n'en sont pas consolées encore.

Schneider, furieux démocrate, l'était à la façon des anciens anabaptistes, du roi tailleur de Leyde, qui, pour le nombre des femmes, prétendit lutter avec Salomon. Ce moine était insatiable : non content de celles qui, d'elles-mêmes, couraient après lui, on assure que sur son passage il mettait les femmes en *réquisition*.

Il voulait pourtant se fixer, et venait d'en épouser une par force et terreur. Il rentrait avec sa conquête le soir à grand bruit dans Strasbourg; voiture à quatre chevaux. Il était tard, pour une place de guerre ; les portes étaient fermées ; il les fait ouvrir. Saint-Just saisit ce prétexte, celui d'aristocratie pour son train et sa voiture, le fait prendre la nuit même dans le lit de la mariée, et, le matin, Strasbourg, surpris à n'en pas croire les yeux, voit son tyran attaché au poteau de la guillotine. Il resta là trois heures dans cette piteuse figure, et n'en quitta que pour être envoyé à Paris, à la mort.

Pendant l'exposition, on vit Saint-Just paraître au balcon de la place, et regarder le patient avec une superbe impassibilité. Cette population catholique, dans l'humiliation de ce renégat, reconnut la main de Dieu, et couvrit de bénédictions l'envoyé de Dieu et de Robespierre.

Saint-Just, avec Schneider, expédiait impartialement à Paris les adversaires de Schneider, les administrateurs de la Ville, suspects de vouloir la livrer. Du reste, pas une goutte de sang. Des *réquisitions* seulement pour l'armée du Rhin, sous peine d'exposition à la guillotine. Un habile équilibre entre les deux fanatismes qui se partageaient la ville. Pour plaire à l'un, il afficha que les figures du portail de la cathédrale seraient détruites, et pour ménager l'autre, il les fit couvrir de planches.

Le rôle militaire de Saint-Just et de son compagnon Lebas a été entièrement défiguré. La manie française de rapporter tout au pouvoir central, soit par instinct idolâtrique, soit pour simplifier l'Histoire, a égaré ici tous les narrateurs. Nous rétablissons les faits d'après les pièces tirées des *Archives de la Guerre* *.

En même temps que Saint-Just et Lebas, membres des hauts Comités, arrivaient à Strasbourg, à l'armée du Rhin (fin octobre), deux représentants montagnards, Lacoste et Baudot, prenaient la direction de l'armée de la Moselle. Toutes deux étaient commandées par deux soldats : celle du Rhin, par le flegmatique et politique Pichegru, dont l'extrême dépendance plaisait à Saint-Just ; Lacoste et Baudot avaient obtenu que le commandement de la Moselle fût donné à Hoche, ex-Garde française, qui avait fait merveille à Dunkerque. C'était un jeune Parisien de vingt-six ans, d'une capacité extraordinaire, d'une ardeur terrible ; il avait écrit jadis à Marat, depuis à Carnot, qui fut étonné et dit : « Ce sergent-là ira loin. »

Baudot et Lacoste, parfaitement étrangers à la guerre, y furent admirables. Ils s'y mirent non pas en représentants, mais en intrépides soldats, durs, sobres, couchant sur la neige des Vosges. Puis, par un ferme bon sens qui touche au génie, ils laissèrent là la routine terroriste de mener les généraux sous le bâton et le couteau, en les faisant tous les jours accuser et dénoncer. Ils eurent foi à la Nature, foi à la République, ne crurent pas qu'aucun homme pût jamais rivaliser contre la Patrie. Ils comprirent qu'il n'y avait à attendre nulle victoire sans unité, et que l'unité militaire, c'était celle de l'âme et du corps, du général et du soldat. Et pour général, ils prirent le plus aimé, le plus aimable, le plus riche des dons du ciel, un homme en qui était le charme de la France, l'image de la victoire.

L'armée fut enthousiaste de lui avant qu'il eût

rien fait. Un officier écrivait : « J'ai vu le nouveau général. Son regard est celui de l'aigle, fier et vaste. Il est fort comme le peuple, jeune comme la Révolution. »

Hoche avait les Prussiens en tête ; et Pichegru, les Autrichiens. Hoche devait percer la ligne des Vosges, débloquer Landau, opérer sa jonction avec Pichegru. L'armée de Moselle, qui avait le plus à faire, avait été jusque-là une armée sacrifiée ; on l'avait souvent affaiblie au profit de celle du Nord, et récemment au profit de celle du Rhin, qui en tira six bataillons. Elle était bien plus affaiblie encore par sa longue inaction, par son mélange avec la levée en masse, par l'indiscipline. Hoche comprit les difficultés. Une telle armée était susceptible d'un grand élan, mais peu de manœuvres savantes. Il était difficile de suivre les idées méthodiques du Comité. La rapidité était tout. Hoche supprima les bagages, les tentes mêmes, en plein décembre. Malheureux dans ses premières attaques, il revint à la charge avec un acharnement extraordinaire. Toute l'armée criait : « Landau, ou la mort ! »

Bien lui en prit en ce moment d'être un soldat parvenu. Noble, il eût été suspect, destitué, et il eût péri ; mais il reçut une lettre rassurante et généreuse de Saint-Just et de Lebas. Lacoste et Baudot le suivaient pas à pas, et combattaient avec lui. Les Prussiens cédèrent ; l'armée de Moselle déboucha des Vosges, descendit en plaine ;

Landau fut sauvé; la jonction, opérée avec Pichegru. Hoche se jeta dans ses bras : « Qu'est-ce que c'est que ce Pichegru? écrivait-il; ses joues m'ont paru de marbre. » — Le premier bulletin, daté de Landau, fut envoyé par Pichegru. Barère parla de la victoire, sans dire un seul mot de Hoche.

Qu'allait-on faire maintenant? Qui devait commander les deux armées pour agir d'ensemble? Saint-Just ne daignait pas communiquer à Baudot et Lacoste ses instructions secrètes. Ils se lassèrent de cette taciturnité et de l'inaction de Pichegru. Ils jouèrent leur vie. Le 24 décembre, ils ordonnèrent à Pichegru d'obéir à Hoche. Tout alla comme la foudre. Hoche lança six mille hommes au delà du Rhin sur les derrières de l'ennemi. Puis, lui-même, en cinq jours de combats, terribles, acharnés, il poussa l'ennemi à mort et le jeta vers le Rhin. Voilà l'Alsace sauvée, l'étranger chassé, le Rhin repris, conquis, gardé (et jusqu'en 1815)!

Baudot et Lacoste, justifiés par la victoire, écrivirent sèchement au Comité souverain : « Nous avions oublié de vous écrire que nous avons donné le commandement en chef au général Hoche. Si Saint-Just avait fraternisé avec nous, si nous eussions eu connaissance de vos *plans*, nos mesures ne se fussent pas contrariées. »

Quels étaient ces *plans* admirables qu'on reproche à Hoche, Lacoste et Baudot, d'avoir fait manquer par leurs victoires ? On eût, dit-on, enveloppé l'armée autrichienne; c'est ce qu'on voulait que fît Houchard pour l'armée anglaise à Dunkerque. L'idée fixe était toujours de prendre et d'envelopper. Il semble qu'on n'ait pas su ce qu'étaient les armées de la République. Ce n'étaient point du tout les armées impériales. Très vaillantes, elles étaient très peu manœuvrières encore; elles étaient capables d'un élan, mais bien moins de ces opérations compliquées, si faciles à combiner dans le cabinet, si difficiles à exécuter sur le terrain avec des soldats novices, émus, spontanés, et qui, par la passion même, étaient infiniment moins propres à servir d'instruments aux calculs des tacticiens.

Il ne faut pas oublier non plus que cette armée autrichienne, qu'on méprise tant, était fortement appuyée sur les populations d'Alsace; son général, Wurmser, était du pays, y avait toutes ses racines. L'offensive brillante en Allemagne que prit Hoche, et qu'on arrêta, était chose plus faisable certainement que la tentative de prendre, comme en un filet, une armée très aguerrie par la nôtre formée d'hier, les vieilles moustaches hongroises par nos toutes jeunes recrues.

Hoche, arrêté dans ses succès, fut furieux, écrivit brutalement qu'il briserait son épée, qu'il *irait vendre du fromage chez sa tante la fruitière* (papiers de R. Lindet).

Le Comité, indigné, effrayé de ce langage nouveau, l'éloigna de ses soldats « pour un autre commandement. » Ce commandement fut aux Carmes, dans une écurie de six pieds carrés.

Malgré cette cruelle injustice et tant d'extrêmes misères, avouons que cette France de 93 était grande à ce moment : à Toulon, Dugommier, le vaillant créole, qui bientôt donna l'offensive la plus brillante à l'armée d'Espagne ; aux Pyrénées, notre vieux général Dagobert, audacieux à quatre-vingts ans, vénéré, adoré de tous et mourant dans la victoire, pauvre, enterré avec les sous que donna chaque soldat ; Soubrany, Milhaud, toujours en avant le sabre à la main, irréprochables et farouches représentants de la Montagne, ne regardant que l'ennemi, ignorant toutes les intrigues, les mouvements de l'intérieur, couvrant la France de leurs corps et l'étendant de leurs conquêtes.

L'Ouest, d'octobre en décembre, vit des choses non moins héroïques : la fraternité immortelle de Kléber et de Marceau, qui termine la Vendée, leur dévouement, leurs périls. — « Combattons ensemble, disaient-ils ; ensemble nous serons guillotinés. »

Le Comité avait nommé l'inepte général Léchelle, dont Kléber fait cet éloge : « Je ne vis jamais si sot général, et jamais si lâche soldat. » Léchelle, malade, fut remplacé par un autre qui ne valait guère mieux, Turreau ; mais, entre les deux, il y eut par bonheur un entr'acte, pendant lequel Marceau, Kléber, Westermann, portèrent enfin à la Vendée l'épouvantable coup de la bataille du Mans. Blessée à mort, elle vint expirer à Savenay, qui ne fut guère qu'un massacre. Alors arriva Turreau, le général du Comité. Marceau fut rudement écarté, et l'on parla plus d'une fois de faire guillotiner Kléber.

La victoire mit les vainqueurs dans un embarras terrible. Que faire de cette population qui avait passé la Loire, mourante de faim, de misère et de maladie, ramassée sur tous les chemins? La difficulté était la même et bien pire encore qu'à Lyon, où l'immense majorité des victimes avait échappé. Quoique les soldats en sauvassent un nombre incroyable, des milliers de Vendéens étaient rabattus sur Nantes. Les décrets étaient précis : tout ce qui avait pris la cocarde blanche devait être mis à mort.

L'occasion était belle et grande pour l'ami de l'humanité qui eût pu intervenir. Elle était tentante pour le politique qui eût eu l'adresse et l'audace de répondre aux besoins des cœurs.

Il y avait un nombre considérable d'hommes dans la Convention qui désirait qu'à tout prix on interprétât ces décrets de mort, portés à une autre époque, en représailles des massacres royalistes, et dans l'extrême danger. Malheureusement, l'initiative de ces adoucissements ayant été prise à Lyon, en octobre, par l'homme de

Robespierre, tout retour à l'humanité prenait la fâcheuse apparence d'un complot robespierriste.

Dès le 29 novembre, Collot d'Herbois écrivait à la Commune de Paris : « Il y a un grand complot pour demander l'amnistie. »

L'amnistie apparaissait comme le sacre du dictateur.

Cette situation, ce danger de la République, contribuèrent sans nul doute à la précipitation féroce avec laquelle Carrier, Collot et Fréron, à Nantes, à Lyon, à Toulon, exécutèrent et dépassèrent les décrets de l'Assemblée. Ils abrégèrent en faisant canonner, noyer. Collot, le 4 décembre, fit tirer à boulets sur soixante hommes pris les armes à la main. En quelques jours, ses Commissions firent fusiller, guillotiner deux cent dix personnes. Il écrivait à Robespierre, avec une ironie cruelle : « Nous tâchons de vérifier la sublime inscription (Lyon n'est plus) *que tu as proposée.* » Toulon résistait encore, et Collot accélérait d'autant plus les exécutions, croyant effrayer à la fois Toulon et Paris, tirer sur l'Anglais, tirer sur le dictateur.

Un flot invincible montait cependant, comme une puissante marée, une émotion générale de pitié et de clémence. Le 13 décembre, une foule de femmes vinrent pleurer à la barre de la Convention, prier pour leurs maris, leurs fils. Le 15, la grande voix du temps, le mobile artiste qui avait devancé, annoncé les grands mouvements de la Révolution, Desmoulins, lança le numéro 3 du *Vieux Cordelier*. Simple traduction de Tacite, pour répondre aux détracteurs de la République, à ceux qui pourraient trouver 93 un peu dur, il leur conte la Terreur de Tibère et de Domitien : elle ressemble si fort à la nôtre, que cette apologie paraît (ce qu'elle est) une satire.

Les *exagérés*, par leur furie maladroite, aidaient aussi au mouvement qui les menaçait. Ronsin, l'exécuteur barbare des mitraillades de Lyon, pour répondre aux accusations, opposant l'audace à l'audace, arrive à Paris, placarde une affiche horrible. Le même jour, on en profita à la Convention. L'attaque fut entamée très habilement contre les agents hébertistes de la Guerre, qui avaient saisi des dépêches adressées à la Convention, bien plus, arrêté sur une route un représentant, sans égard à son caractère. Bourdon alla jusqu'à dire qu'il fallait supprimer les ministres, le Conseil exécutif.

Ce qui étonna le plus, c'est que, pendant que le Comité de Sûreté cherchait à atténuer, le Comité de Salut public, par l'organe de Couthon, appuya les demandes qu'on faisait contre ces agents hébertistes de la Police militaire. Lebon, autre robespierriste, rapporta un propos insolent des bureaux de la Guerre contre le Comité de Salut public.

L'attitude encourageante des robespierristes

contre les *exagérés* permettait d'aller plus loin. Fabre d'Églantine demande, enlève l'arrestation immédiate de Vincent. D'autres ajoutent : « Ronsin et Maillard. » — Décrété. — « Ajoutez donc Héron, crie Bourdon de l'Oise ; Héron, qui a osé prendre notre collègue Panis au collet. »

A ce nom d'Héron, tout se tut. On renvoya prudemment l'affaire au Comité de Sureté. Héron était un personnage. Homme triple, il servait et la Police militaire et celle des Comités ; dans les choses graves, il recevait le mot d'ordre de Robespierre.

La violence de Bourdon avait dépassé le but. Il avait frappé plus haut que les hébertistes. Néanmoins le mouvement était si fort contre l'*exagération*, qu'il n'en continua pas moins. Le 18, sur la nouvelle qu'on reçut de la débâcle effroyable des Vendéens, le robespierriste Levasseur (homme qui n'avait jamais ouvert que des avis violents) hasarda de dire : « Il y aurait un moyen bien simple de pacifier le pays, ce serait de *proclamer une amnistie* pour ceux des Vendéens qui n'ont été qu'égarés. »

Une machine ingénieuse se préparait en même temps. Un frère du représentant Gauthier avait encouragé à Lyon quatre patriotes à venir prier à Paris pour leur ville infortunée. Gens illettrés, ils s'adressèrent à un jeune royaliste qui leur écrivit leur Adresse, très adroite et très touchante. Ce jeune homme était Fontanes, l'homme le plus prudent qui ait vécu en nos jours.

Osa-t-il tenir la plume, dans une affaire si dangereuse, sans être bien sûr que ces hommes fussent appuyés de Couthon (c'est-à-dire de Robespierre)? Nous ne le croirons jamais.

La Convention donna un signe non équivoque de son impression favorable sur l'Adresse lyonnaise, en prenant pour président Couthon, celui qu'on accusait d'avoir été à Lyon trop *modéré*, trop humain.

Le même jour (20 décembre) où cette Adresse fut accueillie de l'Assemblée, Robespierre se déclara. Les femmes des prisonniers, de nouveau, en foule immense, étaient venues à la barre; tout le monde était ému. Robespierre fut très habile. Il les reçut au plus mal, les gronda, les accusa, disant même « qu'apparemment c'était l'aristocratie qui avait poussé cette foule. » Mais quand il eut suffisamment parlé « contre le perfide *modérantisme*, » aux applaudissements de la Convention, il proposa précisément ce que demandaient ces femmes : « Que les deux Comités nommassent des commissaires pour rechercher les patriotes qui auraient pu être incarcérés, et que les Comités pourraient élargir. »

Le mot fut ainsi lancé. La chose, votée d'enthousiasme, avec un applaudissement sincère, incroyable. Une chose pourtant restait louche. Les noms de ces commissaires, « pour éviter les sollicitations, » disait le décret, *devaient rester inconnus*. Il était facile de prévoir que ces mystérieux inquisiteurs de clémence, tous Jacobins, sans nul doute, seraient choisis sous l'influence unique de l'homme qui pouvait seul faire de la *modération* sans soupçon de *modérantisme*. Énorme accroissement à son influence! Seul, il allait tenir la clef des prisons!

Le lendemain, 21 décembre, au matin, le libraire Desenne avait à sa porte la longue queue des acheteurs qui s'arrachaient le 4ᵉ numéro du *Vieux Cordelier*. On le payait de la seconde, de la troisième main, le prix augmentant toujours, jusqu'à un louis. On le lisait dans la rue, on en suffoquait de pleurs.

Le cœur de la France s'était échappé, la voix de l'humanité, l'aveugle, l'impatiente, la toute puissante pitié, la voix des entrailles de l'homme, qui perce les murs, renverse les tours..., le cri divin qui remuera les âmes éternellement : « Le Comité de la Clémence! »

Cette feuille, brûlante de larmes, était tout inconséquente dans sa violence naïve : « Point d'amnistie! » disait-elle. Et tout à côté : « Voulez-vous que je l'adore, votre Constitution, que je tombe à genoux devant elle? *Ouvrez la porte à ces deux cent mille citoyens que vous appelez suspects.* »

Mais qui aurait été maître de ce mouvement immense? On l'eût rapporté à un seul, il eût fait une religion, un sauveur, un messie. Cet homme eût régné malgré lui. Malgré lui, il eût été placé vivant sur l'autel.

Et croyez-vous que ce danger effraye beaucoup Desmoulins ? Point du tout. « O mon cher Robespierre, ô mon vieux camarade de collège !... souviens-toi que l'admiration et la religion naquirent des bienfaits, que les actes de clémence sont « l'échelle de mensonge, » comme disait Tertullien, par lesquels *les membres des Comités de Salut public* se sont élevés jusqu'au ciel. »

CHAPITRE II

TENTATIVES IMPUISSANTES POUR ARRÊTER LA TERREUR, POUR SUBORDONNER LA ROYAUTÉ RENAISSANTE

(DÉCEMBRE 93)

Robespierre, menacé, se réfugie dans la Terreur. — Les Comités offrent en vain de modifier la Terreur. — Robespierre fait attaquer Desmoulins et Philippeaux. — Il fait rejeter la proposition des Comités. — L'Assemblée veut subordonner les dictateurs.

A la lecture de ce fatal numéro de Desmoulins, Robespierre fut épouvanté. La plus cruelle dénonciation de ses ennemis eût été moins dangereuse. L'innocent, trompé par son cœur, enivré, aveuglé de ses larmes, n'avait pas vu qu'il le perdait, en lui proposant d'être dieu.

Robespierre se sauva à gauche, chercha sa

sûreté dans les rangs des *exagérés*, ses ennemis, se confondit avec eux.

On ne pouvait se dissimuler qu'à ce mot terrible (de ces mots qui font le destin) : *Ouvrez les portes aux deux cent mille*, qu'à ce mot, dis-je, la foule des patriotes compromis qui avaient joué leur vie pour la République ne vissent distinctement venir la revanche royaliste, la *Terreur blanche*, et ne se réfugiassent sous le canon de Collot d'Herbois.

Il arrivait en hâte de Lyon. Ses amis criaient : « Voici venir le géant ! »

Pourquoi cet effet fantasmagorique ? Et comment Collot, jusque-là de taille ordinaire, apparaissait-il ainsi ?

Trois choses le grandissaient :

Il envoyait devant lui, contre la religion de Robespierre, un bien autre dieu, fétiche effroyable, la tête même de Chalier, cette tête brisée trois fois par le couteau girondin ;

Devant lui, marchait aussi le bruit, la terrible légende des prisonniers foudroyés aux Brotteaux. On sentait assez qu'un si rigoureux exécuteur de la vengeance nationale ne se réservait pas de porte de derrière, et ne composerait pas avec les politiques qui spéculaient sur l'amnistie ;

Une chose tomba comme un pavé sur la tête de ceux-ci. L'ami de Chalier, son vengeur, ce fameux Gaillard qui, sortant de son cachot le 19 octobre, avait été si froidement reçu des Jacobins, tomba dans le désespoir au premier bruit de l'amnistie, crut la République perdue, et se brûla la cervelle.

Collot d'Herbois lui prête ces paroles, non sans vraisemblance : « Je ne suis pas un homme faible, je n'ai point pâli devant les poignards... Mais je meurs, ô Jacobins, d'être abandonné de vous. »

Collot, monté sur Chalier, monté sur Gaillard, arrivait géant. Il faisait peur non seulement à Robespierre, mais aux hommes que Robespierre inquiétait le plus, aux membres impartiaux du Comité de Salut public.

Barère, Lindet, Carnot, Prieur, d'accord en ceci avec la partie indépendante de la Montagne, craignaient que les *violents*, délaissés de Robespierre, ne se ralliassent à l'homme qui avait donné les gages les plus terribles contre tout retour, et, pour leur sûreté, ne créassent une dictature de *terreur* contre la royauté de *clémence* et d'*hypocrisie*.

Ces grands organisateurs qui, à ce moment, par des travaux incroyables, recréaient la France, de concert avec Cambon et quelques représentants modestes et laborieux, se voyaient avec douleur arracher des mains leur œuvre, et la patrie tout à l'heure replongée dans le chaos.

Pouvaient-ils, comme le voulait Desmoulins, renoncer aux moyens de *terreur*? C'eût été renoncer aux *réquisitions provisoires* que la Terreur seule donnait. Sans elle, avec quoi auraient-ils nourri, vêtu, équipé leurs douze cent mille soldats ?

Carnot, Lindet, nullement terroristes, aimaient peu les Jacobins. En attendant, ils vivaient des *réquisitions* frappées par les Comités jacobins. Ils aimaient peu Collot, Billaud, et n'en étaient pas moins forcés de se serrer contre eux pour faire équilibre à la pesante trinité dictatoriale.

S'ils brisaient les agents de *terreur*, les armées mouraient de faim, la République périssait. Et s'ils les laissaient aller, ces agents aveugles comblaient les prisons, faisaient des millions d'ennemis au gouvernement, la République périssait.

Ils s'arrêtèrent à une mesure sage, ferme et très hardie.

La responsabilité terrible de cette chose si dangereuse (ouvrir et fermer les prisons), ils la demandaient pour eux-mêmes. Ils demandaient que, sans confier l'examen préalable à des *commissaires inconnus*, tels que les voulait Robespierre, les membres des Comités, chacun à son tour, fussent chargés d'examiner les réclamations. Point d'examen anonyme. Si on les constituait juges d'une affaire si délicate, ils voulaient la prendre eux-mêmes, sans passer par l'obscure filière des agents robespierristes, la juger sous le soleil.

La seconde réforme proposée eût été celle-ci : Séparer les *accusés* des *suspects*, créer pour ces derniers des *maisons de suspicion*. Dans un temps où la prison était si près de l'échafaud, il était horriblement injuste et dangereux de laisser pêle-mêle ensemble, par exemple, les herbagers de la Normandie, pauvres diables de *suspects* à qui on ne reprochait rien, avec un M. Rimbaut qui avait livré Toulon.

Dans cette grande et décisive circonstance où était la destinée de la Révolution, au moment où ses collègues proposaient une réforme peu différente de la sienne, Robespierre, chose inattendue! s'isola, se sépara d'eux pour se rattacher à son ennemi Collot d'Herbois, laissant dans la stupeur et le plus grand étonnement les robespierristes, qui avaient cru le suivre dans les voies de *modération*.

Déjà, une fois (fin septembre), sa tactique tortueuse les avait embarrassés. Son immense succès d'alors leur fit croire qu'il était libre de l'odieuse alliance de la Presse hébertiste et des bureaux de la Guerre, quand tout à coup il frappa ses propres amis qui faisaient feu avant l'ordre sur les hébertistes.

Ce qui de même en décembre lui fit quitter tout à coup ses amis pour ses ennemis, ce fut: d'une part, Desmoulins, qui, le dénonçant à l'admiration, à la reconnaissance du monde, montrait dans la Commission robespierriste le germe du Comité de la Clémence; d'autre part, les véhémentes accusations de Philippeaux, qui, avec

Merlin, témoin oculaire, démontraient la trahison des généraux hébertistes, et les tristes ménagements du Comité pour eux ; le Comité, ici, c'était spécialement Robespierre, qui, le 11 septembre et le 25, les avait défendus, fait défendre, patronnés aux Jacobins.

Philippeaux revint à la charge trois fois dans un mois, et ses accusations reçurent une publicité immense de l'étourdi Desmoulins, qui, dans les numéros mêmes où il divinisait Robespierre, louait, exaltait Philippeaux, l'adversaire de Robespierre.

Celui-ci, du 20 au 23 décembre, en trois jours, sans transition, tourna le dos à ses amis, passa à ses ennemis, planta là son adorateur Desmoulins, et se rattacha, contre lui, à la terrible alliance de Collot, d'Hébert.

Qui le poussa là ? Philippeaux, le reproche de connivence hébertiste dans l'affaire de la Vendée.

Qui le poussa là ? Gaillard, le reproche de *modérantisme* dans l'affaire de Lyon, la mort de Gaillard, son ombre, visible à tous dans la pompe solennelle que fit la Commune à Chalier (21 décembre).

Collot n'arriva que le lendemain. Mais, avant son arrivée et dès le soir même, Robespierre renia, attaqua Camille Desmoulins, du moins le fit attaquer aux Jacobins par un rustre à lui, Nicolas, son porte-bâton, qui lui servait souvent d'escorte. C'était un grand drôle, robuste et farouche, qu'on avait fait juré, et qui eût dû être bourreau. Il s'acquitta très gauchement de la commission de Robespierre, disant du charmant écrivain, d'ailleurs représentant du peuple : « Camille frise la guillotine. »

A quoi l'autre répondit plaisamment : « Toi, tu frises la fortune... Je t'ai vu, il y a un an, dîner avec une pomme cuite; et aujourd'hui qu'on t'a fait imprimeur du Tribunal révolutionnaire, imprimeur des bureaux de la Guerre, le Tribunal seul te doit cent mille francs. »

Collot, le 21 au soir, entra dans la Convention, moins comme un homme qui s'excuse que comme un triomphateur. Il conta hardiment la mort des Lyonnais mitraillés, attesta la nécessité, Toulon qu'il fallait effrayer. Beaucoup, même des robespierristes, reçurent assez mal ces aveux, croyant que Collot allait être attaqué par Robespierre. La réconciliation entre eux n'éclata que le 23.

Ce jour, Collot, aux Jacobins, donna toute carrière à son éloquence mélodramatique; il fut terrible, écrasant de mise en scène. Il amena Gaillard même, tout mort qu'il était, fit apparaître son ombre, la fit parler, hurla, pleura. Robespierre fut trop heureux de trouver une diversion, de lever un autre gibier, de tourner la meute contre Philippeaux. Il avait amené avec lui un dogue, docile et furieux, Levasseur, qui, le 18, s'était aventuré à demander l'amnistie, et qui, comme le chien qui s'est trompé à la chasse, ne demandait qu'à réparer l'erreur en mordant quelques morceaux dans la chair de Philippeaux. Danton essaya d'adoucir, mais Robespierre, prenant la parole avec la placide autorité d'un moraliste, demanda à Philippeaux si, dans son âme et conscience, *il était bien sûr de n'avoir pas été entraîné par la passion*, par le patriotisme même. Un autre casuiste, Couthon, lui fit la même question. Enfin, on ne demandait qu'à innocenter Philippeaux, étouffer l'affaire. Il répondit qu'il ne pouvait composer, *qu'il y avait eu trahison de la République*. « Nommons une Commission, » dit Couthon (pour gagner du temps). Elle fut nommée, ne fit rien ; le tout fut escamoté par une farce de Collot d'Herbois.

Robespierre, pour sa sûreté, rentra donc dans la Terreur.

Il fit à la Convention un discours sur l'équilibre ; et, pour équilibre, se jeta à gauche, demanda la tête d'Houchard et de Biron.

Deux têtes de généraux dans un tel moment, on n'en voyait pas l'à-propos. On l'eût mieux compris, comme avis sévère, dans une défaite ; mais la République apprenait de tous côtés des victoires. Le 24, on apprit la reprise de Toulon ; le 25 ou le 26, la bataille de Savenay et l'anéantissement de la Vendée ; le 30, les lignes de Wissembourg ; le 1er janvier, Landau débloqué, l'ennemi repassant le Rhin.

La *proposition* du Comité de Salut public, faite le 25 décembre, pour examiner les réclamations des prisonniers et mettre à part les *suspects*, arrivait admirablement. Barère, avec beaucoup d'adresse, pour écarter tout soupçon de *modérantisme*, frappait d'allusions hostiles les molles *propositions* de Desmoulins, faisant parfaitement sentir qu'il ne s'agissait pas de clémence, mais de Justice. Cette Justice, le Comité la proposait sévère et forte, du haut de la victoire.

Robespierre ne craignit pas de parler contre. La seule raison qu'il donna, c'est que les deux Comités ne pouvaient consacrer leur temps aux aristocrates. Il aima mieux sacrifier sa propre Commission qu'il avait obtenue le 20. Billaud-Varennes, immuable contre tout adoucissement, fit voter la Convention et contre le décret obtenu par Robespierre, et contre le *projet* du Comité. Il demanda qu'on ne fît rien.

Tout fut fini. Les prisons durent, dès lors, aller s'encombrant, jusqu'à ce qu'elles crevassent et vomissent en une fois un peuple d'ennemis furieux pour tuer la République.

L'accélération des jugements, demandée ce jour même par Robespierre, était un remède impuissant qui avilissait la Justice, la rendant positivement, physiquement impossible, lui ôtant la foi de tous. Elle n'en fut pas moins exigée, et lorsque le danger national, tellement diminué, ne l'expliquait plus.

Ce sinistre 26 décembre, qui fermait décidément les prisons, n'y laissant plus d'ouverture que le terrible guichet d'une Justice *accélérée*, devait avoir deux effets contraires.

D'une part, les rivaux de la dictature centrale, Fouché à Lyon, Carrier à Nantes, dans leur émulation effroyable, *accéléraient la Justice*.

D'autre part, les *indulgents*, n'espérant plus rien ni de Robespierre, ni du Comité, poussèrent leur guerre contre les hébertistes, alliés actuels de Robespierre, de sorte que leurs ennemis durent ou les tuer, ou périr.

Desmoulins se releva et jeta sa vie au vent. De ce jour, il est immortel. Au n° 5 du *Vieux Cordelier*, il expie le n° 4 et se justifie devant l'avenir : « L'anarchie mène à un seul maître. C'est ce maître que j'ai craint. » — Donc, il n'est plus à genoux. Le voilà debout devant Robespierre.

Rien de plus hardi que ce n° 5, si amusant, si véhément, d'une colère comique et sublime... Le rire, mais celui de la foudre, qui rit en éclairs, va, vient, frappe et réduit en poudre, des éclats de sa joie terrible... Tous ceux qu'ici elle toucha, vaine cendre, ont gardé figure pour servir d'éternelle risée.

Incroyable audace! il frappe non seulement les géants, les Collot et les Billaud, mais, chose plus hardie peut-être, le type de la horde basse des tartufes de troisième ordre, les Brutus hommes d'affaires qu'engraissait le patriotisme : maître Nicolas.

Le mieux traité est Hébert. Le puissant artiste, avec l'adresse et le soin d'un naturaliste habile, qui d'une pince a saisi un hideux insecte, le tourne et le montre au jour sous tous ses aspects, Camille a détruit celui-ci, sans en altérer les formes, et l'a parfaitement conservé. Il ne serait pas facile d'en trouver un autre. Hébert bien décrit, bien piqué, classé au musée des monstres, pose là pour tout l'avenir.

La fin est la simple liste des sommes que Bouchotte a données à Hébert, spécialement 60,000 livres, données le 4 octobre, pour tirer le fameux numéro *à six cent mille*, qui extermina Danton au profit de Robespierre, au moment où celui-ci venait de patronner Ronsin (25 septembre), au moment où les hébertistes opéraient dans la Vendée une seconde trahison pour faire périr Kléber (5 octobre).

L'innocent Camille, peut-être, croyait ne frapper qu'Hébert. Il est fort douteux qu'il sût à quelle profondeur ce coup entrait au cœur de Robespierre. Très probablement, il était conduit par gens plus habiles, peut-être par Fabre d'Églantine.

La faiblesse de Robespierre avait été partagée par le Comité de Salut public. Sa haute autorité en restait compromise. La question allait se poser de nouveau : *Renouvellerait-on le Comité?* ou se contenterait-on de le *ramener à une dépendance légitime et raisonnable de la Convention*?

La France avait une halte, ses trois victoires ajournaient le danger, et peut-être pour toujours. C'est ce qui eut lieu, en effet, la Prusse étant restée occupée en Pologne, et l'Autriche trouvant dans les Belges une telle mauvaise volonté, que définitivement elle ne put rien en 94 contre nos frontières du Nord.

Le 18 nivôse (7 janvier), dans un discours très habile, fort modéré d'expressions, et probablement calculé par Fabre d'Églantine, Bourdon de l'Oise, après force éloges du Comité de Salut public, tomba sur le ministère, demanda *qu'il cessât d'être monarchique*, qu'il devînt républicain, c'est-à-dire *qu'il ne puisât nul fonds à la Trésorerie sans demande d'un Comité à la Convention, et sans décret de l'Assemblée.*

Tout ceci, à l'occasion des subventions monstrueuses données par Bouchotte à Hébert.

Danton, avec infiniment de prudence et de ménagement, dit et redit par trois fois *qu'il fallait renvoyer la chose au Comité de Salut public.*

Elle n'en fut pas moins décrétée, avec ce mot : *en principe,* — et cette réserve : *de sorte que l'activité des forces nationales n'éprouve nul ralentissement*, c'est-à-dire en donnant au Comité tous les moyens d'éluder ce qu'on venait de décréter.

Carnot, Lindet, Prieur, Saint-André, qui seuls dépensaient, et qui seuls étaient atteints du décret, ne se plaignirent pas. Robespierre seul se plaignit; il dit, écrivit : *Que tout le mouvement des armées était arrêté;* chose matériellement fausse. Toutes ou presque toutes les choses nécessaires se faisaient par des réquisitions *en nature :* levée de grains, levée de draps, levée de chevaux, etc., etc. La Convention venait de voter cent millions *argent* pour les subsistances. Elle eût voté les yeux fermés ce que le Comité eût pu demander. Ne l'avait-elle pas elle-même forcé, en août, de prendre en main cinquante millions, sans vouloir aucun détail? Mais il y aurait eu retard; autant qu'il faut de minutes pour aller d'un pavillon à l'autre, dans le château des Tuileries.

Il fallait franchement laisser là des objections peu sérieuses et dire à la Convention : « Ceci est la question même de la souveraineté. Nous voulons la dictature sans mélange, autocratique. »

A quoi l'on eût pu répondre : « Qui créa la dictature? Le moment, le péril, la nécessité de la défense contre l'ennemi... L'ennemi maintenant, c'est celui qui gardera la dictature. »

CHAPITRE III

LA CONSPIRATION DE LA COMÉDIE
FABRE ARRÊTÉ

(JANVIER 94)

Ironie, mobilité, élasticité de la France. — Robespierre eut peur du rire. — Terreur que lui inspirent les comiques, Fabre, Desmoulins. — Il essaye d'étouffer Desmoulins. — Il attaque Fabre aux Jacobins. — Fabre arrêté comme faussaire par le Comité de Sûreté.

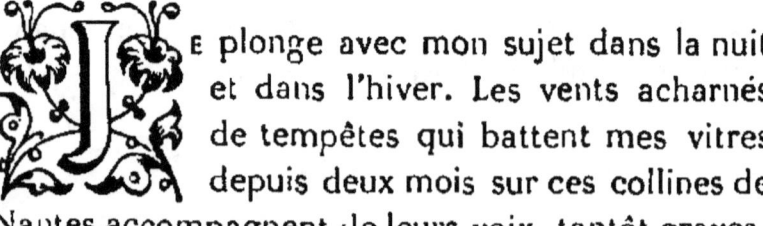e plonge avec mon sujet dans la nuit et dans l'hiver. Les vents acharnés de tempêtes qui battent mes vitres depuis deux mois sur ces collines de Nantes accompagnent de leurs voix, tantôt graves, tantôt déchirantes, mon *Dies iræ* de 93. Légitimes harmonies, je dois les remercier. Bien des choses qui me restaient incomprises m'ont apparu claires ici dans la révélation de ces voix de l'Océan (janvier 1853).

Ce qu'elles me disaient surtout, dans leurs fureurs apparentes, dans leurs aigres sifflements, qui perçaient mon toit, dans le cliquetis sinistrement gai dont frémissaient mes fenêtres, c'était la chose forte et bonne, consolante : Que ces menaces de l'hiver, toutes ces semblances de mort, n'étaient nullement la mort, mais la vie, tout au contraire, le profond renouvellement. Aux puissances destructives, aux violentes métamorphoses où vous la croiriez abîmée, échappe, élastique et riante, l'éternelle ironie de la Nature.

Telle la Nature, telle ma France. Et c'est ce qui fait sa force. Contre les plus mortelles épreuves où périssent les nations, celle-ci garde un trésor d'ironie éternelle.

Nul enthousiasme n'y mord pour longtemps, nulle misère, nul découragement.

Qui fera peur à la France? Elle a ri dans la Terreur, et elle n'a pas été entamée. Il y avait le rire et les larmes, l'émotion dans les deux sens, nullement la tristesse immobile. L'élasticité morale resta tout entière; la très utile légèreté du caractère national l'empêche toujours d'être écrasé. Ce peuple n'est jamais véritablement avili, ni profondément corrompu.

Cette légèreté, qui ailleurs est signe de nullité, se trouve ici dans des esprits souvent de grande vigueur. C'est la mobilité du ressort d'acier qui, pour fléchir aisément, n'en est pas moins fort à se relever.

Ce peuple est terrible, au fond, redoutable à tous ses dieux.

Le premier conquérant du monde moderne, revenant de la grande défaite, disait, pendant cinq cents lieues : « Du sublime au ridicule, il n'y a qu'un pas. »

Telle fut aussi, dans son règne si court, la frayeur de Robespierre.

Un mot, gai comme ceux du festin de Balthazar, était écrit dans Desmoulins : « A côté de la guillotine où tombent des têtes de rois, on guillotine Polichinelle, qui partage l'attention. »

Le puissant chef des Jacobins, qui avait fait le miracle le plus incroyable en France, une royauté d'opinion, sans armes, sans succès militaire ! sentait bien que le mystère de cette puissance était tout dans le sérieux ; que si la France perdait son sérieux une minute, la fascination finissait, le prestige s'évanouissait, tout était fini.

Cet homme, vraiment extraordinaire, d'apparence aristocratique, avocat et juge d'Église, d'une personnalité antimilitaire, avait contre lui à la fois et les instincts révolutionnaires et les tendances militaires de la nation. A quoi tenait le mystère de sa puissance ? A l'opinion qu'il avait su imprimer à tous de sa probité incorruptible et de son immutabilité. Tous les autres personnages de la Révolution furent naïvement mobiles, au gré des événements. Lui seul, avec un merveilleux esprit de suite, une tactique prodigieuse, il manœuvra de manière à soutenir le renom de cette immutabilité. Il finit par le soutenir de sa seule affirmation. Et sa parole eut un tel poids, qu'on en vint à démentir l'évidence même des faits, à accepter comme autorité supérieure, contre la réalité, l'affirmation de Robespierre.

La foi au prêtre revint, le lendemain de Voltaire ! Ce prêtre nia la Nature, en fit une de sa parole. Et celle-ci fut crue contre l'autre.

Par quels miracles d'adresse, dans une situation si changeante, se maintenait l'immobilité fictive du thaumaturge? C'était, pour l'observateur, le plus étonnant des spectacles. Le contraste de ces revirements agiles, au nom des principes immuables, faisait du personnage le plus sérieux de l'époque le sujet comique entre tous, d'un comique si terrible et si imprévu qu'aucun des maîtres, ni Aristophane, ni Rabelais, ni Molière, ni Shakespeare, n'eût pu soupçonner une telle conception.

Mais qui avait le sang-froid, en un tel péril, d'observer ce terrible acteur, dont le pénétrant regard pouvait être mortel à l'observateur, et qui ne craignait rien tant que d'être sérieusement regardé ?

C'est ici l'audace de Pline, qui, pour observer, avança au bord même du cratère, et se tint payé de la vie s'il était bien sûr d'avoir vu.

Un homme observait Robespierre, grand artiste,

amant de l'art, et surtout des arts d'intrigue. C'était le premier auteur dramatique du temps, Fabre d'Églantine. « Sa tête, disait Danton, est un vaste imbroglio. » Imbroglio pour les autres, mais clair pour le grand dramaturge, qui se plaisait à voir les fils s'embrouiller pour se débrouiller.

Robespierre et sa manœuvre étaient l'objet permanent sur lequel sa lorgnette de théâtre (qui ne le quittait jamais) était constamment braquée.

Il y eut un côté que ne put jamais atteindre l'excellent observateur; sa nature était fine, forte, ardente, mais point élevée. Le côté élevé du sujet lui resta inaccessible.

Robespierre ne trompait les autres que parce qu'avec une étonnante habileté instinctive, il se trompait d'abord lui-même, qu'il était sa propre dupe, et que, sous les tours, retours, circuits infinis de l'hypocrisie que lui imposait le moment, il restait sincère dans l'amour du but où il croyait arriver par cette route sinueuse.

Ce haut mystère de la Nature : le grand nombre d'enveloppes dont l'âme humaine est compliquée, lesquelles, rentrant l'une dans l'autre, l'empêchent de se voir elle-même, ce qu'un mystique appelle ingénieusement *les sept enceintes du château de l'âme ;* — tout cela était lettre close pour Fabre d'Églantine.

Il ne voyait que la surface, mais voyait parfaitement; décrivait avec une propriété, une fine *spécification* qui contraste avec cet âge de fades généralisateurs. Ce don n'appartient guère alors qu'aux deux éminents comiques, Fabre et Camille Desmoulins. Le beau portrait de Marat qu'a fait le premier est une œuvre d'une fermeté, d'une précision admirable. Il fait habilement ressortir le trait dominant de Marat, celui qui couvre le reste et le sauve dans l'avenir, son incontestable candeur. Ce portrait, piquant en lui-même, l'est bien plus par le moment, par l'à-propos du jour où il fut lancé. Il parut le 6 janvier, le jour même où Philippeaux, par une nouvelle brochure, caractérisait la conduite tortueuse du Comité et de Robespierre. Il parut dix jours après ce cinquième numéro de Desmoulins où l'on entrevit si bien comment Robespierre, après l'avoir lancé sur Hébert et Clootz, recula précipitamment vers les hébertistes. Marat, bien posé, tel qu'il fut, devant le public, tout simple et tout d'une pièce, dans son abandon complet de toute tactique, dans l'emportement d'un caractère essentiellement spontané, faisait une amère satire du caractère si contraire qui en fut l'envers exact et la complète opposition.

Robespierre, par la force de seconde vue que donne la passion, sentait Fabre, même absent, derrière lui, qui le regardait. Il en était cruellement inquiété, irrité. Il sentait d'instinct, de terreur, ce que Danton avait dit sans en sentir la portée : « La tête de cet homme-là est un répertoire d'idées comiques. »

Son imagination maladive lui exagérait les choses. Il se figurait que ce chercheur impitoyable de situations comiques créait ces situations, que ce cruel machiniste faisait lui-même les fils, les poulies, les trappes, où Robespierre à chaque instant pouvait se prendre ou se heurter.

Il se trompait. Ni Fabre, ni personne, n'avait une telle action.

Les pièges où Robespierre risquait de périr étaient en Robespierre même, et aussi, en grande partie, dans les contradictions quasi fatales de son rôle.

Sa fatalité principale avait été sa triste connivence pour les hébertistes, tout puissants par la Presse, en août et septembre. Leur ami pour la Vendée, il fut leur ennemi pour Lyon en octobre. *Modéré* ici, *exagéré* là, il eut dans Philippeaux et Dubois-Crancé ses deux Euménides.

Ce n'était pas Fabre qui avait fait cette situation.

C'est lui qui la voyait le mieux, la formulait, la démontrait, en faisait jaillir le comique. Il en marquait, en artiste, d'une plaisanterie douce et fine qui semblait n'y pas toucher, le terrible *crescendo*. Robespierre, fuyant son adorateur, poursuivi par Desmoulins qui dénonçait sa bonté à l'admiration du monde, allait se jeter d'effroi dans les bras de ses ennemis, Collot, Hébert et Ronsin. Son malheur d'avoir défendu le Ronsin de la Vendée le poussait fatalement à défendre aussi le Ronsin de Lyon, à endosser les mitraillades. C'est ce qu'il fit en effet le 29 janvier.

Fabre commentait, critiquait. Agissait-il ?

Robespierre assure que c'est Fabre qui, par le fougueux Bourdon, lui aurait porté ce coup de Jarnac de faire ôter au Comité la facilité de puiser à même aux caisses de la Trésorerie. Ce qui n'est pas moins vraisemblable, c'est que le même Fabre fit faire à Robespierre, par l'innocent Desmoulins, deux malices signalées : l'une, de désigner à toute la terre les *Mémoires de Philippeaux*, qui seraient morts étouffés ; l'autre, de mettre en lumière les changements de Robespierre, de montrer comment ce bon et sensible Robespierre allait tourner à l'*indulgence*, et cela au moment où le tremblant tacticien voulait rentrer dans la Terreur, et rattachait précipitamment son masque de sévérité, de sorte que cette admiration exaltée de la bonté de Robespierre, en opposition visible avec sa marche en sens inverse, illuminait sa manœuvre et trahissait cruellement les tâtonnements de sa tactique.

Celui-ci, sans s'en douter, lui donna beau jeu, le 7 janvier, où on lut les numéros accusés du *Vieux Cordelier*. Camille assura que son Comité de *Clémence* ne voulait dire autre chose que Comité de *Justice*. Pour le reste, il persista. Ce fut très naïvement la scène de Galilée devant l'Inquisition. Qui le croirait ? Robespierre, allant au delà de ce que ses ennemis auraient demandé,

se servit exactement du langage du Saint-Office :
« Camille avait promis d'abjurer ses hérésies, ses *propositions* malsonnantes... Les éloges des aristocrates l'empêchent d'abandonner le sentier que l'erreur lui avait tracé... »

Puis, croyant qu'il était plus utile d'humilier que de frapper, il ajouta bénignement : « Il faut pourtant distinguer sa personne de ses écrits... C'est un enfant que les mauvaises compagnies ont égaré... Je demande seulement, pour l'exemple, que ses numéros soient brûlés dans la société. »

Desmoulins : « Brûler n'est pas répondre. »

Robespierre : « Ta résistance prouve assez que tu as de mauvaises intentions... »

Danton : « Camille ne doit pas s'effrayer des leçons d'un ami sévère. Citoyens, que le sang-froid préside à nos discussions... Craignons de porter un coup à la liberté de la Presse. »

Le succès de Desmoulins fut complet, même aux Jacobins. Ses juges les plus hostiles furent touchés, ravis. Mais Robespierre le voulait : ils obéirent et le rayèrent.

Le vainqueur se sentait vaincu, en réalité. Sa fureur n'eut aucune borne. Sa sombre imagination lui montra un profond accord entre Desmoulins, Bourdon, Philippeaux, hommes pourtant spontanés, violents, plus que calculés. Quel était le calculateur, l'adroit machiniste qui tirait les fils ? L'ancien secrétaire de Danton, l'homme des imbroglios, le dramaturge Fabre d'Églantine. Lui seul, parmi eux, était capable de tracer un plan, de préparer et ménager les moyens, les ressorts, de les faire habilement concourir à une action commune.

C'est Fabre qu'il fallait perdre, envelopper, si l'on pouvait, dans la conspiration dont Robespierre parlait sans cesse : *la conspiration de l'étranger.*

Fabre, infiniment prudent, laissait aller devant les autres, et n'agissait guère qu'à coup sûr. Il donnait bien peu de prise du côté du *modérantisme ;* il avait concouru à la mort des Girondins. S'il avait obtenu l'arrestation de Ronsin et de Vincent, c'était le jour même où leurs sbires avaient arrêté, insulté des députés, au grand émoi de la Convention, si bien que Couthon et Lebon, deux hommes de Robespierre, avaient parlé eux-mêmes dans le sens de Fabre. Fort de tout ceci, il s'alarma peu, et sachant que Robespierre devait commencer contre lui l'attaque aux Jacobins, le 8 au soir, il alla s'asseoir en face de lui, avec sa lorgnette de spectacle qu'il portait toujours, et vint observer par où allait s'avancer l'ennemi.

Robespierre, selon sa coutume, fit parade d'un grand équilibre, disant qu'il était impartial entre Desmoulins et Hébert, parla de deux factions, des ultra et citra-révolutionnaires, dit *que l'étranger agissait* par toutes deux à la fois, que des meneurs adroits faisaient mouvoir la machine et se tenaient dans les coulisses, que c'était toujours la Gironde, la même action théâtrale, seulement d'autres acteurs sous des masques différents. Ces métaphores accumulées désignaient assez Fabre d'Églantine, acteur et auteur dramatique.

Enfin, ces masques, ces acteurs, ces machinistes, où voulaient-ils en venir ?... Conclusion inattendue : *à dissoudre la Convention !*

Ceci ne rimait plus à rien ; on se regardait, on se demandait ce qu'il voulait dire. C'était justement pour maintenir et faire respecter la Convention que Fabre, appuyé ce jour-là des robespierristes mêmes, avait obtenu l'arrestation d'Hébert et Vincent.

Il tourna, tourna toujours dans cette vaine allégation, reprenant toute l'histoire du girondinisme. A quoi Fabre ne tint plus, et, perdant patience, se leva pour s'en aller. Mais à ce moment, Robespierre fixant sur l'homme à la lorgnette ses lunettes et son regard fauve, le pria d'attendre. Il reprit avec fureur sur les intrigants, les serpents qu'il s'agissait d'écraser. (Applaudissements unanimes.) « Parlons de la conjuration, *et non plus d'individus...* » Et au moment même : « Je demande que *cet homme*, qu'on ne voit qu'avec une lorgnette et qui sait si bien exposer des intrigues au théâtre, veuille bien s'expliquer ici... *Nous verrons comment il sortira de celle-ci...* »

Fabre dit froidement qu'il répondrait quand on

préciserait les accusations, que du reste on avait tort de croire qu'il influençait Desmoulins, Bourdon ou Philippeaux.

Une voix : « A la guillotine ! » Robespierre demanda qu'on chassât l'interrupteur. Cependant qu'avait fait ce trop zélé robespierriste ? Dire contre Fabre ce qu'avait dit contre Desmoulins Nicolas, l'homme de Robespierre.

Celui-ci put voir, le 10, combien il avait peu satisfait les Jacobins par une agression si vague. Aux premiers mots qu'il prononça, une voix s'écria : « Dictateur ! » La société refusa de rayer Bourdon de l'Oise, et rapporta la radiation de Desmoulins.

A ces échecs manifestes, à cet éloignement visible de l'opinion, on répondit par un coup de Terreur. Dans la nuit du 12 au 13, le Comité de Sûreté fit arrêter Fabre d'Églantine.

Le prétexte fut celui que tous les pouvoirs emploient avec succès, dans les arrestations politiques, pour donner le change : *Arrêté comme voleur.*

L'étonnement fut profond. D'autres, surtout Bourdon de l'Oise, avaient bien autrement provoqué Robespierre. Voici cependant deux mots qui peuvent éclaircir la chose :

1° Fabre, peu de jours auparavant, avait eu l'imprudence de dire qu'il prouverait, pièces en main, qu'Héron, l'agent général des arrestations, *avait des mandats d'arrêt en blanc*, et qu'ainsi le

Comité de Sûreté les lançait sans savoir sur qui. Dans ce cas, quelqu'un sans doute dirigeait Héron, un homme apparemment plus puissant que le Comité.

2° On nous apprend que Fabre, en prison, malade, et tout près d'aller à la mort, n'était occupé, ne parlait que d'une grande *comédie en cinq actes, qu'on lui avait prise en l'arrêtant.* (Mém. sur les prisons, I, 69.)

Quel en était le sujet? Nous devrions au moins en trouver le titre dans l'*inventaire de ses papiers* qui se fit en juin. La pièce n'y est point relatée, ce qui prouve qu'en effet *elle lui avait été prise* au moment de l'arrestation.

Le sujet ne serait-il pas celui qui semble indiqué par allusion dans Desmoulins (p. 221, éd. 1836) : « Il est telle comédie grecque, contre les ultra-révolutionnaires et *les tenants de la tribune* de ce temps-là, qui, traduite, ferait dire à Hébert que la pièce ne peut être que de Fabre d'Églantine. »

Ce sujet était si naturellement indiqué par la situation, que les Girondins eux-mêmes, dans leur misérable fuite, toujours si près de la mort, en faisaient une comédie.

CHAPITRE IV

PREUVES DE L'INNOCENCE DE FABRE D'ÉGLANTINE

Dépendance et terreur du Comité de Sûreté. — Présidence de David. — On empêche d'entendre Fabre. — Qui a rédigé le compte rendu du procès? — On refusa de vérifier les écritures. — Le faux n'est pas de l'écriture de Fabre. — Découverte tardive du faux. — Le faux n'eût servi à rien. — Qui a pu inventer cette machination? — Ligue des hébertistes et des robespierristes. — Mort de Jacques Roux. — Robespierre justifie les hébertistes.

AVANT de juger l'accusé, essayons de juger les juges. Quel était le Comité de Sûreté? Rappelons-nous son origine. Il avait été renouvelé le 26 septembre, le lendemain du triomphe de Robespierre, sur une liste présentée par lui. Il le composa généralement d'hommes compromis par leurs précédents, et leur donna à tous un très rude surveillant, le peintre David. Ex-peintre du

Roi, modéré encore au 10 Août 92, David avait d'un bond sauté au sommet de la Montagne. Il expiait, en se faisant l'œil et le bras de Robespierre, le piqueur du Comité, en terrorisant ses collègues, qu'il traitait comme des nègres.

Un fait montrera combien ce redoutable Comité était lui-même courbé sous la Terreur. Lavicomterie, un de ses membres, auteur des *Crimes des Rois*, craignait tellement de voir la face de Robespierre, qu'aux jours où les deux Comités se réunissaient, il se cachait, faisait le malade et ne venait pas. — Voulland, Jagot, Lebon, Vadier, avaient tous été feuillants ou girondins. — Voulland (d'Uzès) était une créature des Rabaut, et son nom était sur la liste fatale trouvée aux Feuillants. — Jagot siégeait à droite, en 92, à côté de Barbaroux. En mission pendant le procès du Roi, avec Hérault et Grégoire, il demanda, comme eux, *la condamnation* sans ajouter le mot *à mort*. — Lebon, prêtre marié, avait protesté (à Arras, dont il était maire) contre le 31 mai, pour les Girondins. — Panis restait inquiet pour les comptes non rendus de la Commune, après les jours de Septembre. — Les membres les plus indépendants étaient Ruhl et Moïse Bayle, Élie Lacoste, Louis du Bas-Rhin. Le bon vieil alsacien Ruhl était toutefois poursuivi par la Presse pour son *indulgence* à Strasbourg.

Les hommes les plus exposés du Comité, sans comparaison, étaient Vadier et Amar.

Vadier, homme du Midi, vieux, faible, mobile, avait fait l'un des actes les plus décisifs de contre-révolution. Royaliste en 91, il voulait, le jour du massacre du Champ-de-Mars, qu'on fît un procès à mort à la société jacobine. Robespierre, son ancien collègue à la Constituante, le maintenait en vie, croyant qu'il n'y avait pas d'instrument meilleur qu'un homme perdu.

Amar, des pieds à la tête, était de l'ancien régime. Il avait l'air prêtre, doux, faible, servile. Il n'était pas sans mérite. J'ai vu de lui une lettre religieuse et touchante sur la mort de sa femme. C'était un robin de Grenoble, qui, à l'entrée même de la Révolution, se trompant d'époque, avait acheté la *noblesse* et un titre de *trésorier du Roi*. Il se sentait vivre par grâce, obligé à faire plus qu'un autre pour mériter cette grâce. C'était le scribe obligé, le commis, la bête de somme. A lui les plus rudes besognes, l'accusation des Girondins, par exemple, qu'il traîna, tant qu'il put, jusqu'à ce que les Jacobins furieux lui arrachassent le dossier et se chargeassent de l'affaire. Amar, effrayé, fit alors plus qu'on ne voulait, enveloppant dans la Gironde les 73, que sauva Robespierre. Depuis novembre, il était poursuivi de même pour accuser les dantonistes. On voulait, de l'affaire Chabot, faire un monstrueux filet pour attraper Fabre et d'autres. Les registres témoignent de la résistance d'Amar[*]. Il fuyait le Comité, se cachait chez lui. Les menaces l'en tirèrent. Il marcha tard, sous le fouet, mal, puis mieux, mais jamais bien. Robespierre ne fut jamais content de son *rapport* contre Fabre.

Toutes choses étaient préparées. On avait un président sûr, chose capitale, pour brusquer l'affaire, déclarer les débats clos avant qu'ils commençassent. On avait mis au fauteuil cette terrifiante figure de David, dont la roulante prunelle, le débraillement sauvage, la difforme joue, bouffie de fureur, pouvaient fasciner les faibles.

Cette terreur parut commencer avant la séance. Que d'autres arrestations ne suivissent, on n'en doutait guère. La Montagne fit la part du feu. Elle sacrifia un dantoniste, le plus isolé, pour sauver les autres. « La grande colère de Robespierre ne vient-elle pas surtout de l'applaudissement indiscret que Desmoulins, Fabre et autres ont donné à Philippeaux? Eh bien! sacrifions Philippeaux! » Cette grande affaire fut ainsi définitivement enterrée : Philippeaux fut débouté et ses accusations mises à néant par l'ordre du jour.

Alors on vit apparaître la mine discrète d'Amar et le vieux pantin Vadier.

Amar dit, *avec douleur*, qu'il remplissait un devoir bien pénible, mais qu'enfin il s'agissait de l'honneur de la Convention; que l'affaire de Chabot et Delaunay s'étendait plus qu'on ne croyait, que Fabre en était aussi, qu'il paraissait avoir fait un faux en faveur de la Compagnie des

Indes ; que, du reste, l'affaire allait s'éclaircir, et *qu'on ne devait rien préjuger encore.*

Cambon, interpellé, attesta qu'en effet il y avait un faux. De qui était-il ? c'était la question. Danton demanda qu'elle fût éclaircie à la Convention même.

Vadier gasconna hardiment : « Voulez-vous donc nous faire remonter à la Constitution de 90 ? Est-ce qu'il y a encore une inviolabilité pour les représentants ?..... Vaste est le complot..... L'homme arrêté est le premier agent de Pitt, » etc.

« Non seulement on a la pièce, dit Billaud-Varennes, mais on a les cent mille francs destinés à payer le faux. »

« Du moins, qu'on fasse un prompt *rapport*, » dit encore Danton.

« Point du tout, dit durement Billaud ; la Convention doit se reposer sur la diligence de ses Comités. Attendez les faits. »

David, comme président, étrangla cyniquement la question, en déclarant que le débat était clos, et l'arrestation confirmée.

Que la Convention se livrât ainsi elle-même, que la Montagne, frappée en Osselin, Bazire et Fabre, menacée en tous ses membres qui revenaient de mission, ait pu si peu résister, ce serait inexplicable, si l'on n'y voyait la cruelle revanche prise par la droite et le centre, par les amis des Girondins. Je doute que Robespierre eût fait voter ainsi à l'Assemblée sa propre mort, si ce vote n'eût été très doux à la rancune de ceux qui, jusque-là dominés par la Montagne, devenaient ses juges et ses maîtres, en servant leur nouveau patron.

Ils jouirent deux fois en ce jour de frapper en même temps et l'auteur du *Catéchisme* et l'auteur du *Calendrier*, d'étouffer en Philippeaux la probité montagnarde, d'écraser le génie en Fabre, de briser la plume terrible qui risquait de doubler *Tartufe*.

Tous les historiens jusqu'ici (sans excepter M. Thiers, plus spécial en finances) ont suivi l'accusation, copié docilement Amar et Fouquier-Tinville. Pourquoi ? Ces deux autorités étaient-elles si rassurantes ? Une autre, sans doute plus grave, était celle de Cambon, qu'on fit venir comme témoin. Le *Bulletin du Tribunal révolutionnaire*, rédigé et arrangé chaque soir par le juge Coffinhal (qui le falsifia dans l'affaire d'Hébert), *indique* en effet une déposition de Cambon *contre* Fabre ; il ne la donne pas textuellement, de sorte qu'on ne voit pas bien *en quoi* elle était *contre* Fabre. Cette déposition unique (car il n'y eut qu'un témoin dans cette affaire immense) méritait bien, ce semble, d'être donnée mot à mot. N'importe ! toute la Presse du temps copie, sans oser rien changer, l'extrait de la déposition, telle que la donne le *Bulletin*. Les historiens ont à *leur tour suivi les journaux*.

Une chose étrange pourtant et faite pour donner

des doutes, c'est qu'au Tribunal, quelques instances qu'ait faites l'accusé, *on refusa obstinément de représenter la pièce qu'on disait falsifiée.* Ce fut la première fois, depuis l'origine du monde, qu'on crut pouvoir frapper un faussaire sans montrer le faux.

« Fabre (dit le *Bulletin du Tribunal*), Fabre a demandé communication des pièces *originales*, prétendant que la représentation des *originaux* était nécessaire à sa défense. » Je le crois bien ; comment décider une affaire de faux, si l'on ne voit les écritures ?

La réponse du président, Herman, est admirable :

« Le président a observé *avec fondement* à Fabre qu'il lui suffisait de reconnaître ou désavouer les changements et altérations *qui lui étaient mis sous les yeux.* »

Mis sous les yeux ? mensonge atroce !... non dans les pièces originales, où l'on eût apprécié les écritures, mais dans une copie quelconque !...

On n'osa guère, au procès, insister sur le point des signatures que Fabre, Cambon et autres avaient données de confiance. La question grave était celle *des surcharges* ajoutées en faveur de la Compagnie. *Sont-elles, ou ne sont-elles pas de l'écriture de Fabre ?* Elles avaient pour but : la première, de « liquider les affaires de la Compagnie, selon ses statuts et règlements ; » la deuxième, de lui épargner un droit rétroactif dont on frappait ses transferts, « excepté ceux faits en fraude, » et de restreindre ce droit à une amende.

Eh bien, les écritures examinées, étudiées, calquées avec un extrême soin, établissent non seulement *que les surcharges ne sont point de la main de Fabre*, mais qu'elles sont d'une écriture sans nul rapport à la sienne, sans la moindre ressemblance, *qu'il était impossible de s'y tromper*, de sorte qu'il a fallu absolument, pour charger Fabre d'un faux, que les juges retinssent par devers eux la pièce fatale, ne montrassent rien au jury, et tirassent de ce misérable jury (trié, trompé, terrorisé, et qui résista pourtant) un pur et simple acte de foi, un assassinat sur parole *.

Il y a des surcharges de Fabre, comme il le déclara lui-même dès le 17 novembre, au moment de la dénonciation de Chabot contre Delaunay. Mais ces surcharges sont faites au crayon, sur la première *minute* qui ne fut point adoptée; elles sont toutes signées de lui et elles sont honorables; ce sont des amendements qu'il propose pour empêcher la Compagnie d'éluder le décret.

Ces amendements sévères étaient, dira-t-on, un moyen d'effrayer la Compagnie, ses agents Chabot, Delaunay, Julien, et d'en tirer de l'argent. Qui prouve cette intention? Chabot déclara qu'on lui avait donné cent mille francs pour corrompre Fabre, mais il dit aussi qu'il n'osa lui en parler; il les garda discrètement **.

Quand Fabre vint, le 17 novembre, au Comité de Sûreté, on lui montra la première *minute* chargée de ses *notes*, toutes signées de lui, toutes dans l'intérêt de l'État. Personne ne s'avisa alors d'avancer que la surcharge, *excepté ceux faits en fraude*, qu'on voit sur cette *minute*, fût de l'écriture de Fabre. Est-il sûr que cette surcharge existât à cette époque ?

Ce fut le 19 décembre, le lendemain du jour où Fabre avait lancé Bourdon de l'Oise pour accuser et faire sauter Héron, l'agent des Comités, — c'est ce jour qu'on exhuma la seconde *minute* qui porte les deux surcharges. On répandit dans Paris qu'une pièce *avait été trouvée écrite par Benoît d'Angers* (qui était en fuite), *interlignée par Delaunay d'Angers, signée de Fabre*, etc. Fabre avait signé, Cambon aussi, de confiance. Il n'y avait pas là de quoi prendre Fabre. Heureusement on avait en prison ce Delaunay, la machine à dénoncer ; on le tenait à la gorge en faisant semblant de croire que la pièce *était interlignée par lui, Delaunay*. On était sûr que ce Delaunay, sous cette pression de terreur, crierait que les additions n'étaient pas de lui, mais de Fabre. C'est ce qu'il ne manqua pas de faire, le 9 janvier, le jour où la lutte entre Fabre et Robespierre lui fit croire que, pour gagner le second, il fallait tuer le premier.

Cet homme utile, en récompense, vivait royalement en prison ; tout y abondait, les vins délicats, les fruits exotiques, les filles surtout, ce qui peut énerver, troubler, annuler la conscience. On l'abrutissait et on l'effrayait, on en tirait ce qu'on voulait. Entre deux vins, il savait tout, révélait tout, dénonçait tout.

Qu'aurait-on fait, si on eût voulu suivre une marche simple et loyale ? On n'aurait pas été demander la vérité à Delaunay, dans cet égout de prison. On eût fait, en plein soleil, la simple et naturelle enquête qui ouvre toute affaire de ce genre, l'*enquête des écritures*.

Non seulement on ne chercha pas d'éclaircissements, mais on repoussa ceux qui vinrent d'eux-mêmes. Une lettre vint de Julien de Toulouse, l'un des accusés en fuite ; elle vint droit à la Convention, sans passer par le Comité. N'ayant pu la supprimer, on réussit du moins à en empêcher la lecture, qui peut-être eût tout éclairci.

Ce qui rend cette affaire étrange encore plus mystérieuse, c'est que, plus on y réfléchit, plus on voit que la Compagnie ne pouvait espérer que le crime lui servît à rien.

Ce décret public, imprimé, personne ne l'aurait-il donc lu ? La Commission créée pour diriger, surveiller la liquidation, ne l'eût-elle pas dénoncé au bout de deux jours ? Les coupables, dira-t-on, Fabre ou Delaunay, auraient émigré sans doute, dès qu'ils auraient reçu l'argent. D'accord. Mais les banquiers d'alors étaient-ils si sots que de jeter de l'argent dans une affaire d'un résultat si éphémère, si visiblement incertain? Pas un homme sérieux ne le ferait aujourd'hui. Je suis bien plus porté à croire que le banquier principal, le baron de Batz, pensionné en 1815 pour avoir essayé de sauver les enfants du Temple en gagnant des députés, avait versé les cent mille francs pour entamer cette affaire, à laquelle, par Chabot peut-être, il croyait amener tels et tels; l'affaire de la Compagnie n'était qu'un prétexte.

Imputer ce crime si bête d'un faux qui crevait les yeux à l'un des grands esprits du temps, à l'homme habile et dangereux qui, disait-on, menait Danton, Desmoulins et tout le monde, c'était une contradiction hardie et cynique qui ne pouvait être risquée que par la toute-puissance, par ceux qui, pour être crus, n'ont pas même besoin d'imiter les écritures, pouvant faire juger sans pièces ou tuer sans jugement.

Nous n'accusons nullement Robespierre de cette machination, son caractère y répugnait. D'ailleurs, il est très rare que les puissants aient besoin de faire des crimes ni même de les savoir; on devance leurs pensées.

Nous ne croyons pas non plus qu'il y ait lieu d'accuser en masse le Comité de Sûreté. Il y régnait une singulière division du travail. Des affaires grandes et terribles s'y sont souvent décidées avec deux ou trois signatures.

L'accusation dont les menaçait Fabre aura décidé les membres les plus compromis du Comité. La haine et la peur auront aisément établi dans leur esprit que leur ennemi était un traître. Cela bien convenu entre eux, le moyen de le faire périr leur parut indifférent. Un faux? Pourquoi pas? Le mot traître à lui seul contient tous les crimes.

Chose singulière! l'homme le plus envenimé contre Fabre garde une certaine réserve. Robespierre parle *de son avarice*, de son immoralité; il n'ose articuler expressément le mot *faussaire*.

Conservait-il quelque doute? Il s'en sera rapporté au Comité de Sûreté et aux Tribunaux, à son président Herman, ami trop discret pour l'inquiéter sur le mode de frapper *l'intrigant, le traître*, dont la disparition lui était si nécessaire.

Quoi qu'il en soit, il était à craindre que la Convention revenue de sa stupeur, la droite même et le centre honteux de livrer la Montagne, n'appuyassent guère Robespierre dans cette terrible affaire de Fabre. Le Comité de Salut public, une partie même du Comité de Sûreté, ne l'y soutenaient nullement. C'est ce qui explique l'intime alliance et le très parfait concours des robespierristes et des hébertistes, vers la fin de janvier.

Un coup ayant été frappé sur les *indulgents* (12 janvier) par l'arrestation de Fabre, ils en frappèrent un sur les *enragés* par le procès de Jacques Roux (16 janvier). Fabre était accusé de faux, Roux fut accusé de vol. Hébert était cruellement jaloux de Roux, de Varlet, de Leclerc, obscurs tribuns des quartiers industriels qui, quels que fussent ses efforts, occupaient toujours l'avant-garde. Roux, puissant aux Gravilliers, leur signalait le Père Duchêne comme un tartufe, un muscadin et un *modéré*. Robespierre même en avait peur, et c'est ce qui plus qu'aucune chose le condamna à l'alliance hébertiste, qui fut sa fatalité. Pourquoi avait-il peur de Roux, d'une influence qui semblait confinée dans un quartier de Paris? C'est qu'il en voyait (dans Leclerc de Lyon) les rapports avec les amis de Chalier, en deux mots, le germe obscur d'une révolution inconnue, dont la révélation plus claire se marqua plus tard dans Babeuf.

Et comme la peur est cruelle, on fut impitoyable pour Jacques Roux. Chaque fois qu'il y eut du bruit dans Paris, on tomba sur lui; on lui mit d'abord sur le dos l'émeute du savon (juin), et on lui lança Marat. Il essaya un journal, avec Leclerc de Lyon. Et on l'étouffa, par une réclamation de la veuve Marat (août). Au mouvement de septembre, les choses à peine arrangées, on tombe encore sur Jacques Roux, sous le prétexte d'un vol*; il demande en vain qu'on le juge, en vain les Gravilliers réclament à la Commune; Hébert rit et pirouette, comme un marquis d'autrefois. Les *femmes révolutionnaires* qui le soutenaient sont dissoutes; leurs Clubs, fermés. Le pauvre homme reste là, attendant toujours des juges... Le procès est escamoté. La Police correctionnelle, ne pouvant tirer parti de l'accusation de vol, renvoie Jacques Roux à Herman, au Tribunal révolutionnaire. Il vit bien qu'il était mort, et se frappa de cinq coups de couteau (16 janvier). Les Gravilliers ne le pardonnèrent jamais ni à Hébert, ni à Robespierre ; et ils ont retrouvé cela, en mars et en Thermidor.

Les robespierristes n'attendaient pas que l'homme qu'ils croyaient salir échapperait de cette façon, se lavant dans son propre sang. Ils furent assez inquiets de l'effet des Gravilliers et dans le quartier du centre. Ce martyr des *enragés* les dénonçait par sa mort, les notait de *modérantisme*. C'est ce qui les précipita dans une comédie plus qu'hébertiste, qui étonna tout le monde.

Couthon, comme Robespierre, était la décence même, un homme très composé. Au 21 Janvier, anniversaire de la mort du Roi, dans un enthousiasme à froid, il demanda le bonnet rouge, que Robespierre avait toujours obstinément rejeté. Il proposa que tous les représentants, *chacun portant le bonnet rouge, la pique à la main*, allassent visiter l'arbre de la Liberté au bout du jardin des Tuileries. Arrivée là, l'Assemblée se trouva nez à nez avec le bourreau, en face de la charrette qui menait les condamnés du jour à la guillotine. Plusieurs détournèrent les yeux, et beaucoup craignirent de les détourner.

Ils crurent la chose calculée, se sentirent sous l'œil de l'espionnage qui dénotait leurs répugnances. Bourdon de l'Oise rompit le lendemain ces tristes chaînes de peur, exprima violemment la pensée de tous, et trouva un écho dans les cœurs ulcérés de l'Assemblée.

Les hébertistes étaient maîtres. Robespierre avait besoin d'eux. Il leur donna (9 pluviôse) cet étrange certificat qui contrista ses amis : « Il est inutile que les Jacobins interviennent en faveur de Ronsin et de Vincent. Le Comité de Sûreté *sait qu'il n'existe rien à leur charge.* Il faut le laisser agir afin que *leur innocence* soit proclamée par l'autorité publique. Il n'y a rien de pis pour l'*innocence opprimée* que de fournir aux intrigants le prétexte de dire qu'on leur a forcé la main. Le Comité de Sûreté sera fidèle à ses principes ; il n'a *aucune preuve* des dénonciations faites par Fabre d'Églantine. »

Il oubliait pour Lyon la violation des Lois, patente et publique ; pour la Vendée, les preuves écrasantes qu'avait imprimées Philippeaux.

LIVRE XVI

CHAPITRE PREMIER

CARRIER A NANTES
EXTERMINATION DES VENDÉENS

Fautes de tous les partis. — Douleur de Kléber. — Carrier chargé d'en finir. — Les deux partis ne voulaient plus de grâce. — Barbarie des Vendéens. — Peur de Carrier. — Résistance qu'il trouve à Nantes. — Attitude des prisons de la ville. — Le Comité révolutionnaire. — Le créole Goullain. — Noyades. — Victoires du Mans et de Savenay, 12-13 décembre 93. — Comment Carrier y contribua.

Mes lecteurs ont cru sans doute que décidément j'avais perdu de vue l'Ouest, qu'entraîné, comme enroulé dans le fil tourbillonnant de l'histoire centrale, je laissais échapper sans retour le fil trop divergent des affaires de la Vendée.

Le Centre les oubliait. Les yeux sur Paris, sur le Nord, il faisait bon marché du reste. L'Ouest restait comme une île. Nantes, pour s'approvisionner, traitait avec l'Amérique. Sans la crainte d'une descente anglaise, on n'eût plus pensé, je crois, qu'il y eût une Vendée.

A Dieu ne plaise que j'imite cet oubli, que je manque si cruellement à la mémoire de nos pères, que j'abandonne là nos armées républicaines, que je ne donne à nos braves ma pauvre et faible expiation, de dire au moins comment ces hommes, invincibles aux grandes armées d'Allemagne, périrent dans les boues de l'Ouest, moins sous les feux des brigands que par l'ineptie de leurs chefs.

Si j'ai ajourné ce récit, c'est que j'ai voulu attendre que les événements eussent atteint leur maturité, que tout l'apostume eût crevé, et que cette histoire locale, éclatant dans un jour d'horreur aux yeux de la France, apparût en rapport étroit avec l'histoire même du Centre, dont on la croyait séparée.

Les succès inattendus des Vendéens fugitifs, leur déroute qui suivit, la tragédie de Carrier, tout cela va fournir les plus terribles éléments à la tragédie centrale. Carrier, devenu légende, conté par toute la France comme une histoire de revenants, est immédiatement saisi comme une prise admirable, pour exterminer les partis.

Il faut d'abord établir que tous, Vendéens, Anglais et républicains, firent ce qu'il fallait pour échouer : les Vendéens, par ineptie ; les Anglais, par timidité ; et le Comité de Salut public, par la dépendance où le tenaient les hébertistes (en octobre 93).

Les Vendéens, on l'a vu à la mort de Cathelineau, eux-mêmes énervèrent la Vendée, en supprimant les élections de paroisse, désorganisant la guerre populaire qui se faisait d'abord par tribus et par familles, en étouffant la croisade dans un petit gouvernement de ci-devants et d'abbés. Pour comble, ils irritèrent Charette et lui fournirent des prétextes de ne point aider au passage de la Loire *(Mém. ms.* de Mercier Du Rocher). Puisaye offrait de les mettre en Bretagne, et ils se moquèrent de lui.

Le gouvernement anglais montra une étrange inhabileté, bien en contraste avec l'idée qu'on se faisait à Paris du diabolique génie de Pitt. Il ne sut pas même profiter des étonnantes circonstances que la fortune semblait arranger exprès pour lui. La Vendée eût été trop heureuse de recevoir leur direction en cette dernière extrémité. Ils passèrent le temps à se demander *si cette bande avait des chefs respectables*, et autres questions anglaises. Ce n'est pas tout : ils chicanèrent, exigeant toujours un port, et voulant savoir au juste ce qu'ils gagneraient à sauver ces infortunés.

Enfin, pour achever les fautes de tous, le Comité de Salut public, après avoir décidé sagement qu'il n'y aurait plus qu'une direction et un général, donna cette grande position à l'homme le plus capable de tout perdre en une fois, à l'inepte Léchelle d'abord, puis, quand il eut essuyé une sanglante défaite, à l'automate Rossignol, déjà parfaitement connu, méprisé, maudit de l'armée, éreintée deux fois par lui. Et c'est au moment où les Montagnards de Nantes écrivaient que ce Rossignol infailliblement allait être guillotiné, c'est alors, dis-je, qu'on le fit général en chef de toutes les armées de l'Ouest, qu'immédiatement il fit battre, en ouvrant toute la Bretagne. Le remède de cet idiot, ç'eût été *de brûler Rennes! et de faire venir un chimiste,* surtout le citoyen Fourcroy, — pour analyser l'ennemi! (11 et 25 novembre.)

« Rossignol, lui disait Prieur de la Marne, tu perdrais encore vingt batailles, que tu n'en serais pas moins l'enfant chéri de la Révolution et le fils aîné du Comité de Salut public. »

Je ne connais rien de plus tragique, dans toute l'Histoire de la Révolution, que ce qui advint à Kléber, à sa pauvre armée mayençaise, quand cet imbécile Léchelle leur eut fait subir leur première défaite. « Je voulus parler aux soldats, dit Kléber dans ses *notes*, je voulais leur faire des reproches...; mais quand je me vis au milieu de ces braves gens qui jusque-là n'avaient eu que des victoires, quand je les vis se presser autour de moi, dévorés de douleur et de honte..., les sanglots étouffèrent ma voix, je ne pus proférer un seul mot et me retirai*. »

C'est précisément le moment où Carrier arrivait à Nantes. Tête faible autant que furieuse, incapable de faire face à une telle situation (22 octobre 93).

Carrier, vers la fin de septembre, y fut envoyé par le Comité de Salut public. La descente anglaise paraissait probable. Nantes était devenu un centre d'inertie malveillante, que Philippeaux n'avait pu vaincre. Carrier le remplaça. On le choisit comme honnête homme, d'une probité auvergnate (il venait de signaler le voleur Perrin), et, dans la réalité, il sortit pauvre de Nantes. Il avait juste à sa mort ce qu'il eut en 89, un petit bien de dix mille francs. Il n'était point robespierriste, mais ami des extrémités, ami de Billaud-Varennes, et nullement ennemi d'Hérault. Hébertiste, il n'était pas moins équitable pour les dantonistes; dans ses lettres, il rend justice à Merlin de Thionville, à Westermann, à Philippeaux même.

La bataille de Wattignies n'étant pas gagnée encore, la terreur d'une descente qui nous prendrait par derrière faisait désirer d'en finir à tout prix avec l'Ouest. Les *indulgents* mêmes le voulaient ainsi. Merlin demanda « qu'on fît de la Vendée un désert. » Hérault écrivit à Carrier au nom du Comité : « Si ta santé le permet, va souvent de Rennes à Nantes... Il faut purger cette ville. Les Anglais vont arriver. Nous aurons le temps d'être humains lorsque nous serons vainqueurs. »

Carrier était un homme très nerveux et bilieux, d'une imagination violente et mélancolique. Dans une lettre à Billaud (11 octobre), il exprime toute sa pensée, il se sent voué à la mort. Il dit, dans un dîner à Nantes, qu'il voyait bien qu'on se servait de lui pour le sacrifier ensuite. Eut-il des instructions secrètes? Napoléon croit qu'il en eut, et qu'on les lui enleva. La tradition nantaise est qu'il les portait sur lui dans une bourse de maroquin rouge; que Barère, Billaud et Collot dînèrent avec lui, le grisèrent et lui enlevèrent les pièces qui les compromettaient. Ces traditions sont romanesques. Sans imaginer ces mystères, on va voir que tout s'explique par la situation. Elle se trouva inattendue, effroyable, prodigieuse de trouble et de vertige. La tête de Carrier n'y tint pas.

C'était un grand homme sec, de teint olivâtre, dégingandé, à grands bras gesticulants et d'un geste faux, ridicule, s'il n'eût fait peur. Son signalement est celui que donne Molière de son fameux Limousin : habitude du corps grêle, barbe rare, cheveux noirs, plats, l'œil inquiet, l'air ahuri, égaré. De tels hommes sont rarement braves, et très souvent furieux.

Tant qu'il ne fut pas à Nantes, toutefois, il ne perdit pas l'esprit. Il écrivit de la Vendée que

Merlin était l'homme indispensable à cette guerre. Il reçut avec humanité les Vendéens qui se rendaient, leur fit donner des vivres, leur parla avec douceur; c'est le témoignage que lui rend un de ses ennemis.

Il arriva à Nantes au moment de la grande terreur qu'y jeta le passage de la Loire. Tout le monde était aux retranchements qu'on achevait à la hâte. Les denrées n'arrivaient plus. Le peuple, affamé, voyait en face, sur l'autre rive, les brigands à mouchoirs rouges* qui venaient, sous son nez, lui couper les vivres, lui ôter le pain. Il trouvait dur de nourrir, aux prisons, ses ennemis. Dès 92, c'était un cri populaire : « A l'eau les brigands! » (Lettres de Goupilleau, 10 septembre 92.)

Madame de La Rochejaquelein nous apprend qu'en octobre 93, les Vendéens criaient de même : « Plus de grâce! » C'était, dit-elle, l'exaspération causée par la mort de la Reine. Mais avant, dès le 20 septembre, les Vendéens n'avaient-ils pas comblé le puits Montaigu des corps vivants de nos soldats écrasés à coups de pierres? Charette, en prenant Noirmoutier (15 octobre), n'avait-il pas fait fusiller tous ceux qui s'étaient rendus**?

On racontait des choses inouïes des Vendéens : des hommes enterrés jusqu'au col, pour que leur misérable tête, vivante et voyante, servît de jouet; des prisonniers mis au four; des femmes (exemple, la fille D., à Cholet, morte récemment), lesquelles, d'une main délicate, allaient, sur les champs de bataille, piquer à l'œil, de leurs longues aiguilles, nos soldats agonisants. Des patriotes échappés (j'en ai des lettres sous les yeux) disaient, chose plus diabolique, que les Vendéens n'étaient pas contents de tous les supplices, à moins qu'ils ne fussent infligés par de très proches parents : ils obligeaient, par exemple, un garçon de dix-sept ans à assassiner son père, sauf à le sabrer ensuite.

Carrier, arrivant à Nantes, fut terrifié de la fureur du peuple. Il craignait d'être mis en pièces dans un moment de famine. Il reprocha aux corps administratifs de vouloir le faire périr, en rejetant sur lui l'embarras des subsistances.

Il exprimait cette peur, surtout quand on lui parlait d'*indulgence* : « Voulez-vous me mettre en danger? disait-il. Ai-je le droit de faire grâce? »

Le Comité révolutionnaire, formé d'hommes de Philippeaux, mais reflétant fidèlement le progrès de la fureur populaire, apparaissait à Carrier comme un œil sur lui. Dans une rare occasion où Carrier élargit un homme, il recommanda qu'il partît, échappât à la surveillance du Comité révolutionnaire*. Le Comité, de son côté, qui, sous main, sauvait des enfants, craignait extrêmement Carrier.

Cet homme, tellement attentif à ne pas se compromettre, chercha sa sûreté en trois choses : ne point donner d'ordre écrit, s'attacher les pauvres en forçant les marchands de vendre au prix strict du maximum, enfin se débarrasser par tous les moyens des bouches inutiles. Vendre au rabais, même à perte ! Les Nantais aimaient mieux mourir. Ils trouvèrent cent moyens ingénieux d'éluder la Loi. Carrier se consumait d'efforts ; rien n'y faisait. Il employait les plus terribles menaces, jusqu'à dire : « La Loi d'une main, la hache de l'autre, nous forcerons les magasins. » Par trois fois, il entreprit l'opération impossible d'arrêter tous les marchands *, même les revendeurs en détail. Ils fermaient, ou se cachaient. Carrier donnait des scènes de fureur épouvantable, attestant le ciel et la terre qu'on voulait le faire périr, le rendre victime de la rage du peuple affamé.

Quoiqu'il donnât trois francs par jour à la Garde nationale, tout le monde, même les patriotes, étaient contre lui. Dans un accès de colère, il ferma pendant trois jours la société populaire, cette société de Vincent-la-Montagne qui seule véritablement dans cette ville représentait la Révolution.

Qui profiterait de cette scission déplorable des patriotes et de la folie de Carrier ?

Les royalistes constitutionnels, anglomanes et girondins, si la flotte anglaise arrivait ;

Ou les royalistes purs, si la grande armée vendéenne se jetait sur Nantes.

Les constitutionnels, c'était le commerce et la ville presque entière ; ils opposaient à la défense une résistance sournoise, une grande force d'inertie.

Les royalistes purs, c'étaient généralement la masse des prisonniers qui, collés à leurs barreaux, des hauteurs de Nantes, regardaient, appelaient sur la côte d'en face les écharpes rouges; c'étaient les prêtres enfermés aux pontons de la Loire, vrai centre, profond foyer de la contre-révolution, auquel tenait tout un monde d'intrigue et de dévotion, qui, par ruse, par argent et de cent manières, communiquait avec eux; des femmes discrètes, hardies, qui faisaient les commissions, passaient sous leurs jupes lettres, *proclamations* et tout, allaient, venaient, sous mille prétextes que donnait surtout l'apport des denrées.

Tout cela était d'autant plus facile que les royalistes avaient des parents dans la Garde nationale, généralement girondine. Chaque famille était ainsi divisée. L'esprit d'individualité est tel, dans ces malheureux pays, que six frères prennent six noms, et volontiers prendraient autant de partis différents. Donc, nulle sûreté en personne. Et c'est ce qui donnait à la guerre un caractère embrouillé, inextricable, inguérissable. Misérable maladie, tenace, vraie gale maudite, où la peau ne se guérit qu'en tirant la chair après elle, emportant le malade même. Les royalistes en 93, plus tard les républicains, ont péri. L'Ouest est devenu pâle, comme vous le voyez aujourd'hui.

L'âme de Charette était dans les prisons de Nantes autant qu'au camp de Charette. L'outrecuidance moqueuse des nobles prisonniers dépassait tout ce qu'on peut imaginer. Ils savaient toutes les nouvelles, les mauvaises surtout, et en triomphaient avant que la ville les sût. A chaque revers des nôtres, ils sautaient de joie, jetaient leurs vivres à la tête des gardiens. « Nous n'en avons plus besoin, disaient-ils : l'armée du Roi arrive ce soir. » Ils étaient fort mal nourris ; mais toute la ville l'était de même (c'est ce que dit Champenois, celui qui chassa Carrier). Plusieurs fois ils essayèrent de prendre les armes ; l'ingénieur Rapatel, même avant Carrier, avait dit que les prisonniers cherchaient des instruments tranchants et voulaient s'unir à Charette.

Un fait certain, c'est que les *proclamations* de celui-ci paraissaient d'abord à Nantes ; et, pour une raison très simple, elles s'imprimaient justement chez l'imprimeur de Carrier. Cet imprimeur, républicain d'opinion, mais Nantais d'abord, c'est-à-dire marchand, travaillait pour qui le payait. Le jour, portant le bonnet rouge (et sa femme de même, ses enfants, ses ouvriers, tous en bonnet rouge), il imprimait des choses rouges. La nuit, seul, en bonnet blanc, il imprimait à petit bruit les blanches *proclamations*, empochant impartialement les assignats et les guinées.

L'or anglais, irrésistible contre la monnaie de papier, créait partout aux royalistes des serviteurs pleins de zèle. Des cordonniers de Nantes (qui vivent encore) bâclaient au prix du maximum de mauvais souliers pour nos troupes; les meilleurs, ils avaient l'honneur de les faire passer aux *Messieurs* de l'autre rive, à Vertou, à Saint-Sébastien. Les armuriers étaient de même. Quand Charette (dit son chroniqueur) ébréchait son sabre sur la tête des républicains, il l'envoyait sinon à Nantes, à Paris même, où l'on s'empressait de le réparer*.

Tout mouvement projeté à Nantes était à l'heure même connu, prévenu, de l'autre côté de la Loire. C'était une chose magique. Nul moyen de saisir les communications.

On se rappelle la situation de la ville, en juin, lorsque l'accord admirable des Montagnards et des Girondins assura son salut. Ici, tout est changé. La grande masse girondine (le commerce en majorité) était infiniment suspecte. Ceux qu'on appelait Sans-Culottes, uniquement parce qu'ils étaient pauvres, n'avaient d'opinion que la faim. Les marins ne naviguaient plus, les cordiers ne filaient plus, les pêcheurs ne pêchaient plus, les poissonnières ne vendaient plus : celles-ci, mobiles et furieuses, changèrent de parti trois fois en deux ans**.

Les patriotes se comptèrent; je crois qu'ils n'étaient pas cinq cents. Et pour chef, ils avaient un fou!

Ils jugèrent la situation exactement du point de vue du radeau de la *Méduse*, ou comme dans un vaisseau négrier qui enfonce sous sa cargaison.

L'homme qui dit le mot fatal était une tête volcanique, arrivée de Saint-Domingue, un planteur. Nous avons dit que le premier des massacreurs de Paris avait été de même un planteur, Fournier, dit l'*Américain*.

Nantes, fort engraissée de la traite, riche, splendide, en 89, parlant beaucoup de Liberté, vit avec effroi Saint-Domingue faire écho à ses paroles, et fut tout à coup submergée d'un monde de réfugiés qui arrivaient d'Amérique. Il y avait bon nombre de nègres ; elle les enrégimenta, en fit d'excellents escadrons, très braves, mais très féroces, terribles, aux prisonnières surtout. Les nègres disaient : « Ce sont nos esclaves. »

Des créoles réfugiés, le plus brillant était Goullain, homme du monde, homme élégant, spirituel, éloquent même, doué d'une fine et exquise sensibilité nerveuse (il ne pouvait voir la mort) ; et, en même temps, chose étrange, ignorant tout à fait le prix de la vie humaine, manquant d'un sens entièrement, celui de l'humanité. Qu'est-ce que la vie aux colonies ? que pèse celle d'un nègre ? Un prisonnier, pour Goullain, n'était rien qu'un nègre blanc.

Le malheur voulut encore que ce violent créole qui influa sur le sort de Nantes autant que Carrier, était, comme lui, maladif. Il sortait, en 93, d'une grande maladie nerveuse dont il avait conservé l'irritabilité, la fébrile exaltation. Elle pouvait le porter au crime ou à l'héroïsme.

Les hommes, dans cet état, ont des puissances terribles. Tout lui cédait. Le Comité révolutionnaire était en lui seul. Chaux, secrétaire de Philippeaux, était un patriote ardent, brutal, de peu de tête. L'ex-notaire Bachelier, fin et doux, faux par faiblesse, avait peu d'initiative. Goullain l'a dit plus tard en Justice : « Moi seul, j'ai tout fait... Moi seul, j'ai le droit de mourir. » Ce qui saisit le jury : il fut condamné à vivre*.

Le 15 juin 93, Goullain avait eu l'heureuse initiative de réunir dans Saint-Pierre et de faire fraterniser, manger ensemble, les partis réconciliés, qui jurèrent de défendre Nantes.

Le même homme, au 8 novembre, quand les républicains défaits ne couvrirent plus Nantes, quand elle se voyait sans troupes, quand les prisonniers attendaient les Vendéens d'heure en heure, prit encore l'initiative, mais celle-ci effroyable, de mettre à mort les prisonniers, et, par ce coup de terreur, de s'emparer vraiment de Nantes, de vaincre la force d'inertie du commerce et des Girondins, de sorte que cette ville énorme, si riche en dessous, s'ouvrit, livrât ses ressources, et, se donnant tout entière, devînt une machine de guerre pour arrêter l'ennemi.

Le Tribunal révolutionnaire, présidé par un avocat, Phelippes Tronjolly, d'opinion très douteuse et prodigieusement craintif des futures réactions, ne voulait agir que sur pièces ; il exigeait des témoins. Nul témoin n'eût osé venir, étant parfaitement sûr d'être assassiné au retour. Restaient les Commissions militaires, et rien n'empêchait d'y avoir recours dans l'état de siège où était la ville. Les décrets de mars et d'août étaient très précis. On pouvait les appliquer. Dix fois, vingt fois, à la tribune, on les avait commentés, et de la manière la plus rigoureuse. Le sens n'en était pas douteux.

Dès le mois de mai, l'encombrement des prisons avait été épouvantable ; une épidémie commençait *(Registres du département)*. Tout le remède que les Girondins avaient imaginé, c'était, de temps à autre, d'élargir au hasard les prisonniers, qui se moquaient d'eux, passaient l'eau et oignaient Charette. Cette méthode de donner des soldats à l'ennemi ne pouvait guère être suivie au moment où la grosse armée vendéenne était près de tomber sur Nantes.

On prit le moyen opposé à celui des Girondins : tuer tout. Les Commissions militaires et les fusillades y auraient suffi. On y ajouta un affreux supplément, furtif dans le commencement, hypocrite, sans tromper personne. Ce fut de se passer de tout jugement, et nuitamment, furtivement, de vider les prisons dans la Loire.

Cette invention d'un supplice que la Loi n'autorise point était un crime contre elle ; elle en encouragea un autre, les mitraillades de Lyon, qui eurent lieu trois semaines après.

Carrier n'ignorait nullement la responsabilité qu'il encourait. Il refusa tout ordre écrit. Point d'ordre et point d'exécuteur. Rien d'organisé encore. Ce fut presque seuls, eux-mêmes, et en grande partie de leurs mains, que ces furieux patriotes firent l'horrible exécution.

On avait vu une chose étonnante à Rochefort, qui révèle le fanatisme de ce temps. Quand on y prit les officiers de l'*Apollon* qui avaient livré Toulon, il n'y avait point de bourreau. Le représentant Lequinio, dans la *société populaire*, demanda s'il se trouvait un homme dévoué qui voulût être le *vengeur du peuple* (cela s'appelait ainsi). Un jeune homme, nommé Ance, jusque-là irréprochable, se leva, dit : « Moi. » Dix autres s'offrirent alors. Mais Lequinio donna la préférence au premier et le fit manger avec lui. Lequinio, si terrible en 93, est précisément celui dont les vives réclamations en 94 arrêtèrent dans la Vendée le massacre et l'incendie.

Ce fut à la descente de la Loire, au-dessous de la ville, devant l'embouchure de la Sèvre, et comme devant Charette, que le Comité de Nantes noya d'abord quatre-vingts prêtres. La rive gauche frémit du coup, et le contre-coup dans Nantes frappa ce monde mystérieux de femmes et d'agents secrets qu'on ne savait où saisir.

C'étaient ces prêtres que la population voulait

noyer elle-même (en septembre 92). Elle ne prit pas mal la chose *. On trouva sur-le-champ des gens de bonne volonté qui se firent exécuteurs.

Une tentative de révolte aux prisons amena une seconde noyade (nuit du 9 au 10 décembre).

Carrier, quoiqu'il n'eût donné aucun ordre écrit, n'était pas trop rassuré du côté de la Convention. Il la tâta par cette lettre étrange où les choses semblaient attribuées au hasard. Après avoir annoncé un succès, il ajoutait : « *Mais pourquoi faut-il* que cet événement soit accompagné d'un autre ? Cinquante-huit prêtres, la nuit dernière, ont été engloutis dans cette rivière... Quel torrent révolutionnaire que cette Loire ! »

Plus tard, il écrivit à la Convention que les prisonniers arrivaient par centaines, que désormais il les ferait fusiller.

Le terrible nœud de la Vendée venait d'être tranché, il faut le dire, par hasard. Les Vendéens avaient échoué dans leur attaque de Granville ; la flotte anglaise n'avait pas paru pour les soutenir. Ils revenaient débandés, n'obéissant à personne, croyant, non sans apparence, que tels de leurs chefs voulaient les abandonner. Terribles encore par l'excès du désespoir et des misères, ils pouvaient se jeter en Bretagne. Ils revinrent plutôt mourir sur la route de leur pays. Ils coururent jusqu'à la Loire, ne purent passer, remontèrent au Mans. Chose étrange ! les républicains attendaient un général en un tel moment! Marceau avait l'intérim; personne n'obéissait. Westermann courait en avant, et, derrière, Marceau; Kléber rejoignait comme il pouvait. Westermann, arrivant aux portes du Mans, n'attendit pas un moment, s'y précipita. Marceau le pria de s'arrêter et de prendre position : « Ma position est au Mans! » Marceau le suit, et fait dire à Kléber d'accourir. On se bat toute la nuit. Ce ne fut qu'au jour qu'une charge à la baïonnette emporta la résistance. La déroute fut épouvantable. La Vendée ne s'en est jamais relevée.

Une part considérable dans cette victoire appartenait aux *Administrations* de Nantes, au Comité, à la *société populaire*, et, il faut le dire, à Carrier. C'est le témoignage que lui rend dans ses lettres son ennemi Goupilleau, qui ne le ménage pas et signale en même temps ses fureurs absurdes. Il s'était montré zélé et actif, avait réussi, dans cet abandon du Centre, à chausser, habiller l'armée, ayant mis les draps, les cuirs en réquisition, ayant créé des ateliers révolutionnaires pour faire les habits, les souliers; il en envoyait à l'armée six cents paires par jour. Aux moments les plus décisifs, il agit avec à-propos. Lorsque les Vendéens arrivèrent devant Granville, croyant voir venir les vaisseaux anglais, ce furent deux canonnières envoyées par Carrier qui vinrent au contraire et tirèrent sur eux. Une petite Vendée, qui se formait dans le Morbihan, fut à l'instant étouffée en deux combats par les généraux Avril et Cambrai qu'il y dépêcha. Angers, sans vivres, au moment où les brigands fondirent sur elle, vit le soir arriver quarante charrettes de pain, qui, de Nantes, avaient fait les vingt lieues au grand galop. Tous les bâtiments furent saisis sur la Loire; les Vendéens ne trouvèrent pas deux barques pour repasser. Leurs radeaux furent fracassés par les chaloupes canonnières de Carrier, qui, rangées en file, balayèrent le fleuve et en noyèrent des milliers. Il garda de même la Vilaine, leur ferma ainsi la Bretagne, en sorte qu'ils vinrent s'enfourner, se faire écraser au triangle de Savenay.

Les Auvergnats de Carrier (troisième bataillon du Cantal) se lancèrent dans la Vendée; unis aux troupes qu'on envoyait de l'armée du Nord, ils reprirent l'île de Noirmoutier. La côte fut fermée aux Anglais.

CHAPITRE II

LA MISSION DE CARRIER

L'armée vendéenne avait été embarrassée par les femmes. — Pourquoi elle ne put entraîner la Bretagne. — Différences de la femme bretonne et de la vendéenne. — La déroute reflue sur Nantes (fin décembre). — Le typhus. — Climat de Nantes. — Noyades. — Carrier consent à sauver les enfants. — Il veut proscrire les filles publiques. — On sollicite l'intervention de Robespierre. — Carrier rappelé, 6 février. — La légende de Carrier. — Le Comité de Nantes s'assure de Robespierre. — On guillotine les agents de Carrier, 16 avril.

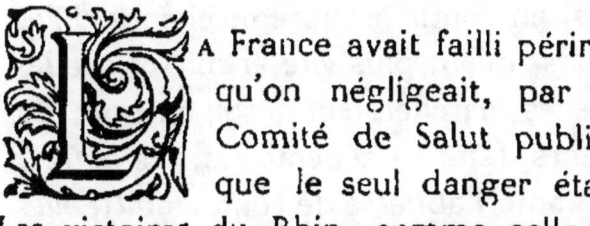A France avait failli périr par le côté qu'on négligeait, par l'Ouest. Le Comité de Salut public avait cru que le seul danger était le Rhin. Les victoires du Rhin, comme celle de Toulon, ne vinrent qu'à la fin de décembre. Mais pendant six grandes semaines, du 16 octobre au 12 décembre, la Vendée, échappée et libre, par notre désorganisation, put à volonté se porter sur Nantes,

ou s'emparer d'un des grands ports, ou même marcher sur Paris.

La Vendée périssait chez elle. Talmont conseilla de partir (16 octobre), et il fut appuyé, dans cette proposition romanesque, par Bonchamp, le plus judicieux des chefs vendéens. L'idéal de Bonchamp avait toujours été l'union de la Vendée et de la Bretagne. A ce moment, il espérait justement dans le désespoir, dans les forces qu'il donnerait, quand, ayant quitté son fort, son profond Bocage, et mise en rase campagne, la Vendée courrait la France, dont les forces étaient aux frontières. Cette course de sanglier voulait une rapidité, un élan terrible, une décision vigoureuse d'hommes et de soldats. Bonchamp n'avait pas calculé que dix ou douze mille femmes s'accrocheraient aux Vendéens et se feraient emmener.

Elles crurent trop dangereux de rester dans le pays. Aventureuses d'ailleurs, du même élan qu'elles avaient commencé la guerre civile, elles voulurent aussi en courir la suprême chance. Elles jurèrent qu'elles iraient plus vite et mieux que les hommes, qu'elles marcheraient jusqu'au bout du monde. Les unes, femmes sédentaires, les autres, religieuses (comme l'abbesse de Fontevrault), elles embrassaient volontiers d'imagination l'inconnu de la croisade, d'une vie libre et guerrière. Et pourquoi la Révolution, si mal combattue par les hommes, n'aurait-elle pas été vaincue par les femmes, si Dieu le voulait ?

On demandait à la tante d'un de mes amis, jusque-là bonne religieuse, ce qu'elle espérait en suivant cette grande armée confuse où elle courait bien des hasards. Elle répondait martialement : « Faire peur à la Convention. »

Bon nombre de Vendéennes croyaient que les hommes, moins passionnés, pourraient bien avoir besoin d'être soutenus, relevés par leur énergie. Elles voulaient faire marcher droit leurs maris et leurs amants, donner courage à leurs prêtres. Au passage de la Loire, les barques étant peu nombreuses, elles employaient, en attendant, le temps à se confesser. Les prêtres les écoutaient, assis sur les tertres du rivage. L'opération fut troublée par quelques volées perdues du canon républicain. Un des confesseurs fuyait... Sa pénitente le rattrape : « Eh ! mon père ! l'absolution ! — Ah ! ma fille, vous l'avez. » — Mais elle ne le tint pas quitte ; le retenant par sa soutane, elle le fit rester sous le feu.

Tout intrépides qu'elles fussent, ces dames n'en furent pas moins d'un grand embarras pour l'armée. Outre cinquante carrosses où elles s'étaient entassées, il y en avait des milliers, ou en charrette, ou à cheval, à pied, de toutes façons. Beaucoup traînaient des enfants. Plusieurs étaient grosses. Elles trouvèrent bientôt les hommes autres qu'ils n'étaient au départ. Les vertus du Vendéen tenaient à ses habitudes ; hors de chez lui, il se trouva démoralisé. Sa confiance en ses chefs, en ses prêtres, disparut ; il soupçonnait les premiers de vouloir fuir, s'embarquer. Pour les prêtres, leurs disputes, la fourbe de l'évêque d'Agra, les intrigues de Bernier, leurs mœurs jusque-là cachées, tout parut cyniquement. L'armée y perdit sa foi. Point de milieu : dévots hier, tout à coup douteurs aujourd'hui, beaucoup ne respectaient plus rien.

Deux partis divisaient l'armée. L'un voulait qu'on profitât sérieusement de ce dernier coup, que, d'une marche rapide, on s'enfonçât en Bretagne, ou que, par la Normandie, on marchât au Centre. Mais cela ne se pouvait qu'en abandonnant les faibles, cette masse de femmes et d'enfants. Le parti vraiment vendéen était pour les femmes, voulait marcher à leur pas, les garder, repasser la Loire, du moins s'en écarter peu.

Ce ne fut qu'après avoir échoué à Granville, échoué à Angers, à Ancenis, au passage de la Loire, que cette armée prit des ailes, parce que, dans l'absolue démoralisation où elle tomba, chacun ne pensant plus qu'à soi, on laissa les femmes et les enfants sur tous les chemins. On en trouvait à gauche, à droite, de trois ou quatre ans, jetés dans les prés.

Par deux fois, l'armée vendéenne toucha la Bretagne, sans pouvoir s'y recruter. Pourquoi? Il y en a deux raisons. Les Bretons n'ignoraient nullement la disposition antipathique et méprisante qu'ont les Vendéens pour eux. Ceux-ci, Français, ignorants et légers, ne comprennent rien à cette énigme de l'ancien monde, et sont fort loin de deviner combien ces sauvages, inertes et sales, leur sont poétiquement supérieurs. Ajoutez le caractère, tout spécial en Bretagne, de la famille et du Clergé. Le prêtre breton, qui est un paysan breton, homme de la localité, enraciné là par sa langue qu'on ne parle nulle part ailleurs, ne poussait nullement la population à courir hors du pays. Il n'avait pas sur la femme bretonne l'action du prêtre français sur la Vendéenne. La Bretonne, plus timide, qui, au repas, ne s'asseoit pas devant son mari, qui se nourrit pauvrement (et qui boit malheureusement), n'est point du tout, comme l'autre, la maîtresse du logis. La Vendéenne, aux yeux noirs, emportée, nourrie de viande, ne doute de rien. Elle pense et veut plus que l'homme, qui passe ses jours tout seul entre deux haies, derrière ses bœufs, et elle le fait vouloir. Dans l'Aunis, il n'est pas rare qu'elle le batte ; en certains villages, on en fait ce qu'ils appellent des *ballades* et de grands charivaris.

Les *Mémoires* inédits de Mercier Du Rocher, patriote fort modéré, d'autre part, les registres judiciaires de Nantes, établissent à quel point la Vendéenne appartenait au prêtre. La correspondance des religieuses de Vendée que saisit Mercier explique ces demi-mariages, et pourquoi les prêtres ne purent se décider à émigrer. Les registres sont pleins de femmes qui se battent, pour les mêmes causes, ou livrent des hommes à la mort. Marie Chevet, par exemple, une lingère de vingt-cinq ans, agent des dames de La Rochefoucauld et Lépinay (amazones de Charette), avoue bravement qu'au 29 juin, elle vint au siège de Nantes, armée, pour tirer de prison le curé de Machecoul. A la messe du massacre qui fut dite (en mars) à Machecoul, sur le champ de mort, elle assistait en robe blanche près du drapeau blanc. *(Reg. du greffe de Nantes.)*

« Ah ! brigandes ! ce sont les femmes qui sont cause de nos malheurs. Sans les femmes, la République serait déjà établie, et nous serions chez nous tranquilles. »

Ce mot d'un officier républicain, que j'ai déjà cité ailleurs, fait comprendre pourquoi les femmes furent si maltraitées à la bataille du Mans. Pas une pourtant ne fut tuée avant l'arrivée des représentants Bourbotte et Turreau. Alors, on en fusilla beaucoup devant leurs fenêtres, sans qu'ils l'ordonnassent ou le défendissent. Les deux régiments qui avaient décidé l'affaire se montrèrent pourtant plus humains. Les soldats, donnant le bras aux dames tremblantes, les tirèrent de la bagarre. On en cacha tant qu'on put dans les familles de la ville. Marceau, dans un cabriolet à lui, sauva une demoiselle qui avait perdu tous les siens. Elle se souciait peu de vivre et ne fit rien pour aider son libérateur ; elle fut jugée et périt. Quelques-unes épousèrent ceux qui les avaient sauvées. Ces mariages tournèrent mal ; l'implacable amertume revenait bientôt.

Un jeune employé du Mans, nommé Goubin, trouve, le soir de la bataille, une pauvre demoiselle se cachant sous une porte et ne sachant où aller. Lui-même, étranger à la ville, ne connaissant nulle maison sûre, il la retira chez lui. Cette infortunée, grelottante de froid ou de peur, il la mit dans son propre lit. Petit commis à six cents francs, il avait un cabinet, une chaise, un lit, rien de plus. Huit nuits de suite, il dormit sur sa chaise. Fatigué alors, devenant malade, il lui demanda, obtint de coucher près d'elle habillé. Inutile de dire qu'il fut ce qu'il devait être. Une heureuse occasion permit à la demoiselle de retourner chez ses parents. Il se trouva qu'elle était riche, de grande famille, et (c'est le plus étonnant) qu'elle avait de la mémoire. Elle fit dire à Goubin qu'elle voulait l'épouser : « Non, mademoiselle ; je suis républicain ; les Bleus doivent rester Bleus ! »

Les historiens de l'Ouest raconteront cette cruelle histoire. Ils diront qu'un seul des généraux de la malheureuse armée, L'Augrenière, lui resta fidèle à son dernier jour. Il la conduisait encore quand elle périt à Savenay [*].

Comment dire la chasse horrible qui les rabattit sur Nantes ? En foule, ils venaient se livrer, attestant le décret qui sauvait ceux qui se rendaient.

« Oui, ceux qui viennent d'eux-mêmes, disait-on ; mais vous venez traqués, cernés, ne pouvant plus échapper. » Nantes fut, à la lettre, submergée d'un déluge d'hommes. Procession épouvantable de cadavres vivants, de revenants, d'exhumés. Mille costumes étranges et bizarres. Des femmes demi-vêtues en hommes, des hommes ayant des jupes pour manteaux sur les épaules, jusqu'à des habits de théâtre qu'ils avaient pris dans les villes pour se garantir du froid. Ce carnaval de la mort l'apportait avec lui dans Nantes. Tous malades. On suivait les bandes à l'odeur.

Les prisons, combles déjà, étaient en proie au typhus. Et ils y apportaient encore une diarrhée meurtrière. Le froid des bivouacs, la misère, le blé noir, le cidre, nouveau pour eux, tout avait brisé le nerf vendéen. Et contre cette énervation, la foi ne les soutenait plus. D'âme et de corps, la dissolution était arrivée. Ils ne venaient que pour mourir. La ville ne les absorbait que pour les rendre à l'instant : mais elle avait beau, la nuit, vomir des morts et des morts ; elle s'emplissait, le jour, de malades, à en crever.

Le vertige d'un tel spectacle, l'infection qui se répandait, l'invasion de la mort qui voulait emporter tout, avaient troublé les plus fermes. Tels pleuraient, tels s'alitaient, d'autres s'enivraient et voulaient jouir encore. Carrier était hors de sens. Il n'avait pas dormi vingt heures sur quarante nuits. Ses yeux allumés et sanglants, son teint plombé, livide, trahissaient la flamme atroce qu'il avait dans les entrailles. Il se cachait à Richebourg, était invisible, sauf pour des amis de bouteille et des femmes avec qui il se roulait dans l'orgie.

Ceux qui connaissent l'histoire de la peste de Marseille, n'ignorent pas jusqu'où les épidémies peuvent démoraliser. Il n'y a pas de ville qui y soit plus exposée que Nantes. Un vent doux, humide de la mer (mais non maritime, non salin et fortifiant), y souffle toute l'année. Qu'il vienne du Midi, du grand Marais vendéen, même du Nord en rasant les marais de l'Erdre, il est admirable pour les végétaux, médiocrement sain pour l'homme. Toute décomposition s'y fait rapidement au profit de la vie végétale. Hâve sur l'Erdre, ailleurs blafarde et bouffie, cette population élève les plus beaux légumes du monde, les arbres même du Midi, les lauriers, les magnolias ; elle-même, elle végète mal, se flétrit vite ; jeune à peine, elle incline sans transition vers le penchant de la vie.

Un séjour de François Ier et de sa galante Cour eut, dit-on, tel effet à Nantes, qu'on dut fonder l'hospice du Sanitat. Si riche au dix-huitième siècle, et devenue tout à coup une des belles villes du monde, elle soignait peu ses hôpitaux. Son Hôtel-Dieu, sur cent soixante lits de fiévreux, en perdait seize cents par année (*voy.* Laënnec et Leborgne). La charité n'y manque pas. Mais le fatal commerce de la *traite*, commerce de paresseux, sans combinaisons, facile, et qui a tué même l'esprit d'entreprise, entraîne avec lui une extrême incurie de toutes choses, surtout de la vie humaine. Cette ville est marquée de ce signe. Des quartiers entiers (l'île Feydeau, par exemple, chargée de palais) semblent frappés de la main de Dieu, comme ces villes de l'Ancien Testament. Et en même temps, les hauteurs, occupées de plus en plus par les longs murs des couvents, par des rues où l'on ne voit ni portes ni fenêtres, rappellent ces quartiers de Rome que gagne la *mal' aria* *.

Telle était l'épidémie, que d'un poste de vingt hommes qui monta la garde aux prisons, dix-huit moururent en quelques jours.

« Voulait-on que les Vendéens, de leur odeur, de leurs cadavres, continuassent la guerre meurtrière qu'ils ne faisaient plus de leurs armes? Pour ménager la Vendée voulait-on exterminer Nantes? » C'est ce que dirent à Carrier ses nouveaux amis, un Lamberty, carrossier, un Fouquet, tonnelier, un jeune Robin, étudiant, un Lavaux, un Lallouet, ces trois derniers, de vingt ans.

On avait tué pour le péril.

On tua pour la salubrité.

La difficulté était les enfants. Qu'en devait-on faire? Après Savenay, il en vint jusqu'à trois cents du même coup. La Commission militaire écrivit à Prieur de la Marne, qui répondit : « Demandez à la Convention. » Mais s'adresser à la Convention sans passer par les Comités, c'était chose hasardeuse. La Commission militaire écrivit au Comité de Sûreté générale, lequel ne répondit pas, voyant bien qu'il n'y avait qu'une réponse possible, et craignant, s'il la faisait, de passer pour *modéré*.

Les choses suivirent leur cours, et d'autant plus cruellement, que Robin et les autres étaient des enfants eux-mêmes.

Nul âge plus cruel pour l'enfance.

Ces sauvages disaient (comme ce pape, des enfants de Frédéric II) : « De la vipère vient la vipère. »

Mais là on avait atteint les limites du possible. Ces noyades d'enfants bouleversèrent les cœurs. Les femmes y allaient au moment, et les arrachaient aux noyeurs. Chaux, et d'autres membres du Comité révolutionnaire ou de Vincent-la-Montagne, bonnes familles patriotes*, se firent donner des enfants et les élevèrent. Malheureusement, comme il arrive dans les grandes villes commerçantes, la spéculation s'en mêla. Des femmes en prirent pour trafiquer de ces infortunés et firent des sérails d'enfants. Le Comité révolutionnaire ordonna que les filles de plus de quinze ans seraient rendues aux prisons. C'était les rendre à la mort.

Le maire de la ville, Renard, était malade chez lui. Le département avait, dit-on, protesté, mais secrètement. D'honorables citoyens avaient hasardé quelques mots. Le seul qui fut écouté, ce fut Savary, ami de Kléber, l'excellent historien des guerres vendéennes. Savary dit à Carrier qu'en rendant à leurs parents les femmes, les vieillards, les enfants, qui venaient de tant souffrir, il répandrait dans la Vendée une extrême terreur de la guerre et l'horreur de recommencer. Carrier parut goûter l'idée, et la chose était obtenue quand Kléber vit dans les rues l'affiche du Comité pour faire rentrer les enfants en prison. Savary revient chez Carrier. « J'entre, dit-il, dans sa chambre. Il était encore au lit. Il paraît effrayé au bruit de la porte : « Qui t'amène si « matin? — A-t-on juré de faire tout périr dans « la Vendée, jusqu'aux enfants au berceau? » Cette question l'étonne; je lui parle de l'ordre du Comité; c'était une énigme pour lui. Il entre en fureur, jure, tempête, saute de son lit, sonne; un gendarme se présente : « Qu'on aille sur-le-champ, « dit-il, chercher les membres du Comité; qu'on « me les amène. Pour toi, ajouta-t-il en me serrant « la main, reste ici pour être témoin de la récep« tion que je vais leur faire... » Le Comité arrive, le président en tête; on l'annonce. Carrier entre de nouveau en fureur, court à son sabre, en menace le président; je le retiens. « Que signifie, dit-il « en jurant, cet avis du Comité concernant les « enfants vendéens, et qui t'a autorisé à le faire « afficher? Vous mériteriez tous qu'on vous fit

« passer à la guillotine... — Citoyen représentant,
« répondit en balbutiant le président, le Comité
« a pensé qu'il ne faisait que prévenir tes inten-
« tions : il n'a pas cru te déplaire... » Nouvel
accès de fureur de Carrier... « Si, dans cinq mi-
« nutes, dit-il en menaçant, le Comité n'a pas
« fait afficher un avis qui détruise celui-ci, je vous
« fais tous guillotiner... » Carrier m'a semblé un
grand enfant qui aurait eu besoin de bonnes li-
sières, ou d'une place à Charenton. »

On ferait un livre des inconséquences de Carrier.
D'après l'esprit de Chaumette, de la Commune
de Paris, il persécutait les filles publiques. Déjà,
dans sa mission de Rennes, il parlait de les faire
périr. Elles furent protégées par le maire de
cette ville, l'héroïque tailleur Leperdit, homme
de bien, homme de Dieu, qui lui dit en face :
« Je ne le souffrirai pas; ce sont mes adminis-
trées. » A Nantes, où la guerre entassait de tous
les pays voisins la population féminine, ces
pauvres créatures étaient en nombre énorme. Les
filles et les chiens remplissaient les rues. Ces
derniers, errants, affamés, semblaient s'être donné
rendez-vous de toute la Vendée. Carrier trouvait
naturel, dans l'intérêt de la santé publique, de
purger la ville des uns et des autres. Il s'en tint
à la menace; il eût irrité les soldats.

La tradition nantaise a accumulé sur lui nombre
de récits fantastiques. Au boulevard, on montre
avec terreur la place d'une maison disparue, qu'on

appelait « le repaire du crime. » S'il a fait tout ce qu'on raconte, il faut avouer que personne n'a jamais rempli à ce point le temps. Il est resté cent jours à Nantes, et, des cent, la moitié passa dans l'extrême péril, la crise absorbante qui ne lui laissa pas deux nuits de sommeil. Il tomba malade ensuite, et fit tout ce qu'il fallait pour l'être de plus en plus. Il buvait, et sa maîtresse, la Caron, ne le quittait pas; de plus, entouré de femmes; d'intrépides dames de Nantes s'immolaient pour sauver des hommes. Que ce malade, à tant de femmes, dans ces dernières six semaines, ait encore joint des prisonnières, il est difficile de le croire. On n'aurait pas manqué de mettre ce fait en lumière au procès de Carrier.

Ajoutez qu'elles étaient dans un état effroyable. Le typhus les protégeait; elles le portaient avec elles. Exténuées, défaillantes de misères et de diarrhée, elles sentaient la mort à dix pas; on brûlait huit jours du vinaigre où elles avaient passé.

Il paraît cependant que les noyeurs, Lamberty, le jeune Robin, eurent le féroce courage de s'attaquer à ces mourantes. Ils disaient qu'ils voulaient les *républicaniser*. Ils mettaient une joie sauvage à avilir ces grandes dames qui avaient lancé la Vendée. Ils respectèrent la résistance d'une femme de chambre des Lescure, et se montrèrent impitoyables pour une marquise renommée pour son fanatisme, qui avait fait la campagne dans un beau carrosse, et qu'on appelait par emphase Marie-Antoinette.

Il n'y eut guère de noyades après Savenay *. Les fusillades firent tout. Les prisonniers des deux sexes passant devant les Commissions militaires, étaient précipitamment condamnés, exécutés, jetés dans les carrières de Gigand. Le métier de fusiller était exercé par des hommes *ad hoc*, des déserteurs allemands qui, ne sachant pas le français, étaient sourds aux plaintes.

Ces Commissions, sur qui tout retombait maintenant, se lassaient pourtant, s'inquiétaient de cette boucherie quotidienne. Elles voyaient que, peu à peu, chacun avait décliné la responsabilité, le Tribunal révolutionnaire d'abord, qui déclarait ne vouloir condamner que sur pièces et procès-verbaux, puis le Comité, qui désormais renvoyait tout aux *Commissions militaires*. Celles-ci n'osaient s'arrêter : leur président seulement hasarda d'écrire à Couthon, qui en parla à Robespierre.

L'humanité commandait de faire quelque chose, et la politique aussi. L'occasion était bonne pour intervenir, et se créer dans l'Ouest cette gratitude que Couthon s'était assurée dans le cœur des Lyonnais. Malheureusement, Robespierre venait d'être obligé (le 23 décembre) de se rapprocher de Collot d'Herbois : il poursuivait les *indulgents*, Camille Desmoulins et Fabre, et, le 28 janvier, il proclama l'innocence de Ronsin, l'exécuteur des mitraillades de Lyon, l'ami de

Carrier. Il semblait assez difficile que les robespierristes prissent à Nantes le rôle des *indulgents*, qu'ils accusaient à Paris.

Ce qui paraît avoir entraîné, malgré tout, Robespierre, c'est la lutte qui éclata dans le Morbihan entre le représentant Tréhouard et les agents de Carrier au sujet des prêtres. Carrier soutenait que trente mille Anglais allaient débarquer; qu'en ce péril, il fallait s'assurer des prêtres, véritables chefs des populations. Tréhouard emprisonnait non les prêtres, mais les agents de Carrier.

Celui-ci, dans son vertige, son ivresse permanente, poussa la fureur au point de défendre d'obéir à Tréhouard, son égal, son collègue, un représentant du peuple! Toute sa prudence l'avait abandonné. Non seulement il avait accepté un banquet public sur l'infâme bateau des noyades, non seulement il avait arbitrairement fermé la *société populaire*, mais il avait donné des preuves *écrites* contre lui, deux ordres à Tronjolly, président du Tribunal, de faire mettre à mort des prisonniers *sans jugement*. Mot absolument inutile, dans un moment où tous les prisonniers périssaient à peu près sans jugement; on reconnaissait seulement l'identité, et l'on appliquait le décret qui frappait de mort tous les insurgés.

On ne pouvait toutefois procéder contre Carrier qu'avec beaucoup de prudence, par un moyen indirect. L'agent fut le petit Jullien, le fils de

Jullien de la Drôme, qui voyageait comme membre de la Commission exécutive de l'Instruction publique. Sous ce titre pacifique, il devait préparer la guerre, observer l'ennemi, encourager Nantes contre Carrier, Bordeaux contre Tallien.

Et d'abord, il alla au Morbihan examiner avec Tréhouard ce qu'on pouvait faire, et s'informer exactement des prises qu'on pouvait avoir sur Carrier. La *société populaire* lui en voulait pour l'avoir fermée. Le Comité révolutionnaire lui en voulait, parce qu'il savait que Carrier songeait à le remplacer par des hommes plus militaires, comme Sullivan et Foucauld, ou plus frénétiques, Lamberty, Fouquet et Robin.

L'attaque fut commencée par un brave homme du peuple, un potier d'étain, Champenois, de la société Vincent. La ville souffrait horriblement, pendant que Carrier était ivre, le général Turreau malade. Champenois crut avoir trouvé un moyen de saisir Charette : il court chez Carrier ; porte close. Champenois, en vrai Sans-Culotte, dit, le soir, à la *société* : « Si Carrier ne vient plus nous voir, il n'est plus des nôtres, il faut le rayer. »

Comment dire l'étonnement, la fureur du roi de Nantes ? Il se fait amener Champenois, crie, menace. L'autre ne branle, loin de là, demande hardiment les noms de ceux qui l'ont dénoncé. Carrier sentit que cet homme était appuyé fortement, et devint très doux.

Jullien effectivement était à Nantes (1er février);

Carrier le fit venir, tira son grand sabre, et autres comédies ridicules. Le blondin de dix-neuf ans, fort de Robespierre, lui dit (en se mettant toutefois à l'autre bout de la chambre) : « Qu'il pouvait le faire tuer, mais qu'avant huit jours, il irait à la guillotine. » Cela, d'un ton dictatique, qu'eût toujours, comme on le sait, ce célèbre philanthrope. Carrier devint aimable et doux.

Jullien partit le soir même, mais le coup était porté. La municipalité, enhardie, déclara que Champenois avait toute sa confiance.

De la première ville où il s'arrêta, d'Angers, Jullien écrivit à Robespierre une lettre habile, ostensible, contre la royauté de *Carrier* : « J'ai vu l'ancien régime rétabli dans Nantes, » etc. L'effet en fut excellent. Le jour où la lettre arriva, Carrier fut rappelé à la Convention (6 février).

Carrier, revenu à Paris, apportait à Robespierre une arme inappréciable pour faire la guerre aux hébertistes, quand le moment serait venu.

Carrier était une légende.

Une grande et féconde légende, que l'imagination populaire allait chaque jour enrichir d'éléments nouveaux, rapportant à un même homme tout ce qui s'était fait d'atroce dans un moment d'extermination. Tout ce qu'on fit devant Troie d'exploits héroïques, c'est Achille qui l'a fait; et tout ce qu'on fit dans Nantes de choses effroyables, la tradition ne manque pas d'en faire honneur à Carrier.

La légende est capricieuse. A Lyon, c'est Collot d'Herbois qui en a été l'objet, quoique sous lui il ait péri dix fois moins d'hommes que sous son successeur Fouché. La mitraillade des soixante a marqué son nom pour toujours.

Mais la Loire eut bien plus d'effet. Cette grande rivière, d'aspect placide, qui, après avoir fécondé trois cents lieues de rivages, porte une mer d'eau douce à la mer, a l'innocence apparente des grandes forces de la Nature. Qu'on l'eût associée aux fureurs de l'homme, qu'on en eût fait un bourreau, que, dans le mystère de ses flots, on ait enseveli un monde, tout le naufrage vendéen, prêtres, nobles, hommes et femmes, des femmes enceintes! et des enfants!... l'imagination fut saisie, épouvantée.

Loin d'en rabattre, de voir s'il n'y avait pas exagération, on y ajouta plutôt. Les hommes aiment à frissonner.

Du chiffre probable, deux mille, Tronjolly, l'accusateur, porte le nombre à dix mille; madame La Rochejaquelein en ajoute encore cinq mille, etc., etc.

De même que dans la Loire le flot pousse en avant le flot, les accusations, une fois commencées, allaient se poussant. Tronjolly, président du Tribunal, accusa le Comité; le Comité accusa Lamberty, et le fit périr; des amis de Lamberty échappèrent en rejetant tout sur Carrier. Ainsi ce procès immense s'étendait, s'agrandissait, s'enrichissait de témoignages*. Robespierre n'avait qu'à se laisser faire et regarder. Ils travaillaient tous à lui donner contre Carrier et, en général, contre le parti hébertiste, une force incalculable, celle de la passion populaire, celle d'une accusation poussée en commun par tous les partis de l'Ouest. Les uns, républicains, voulaient qu'on punît Carrier d'avoir sali la République. Les autres, secrètement royalistes, saisissaient l'occasion de venger sur lui la Vendée.

Ce fut le Comité de Nantes qui, assez maladroitement, travaillant contre lui-même, fit commencer la rumeur à Paris. Il y envoya cent trente-deux Girondins (suspects pour la liaison de Villenave avec Bailly). Ces hommes, de leurs prisons, où chacun venait les voir, travaillèrent violemment l'opinion contre le Comité, en même temps que l'agent de Robespierre agissait contre Carrier. Goullain surtout avait à craindre : comme colon de Saint-Domingue, on le disait noble. Mandés à Paris, Goullain et Chaux cherchèrent abri dans cet orage, sous le patronage de Robespierre. Ils mirent à sa disposition tout ce qu'ils avaient contre Carrier ; c'était le 9 mars. Le 13, il devait faire arrêter les amis de Carrier, Hébert et Ronsin. Il reçut avec bonheur ce secours inespéré que lui envoyait la fortune, les accueillit, s'épanouit jusqu'à dire : « Rien d'étonnant si l'on vous persécute ; vous êtes de vrais patriotes. »

Carrier prêtait singulièrement. Il en disait

contre lui-même encore plus que ses ennemis. Aux Jacobins, par exemple, comme on parlait de cimetières, prenant brusquement la parole, comme pour une chose personnelle : « Ah ! dit-il, il y en avait trop ; je n'ai pu enterrer tout ! » Loin d'atténuer l'effet de sa sinistre personne, il l'augmentait à plaisir, se posant lugubre et tragique, comme *l'homme de la fatalité, l'exterminateur, le fléau de Dieu*. En quittant Nantes, il disait à une femme qu'il aimait : « Sois tranquille, ma bonne amie : Nantes n'oubliera pas le nom de Carrier... Par le fer ou par le feu, elle périra tôt ou tard. »

Il se croyait en sûreté, imaginant qu'on ne l'attaquerait que pour *exagération*, c'est-à-dire que les accusateurs eux-mêmes s'avoueraient *modérés* et moins violents patriotes. Il ne s'attendait nullement au coup qui le transperça. Ses hommes, Lamberty et Fouquet, furent guillotinés, le 16 avril, pour contre-révolution et *modérantisme* *.

NOTES

Page 3 *

Peu de gens s'adressèrent à lui sans s'en bien trouver. On conte qu'une pauvre *fille* dont le père allait périr, et qui demandait sa vie, l'obtint de Marat en lui promettant qu'elle se donnerait à lui. Il poussa l'épreuve jusqu'au bout, alla au rendez-vous, et la voyant là résignée, qui attendait dans les larmes et le désespoir, il respecta la fille et sauva le père. — Barras dit dans ses *Mémoires* (inédits, communiqués par M. H. de Saint-Albin) qu'un jour, rue Saint-Honoré, il vit un pauvre diable de ci-devant, en habit noir, que le peuple poursuivait. Heureusement Marat passait. Il sauva l'homme d'une manière tout originale : « Je le connais, dit-il, je connais cet aristocrate. » (Il ne l'avait jamais vu.) Il lui applique un coup de pied : « Voilà qui te corrigera. » Tout le monde se mit à rire. On s'en alla convaincu que, comme les anciens rois qui touchaient les écrouelles, l'*Ami du peuple*, d'un coup de pied, guérissait l'aristocratie. — Parmi une infinité de déclamations fades, autant que violentes, il y a plus d'un passage dans ses journaux qui indiquent un amour sincère, ardent, de l'humanité. Je me rappelle entre autres (14 juin 90 ou 91) un passage sur la possibilité d'établir des lits dans les couvents devenus biens nationaux pour les indigents mariés; il y a visiblement une impatience ardente, une vivacité de sentiment qui touche beaucoup. Je pensais, en le lisant, aux mots de la Palatine, cités par Bossuet, mots naïfs d'humanité sainte : « Vite ! vite ! mettons ces trois pauvres vieilles dans ces petits lits. »

Page 10 *

Les historiens romanesques ne tiennent jamais quitte leur héroïne sans essayer de prouver qu'elle a dû être amoureuse. Celle-ci probablement, disent-ils, l'aura été de Barbaroux. D'autres, sur un mot d'une vieille servante, ont imaginé un certain Franquelin, jeune homme sensible et bien tourné, qui aurait eu l'insigne honneur d'être aimé de mademoiselle Corday et de lui coûter des larmes. C'est peu connaître la nature humaine. De tels actes supposent l'austère virginité du cœur. Si la prêtresse de Tauride savait enfoncer le couteau, c'est que nul amour humain n'avait amolli son cœur. Le plus absurde de tous, c'est Wimpfen, qui la fait d'abord royaliste ! amoureuse du royaliste Belsunce ! La haine de Wimpfen pour les Girondins, qui repoussèrent ses propositions d'appeler l'Anglais, semble lui faire perdre l'esprit. Il va jusqu'à supposer que le pauvre homme Pétion, à moitié mort, qui n'avait plus qu'une idée, ses enfants, sa femme, voulait... (devinez !...) *brûler Caen*, pour imputer ensuite ce crime à la Montagne ! Tout le reste est de cette force.

Page 34 *

L'insuffisance des salaires, surtout pour les femmes, ne se compensait que par le *piquage d'once*, petit vol habituel sur le poids de la soie que l'on confiait à l'ouvrière ; si le maître ou le commis fermait les yeux, on devine à quel prix. La femme même qui n'eût pas volé n'obtenait guère de travail sans cette triste condition. Nulle part, dit-on, les mœurs n'étaient plus mauvaises qu'à Lyon. Ce n'est pas au hasard que le plus affreux de nos romanciers, écrivant vers 90, a placé dans cette Sodome le dernier épisode de son épouvantable livre.

Page 39 *

Révolutions d'Italie, par Quinet. Il est enfin terminé, ce terrible livre, la plus sévère autopsie qu'on ait jamais faite de la mort d'un peuple ! Je sais maintenant ce que c'est que la mort. Elle ne m'apprendra rien. Je suis entré dans le cercueil. J'ai compté les vers... Ah ! que cette initiation, cruelle et profonde, a été amère pour moi !

Page 41 *

Un seul fait qui caractérise les partis et leurs historiens, atrocement passionnés. — Guillon conte avec bonheur la mort de Santemouche, ami de Chalier, absous par le Tribunal, et égorgé par les *modérés*. « Pour ses crimes, dit-il, à telle page je les ai déjà racontés. » A la page, vous ne trouvez rien, sinon que Santemouche, officier municipal, levait de maison en maison l'impôt décrété, le sabre à la main, qu'il entra ainsi chez deux femmes qui en furent fort effrayées. L'acte, sans doute, est condamnable, mais enfin vaut-il la mort ?

Page 43 *

« Riches insouciants qui ronflez sur l'ouate, réveillez-vous, secouez vos pavots !... La trompette sonne ; aux armes !... Point de paresse, point de poltronnerie... Vous vous frottez les yeux, vous bâillez... Il vous en coûte de quitter cette couche parfumée, cet oreiller de roses... Vite ! vite ! le dernier baiser, et habillez-vous... Honnêtes gens, quelle cruauté! comme on vous traite mal! — Est-ce un crime de goûter des plaisirs *légitimes*? — Oui, tout plaisir est criminel quand les Sans-Culottes souffrent, quand la patrie est en danger. — Et puis, scélérats douce-reux, vous ne déclarez pas tout. Vous feignez de dormir et de faire les bons époux, tandis que vous avez des insomnies de Catilina, que vous ourdissez, dans le silence des nuits, des trames liberticides... Bah! à tout péché miséricorde... Riches, une petite pénitence..., mousquet sur l'épaule et flamberge au vent; galopez vers l'ennemi... Vous tremblez; oh! n'ayez point peur; vous n'irez pas seuls..., vous aurez pour frères d'armes nos braves *Sans-Culottes*, qui n'étalent pas de la broderie sous le menton, mais qui ont du poil au bras... Je compte sur vous, malgré les mauvaises langues... Tenez, amis, je m'offre à être votre capitaine... Oui, je me glorifie d'avoir de tels soldats... Vous n'êtes point aussi mauvais qu'on veut le dire; oh! vous en vaudriez cent fois mieux, si nous nous étions fréquentés. Les aristocrates ne sont incorrigibles que parce que nous les négligeons trop; il s'agirait de refaire leur éducation... On parle de les prendre, de les guillotiner... C'est bientôt fait... C'est une horreur... Y a-t-il de l'humanité et du bon sens à jeter un malade par la fenêtre pour s'exempter du souci de le guérir?... Riches, venez, et laissez votre or pour être plus légers; le drapeau flotte; le signal est donné... Plongeons-nous loyalement dans les boues... Avancez; faites feu; vous êtes incorporés dans les bataillons patriotes; battez-vous comme des lions... Vous ne mourrez pas; vous ne serez pas blessés... Chalier, votre capitaine, répond sur sa tête de tous les cheveux de la vôtre... Je veux que, pour votre part, vous apportiez quelques centaines de crânes prussiens, autrichiens et anglais, dans lesquels vos femmes et vos filles boiront avec transport le vin de la Liberté, de la République et de la Victoire. » (Fragment de Chalier, cité par Chassagnon, *Offrande à Chalier;* Huillon, *Mémoires sur Lyon*, I, 445.)

Page 49 *

C'est le triomphe facile que se donne le Clergé au martyre des libres penseurs. L'autorité, quelle qu'elle soit, ferme l'accès à tout ami de la Liberté qui les soutiendrait dans leur foi. Elle fait approcher, au contraire, le prêtre qui peut tirer d'eux le désaveu de leurs principes, faire du héros un pénitent. Ce prêtre est bien reçu comme homme. Dans cette solitude effroyable du pauvre patient, déjà sorti de la Nature et qui ne voit que le bourreau, un homme vient à lui les bras ouverts et le presse sur son cœur. Il faut une force surhumaine pour que le mourant emploie les quelques minutes qui le séparent de l'éternité à se défendre logiquement, à disputer son âme. Et s'il le fait, qui le saura? Le seul témoin de ce combat, c'est le prêtre, intéressé à dire qu'il a vaincu. Que le patient résiste ou non, on ne manquera pas d'assurer « qu'il a fait *une très belle fin.* » C'est ainsi qu'en lui ôtant toute chose, et la vie même, on lui ôte encore ce qu'il estimait plus que la vie : la constance dans sa foi et la communion intérieure avec les siens. On leur donne cette amère douleur de croire qu'il ne leur a point été fidèle, qu'il les a reniés à la mort. — Il en fut ainsi pour Chalier. Lorsque Couthon entra dans Lyon, le 8 octobre, avec l'armée victorieuse, un M. Lafausse, vicaire général de Lyon, ne manqua pas de se présenter à lui et de se glorifier *d'avoir confessé Chalier, qui avait fini très chrétiennement, baisé le crucifix,* etc. Les robespierristes, infiniment favorables au Clergé constitutionnel, accueillirent très bien la chose. On mit une lettre de Lafausse au *Moniteur*. C'est de cette lettre et de quelques mots de Chassagnon que M. Buchez et d'autres ont tiré la fable d'un Chalier chrétien, réfutée suffisamment et par la tentative de suicide que Chalier déclare lui même, et par le Christ déchiré dont nous avons parlé plus haut.

Page 62 *

Le faible ministre du 31 mai, Garat, miné aux Jacobins

par une suite d'attaques habilement ménagées, harcelé à la Commune, désigné dans la rue par des affiches comme affameur du peuple, n'était plus qu'une feuille d'automne qu'un coup de vent devait emporter. Les hébertistes, croyant déjà tenir son ministère, mirent Collot d'Herbois à ses trousses. Collot était redoutable en ce qu'il représentait les plus sinistres puissances de la Révolution, l'ivresse et le vertige, les colères, vraies ou simulées. Furieux, facétieux, terrible, burlesque, il emportait l'attention, parce qu'on ne savait jamais si l'on devait trembler ou rire. Sous le prétexte d'une mission qu'il avait, il va au ministère demander une voiture. Il y va à l'heure où il sait que le ministre est sorti. « Pourquoi est-il sorti ? » Il s'indigne, tempête, court les bureaux, claque les portes, épouvante les commis. Alors, il demande, il exige qu'on lui livre un écrit. La pièce était bien innocente : c'était une série de questions que Garat faisait aux départements pour connaître l'état de la France. Il y avait, entre autres, celle-ci : « Combien perdent les assignats ? » Collot court à la Convention, dénonce, crie, écume : « Supposer que les assignats puissent perdre !... O crime ! » Avec son art de comédien, ayant rendu l'homme odieux, il le rend ridicule, sûr que, si la Convention se met à rire, si le mépris atteint Garat, l'affaire est faite, il est tué ! — Garat, appelé en hâte, était fort pâle à la barre, et plus il était pâle, plus l'affaire allait mal. Danton, alors président, vit qu'il enfonçait. Il céda le fauteuil, monta : « Garat, dit-il, n'est pas né pour s'élever jamais à l'énergie, à la hauteur révolutionnaire. » Et mettant solennellement la main sur la tête du pauvre diable : « Je te déclare innocent, de par la Nature. » — Cette grande scène de comédie, meilleure que celle de Collot, sauva Garat, qui fut quitte pour sa place et garda sa tête. Hébert manqua sa proie. Le ministère fut donné à un ami de Danton.

Page 73 *

Je rouvre ici une plaie de mon cœur. Ce Musée, où ma

mère dans mon âge d'enfance indigente, mais bien riche d'imagination, où ma mère tant de fois me mena par la main, il a péri en 1815. Un gouvernement né de l'étranger se hâta de détruire ce sanctuaire de l'art national. Que d'âmes y avaient pris l'étincelle historique, l'intérêt des grands souvenirs, le vague désir de remonter les âges! Je me rappelle encore l'émotion, toujours la même et toujours vive, qui me faisait battre le cœur, quand, tout petit, j'entrais sous ces voûtes sombres et contemplais ces visages pâles, quand j'allais et cherchais, ardent, curieux, craintif, de salle en salle et d'âge en âge. Je cherchais, quoi? je ne le sais; la vie d'alors, sans doute, et le génie des temps. Je n'étais pas bien sûr qu'ils ne vécussent point, tous ces dormeurs de marbre, étendus sur les tombes; et quand, des somptueux monuments du seizième siècle éblouissants d'albâtre, je passais à la salle basse des Mérovingiens où se trouvait la croix de Dagobert, je ne savais pas trop si je ne verrais point se mettre sur leur séant Chilpéric et Frédégonde.

Page 75 *

L'art se cherchait, comme l'époque. Sa puissance dormait encore en trois enfants, Gros, Prudhon, Géricault. Le roi d'alors était David. Ce que l'effort est à la force, David le fut à Géricault. — Élève d'architecte, et non de peintre, David posa ses premiers regards sur des marbres, des lignes inflexibles, et il en garda la roideur. Il haïssait deux choses cruellement et leur faisait la guerre : la Nature d'abord, la molle Nature du dix-huitième siècle, puis les arts de son temps. Il exerçait ses élèves à jouer à la balle contre des Boucher, des Lebrun. Il aurait fait guillotiner Watteau, s'il avait vécu, et demanda qu'au moins on démolît la porte Saint-Denis. — Ce génie violent était mené, ce semble, par sa nature, aux études anatomiques, comme l'avait été Michel-Ange. Mais pour sentir la mort, il faut sentir la vie. L'art antique absorba David, le marbre le retint, non pas malheureusement la sculpture grecque, mais l'antique de la décadence. — Chose étrange! chaque fois qu'il s'oublia, laissa aller sa main, sans songer qu'il était David, dans tel dessin, dans tel portrait, il se retrouva un grand maître. Le mystère était là. Il y avait un très grand peintre en lui, mais autour de lui une école. Il se sentait trop responsable devant cette foule docile. Il fut trop professeur. L'âge de la Terreur, l'admiration, l'amitié de Robespierre, la royauté des arts qu'il eut alors, ont guillotiné son génie. — Il le sentait confusément, et il en souffrait. Cette souffrance le rendait cruel. Elle le fécondait en quelque sens, et elle l'annulait. La Nature haïe de lui se vengeait, comme une femme maltraitée d'un époux : elle allait caresser dans un coin ignoré le plus petit élève, et d'un baiser créait Prudhon.

Page 122 *

Procès-verbaux de la Commune et des sections. (*Archives de la Préfecture de la Seine et de la Préfecture de Police.*)

Page 180 *

Prouvé : 1° par les aveux de M. de Bouillé, le père, 1797; 2° par la *déclaration* plus positive de M. de Bouillé, le fils (1825), qui eut en main un billet où le Roi et la Reine disaient eux-mêmes *qu'ils feraient appel aux armes étrangères;* 3° par la lettre où la Reine écrit à son frère, le 1er juin 91, *pour obtenir un secours de troupes autrichiennes.* (*Revue rétrospective*, 1835, d'après la pièce conservée aux Archives nationales.) — La famille de la Reine ne fit rien pour elle. L'Autriche, nous l'avons dit, ne faisait la guerre que pour ses intérêts, nullement pour Louis XVI ou Marie-Antoinette. — Je ne crois pas un mot de ce qu'ont dit plus tard les hommes de la Coalition pour excuser la cruelle indifférence de leurs princes, *qu'un Linange avait offert la paix en échange de la Reine* (*Mémoires d'un homme d'État*, t. II, p. 316). — Si M. de Mercy, ami personnel de la Reine, offrit de l'argent à Danton pour la sauver, il était donc bien ignorant de la situation; il se trompait d'époque. Danton ne pouvait rien, n'était plus rien alors. — Charles IV a dit aussi, pour s'excuser, *que son ministre avait fait ce qu'il avait pu, mais que Danton voulait de l'or.* M. Artaud ne manque pas de répéter ces sots mensonges. — Il n'y a rien certainement que ce que nous avons dit plus haut d'après les *Registres du Comité de Sûreté générale*.

Page 188 *

L'ouvrage capital sur la bataille est celui de M. Piérart, de Maubeuge. Il donne avec une précision admirable le détail topographique et les faits, les dates, toutes les circonstances, avec infiniment d'intérêt et de clarté.

Page 215 *

Ce dernier point fut marqué fortement par la Commune le 5 septembre, par Saint-Just le 16 octobre : « De nouveaux seigneurs, non moins cruels, s'élèvent sur les ruines de la féodalité, » dit Chaumette. Et Saint-Just, avec douleur : « Nos ennemis ont tiré profit de nos Lois ! »

Page 217 *

Qui sentait nos cruelles discordes? Eux, autant, plus que nous peut-être. Nous en avions la fureur, ils en avaient le désespoir.

Nous fûmes très mal pour Mayence. Custine, dans la brutalité d'un soldat, d'un grand seigneur, alla jusqu'à menacer le président de la Convention mayençaise. Des deux envoyés de Mayence, Adam Lux voulait se tuer au 31 mai, croyant voir mourir la République et ne pouvant lui survivre. Il voulait la mort, il l'eut (guillotiné le 8 novembre). L'autre, Forster, le fils de l'illustre navigateur, échappé à tous les dangers des plus périlleux voyages, venu à Paris comme au port, mourut de misère, de douleur, d'isolement, comme si, dans le naufrage, la mer l'eût jeté sur un écueil désert. Des patriotes de Mayence qui avaient soutenu ce long siège, l'un, Riffle, combattant vaillamment pour la France en pleine Vendée, fut la première victime de la trahison de Ronsin. A Torfou, près de Kléber, la première balle vendéenne fut pour lui! Il mourut là, loin des siens, sans autre parent que Kléber, qui lui-même renversé, blessé à cette cruelle affaire, fut blessé au cœur, sentit une larme amère dans sa forte âme de soldat.

Durs aveux pour l'historien!... Mais savez-vous, pendant ce temps, ce que disait l'Allemagne?

O violent amour de la France!... sanglant miracle, impossible à comprendre pour ceux qui n'ont pas en leur foi la clef des mystères!... l'Allemagne, idéaliste et forte, s'arrachant le cœur maternel, la pitié de ses enfants, disait stoïquement, du haut de la chaire de Fichte : « Non. ce sang n'est pas du sang, la mort n'est pas la mort! Quoi que puissent faire la France et la Révolution, c'est bien. » De sorte que, pendant que la France se maudissait elle-même, l'Allemagne, ce grand prophète, lui envoyait d'avance les bénédictions de l'avenir.

Page 217 **

Chaumette a révélé ce mystère. Quand on lui demande aux Cordeliers « comment il a pu soupçonner que les Comités révolutionnaires *étaient capables parfois d'accuser et de poursuivre leurs ennemis personnels*, d'abuser de leur dictature, » il répond : « J'ai suivi la pensée d'Anacharsis Clootz. » *(Arch. de la Police.)*

Page 224 *

Voilà, pour l'infirme, le vieillard, l'homme profondément seul dans la foule des inconnus, perdu à la fin de sa vie dans ces vastes déserts d'hommes qu'on appelle hospices. Combien il est noble, généreux et tendre, de penser toujours à celui à qui le monde ne pense plus !

Pour le malade, d'autre part, pour le travailleur dans l'âge de force qui passagerement habite l'hospice, combien une telle communication peut être utile et féconde ! c'est le moment, et l'unique, où il se trouve du loisir. Plus jeune, il a eu et perdu les deux occasions de culture que tous perdent (l'école et l'armée). Demain, le travail incessant, implacable, inexorable, le ressaisira tout entier. Que servent vos écoles du soir à ce pauvre forgeron qui, douze ou quinze heures de suite, a battu le fer ? Il dort debout ; comment le tiendrez-vous éveillé ? Non ; le seul moment, c'est l'hospice, ce sont les jours de maladie, les jours de la convalescence. Là, où jamais, le travail leur est propre à la réflexion. Ces hommes de force et de labeur ont besoin d'un peu de faiblesse pour être tout à fait éveillés. La plénitude sanguine, dans leur état ordinaire, est pour eux comme une sorte d'ivresse ou de rêve. *Attendris, mortifiés* par la maladie, ils sont plus civilisables. Qu'il leur vienne un aliment, qu'une lecture patriotique, ou spéciale à leur art, vienne remplir leur loisir, leur âme prendra l'essor. Ils se mettront à songer, ils pourront s'orienter dans cette halte, s'arranger une vie meilleure, plus intelligente, plus sagement ordonnée. La maladie, tournée ainsi au profit des hommes par une autorité paternelle, deviendra comme une utile fonction de la Nature, qui n'a suspendu leur travail que pour les initier à la civilisation. Que la Patrie les reçoive, améliorés ainsi, au sortir de l'hospice, qu'elle leur ouvre ses écoles, ses fêtes, ses musées, aux jours de repos, qu'elle leur continue l'éducation commencée au lit de l'hospice par la prévoyante Commune qui vint les y consoler.

Page 250 *

Est-il nécessaire de dire que ce culte n'était nullement le vrai culte de la Révolution ? Elle était déjà vieille et lasse, trop vieille pour enfanter. Ce froid essai de 93 ne sort pas de son sein brûlant, mais des écoles raisonneuses du temps de l'*Encyclopédie*. — Non, cette face négative, abstraite de Dieu, quelque noble et haute qu'elle soit, n'était pas celle que demandaient les cœurs ni la nécessité du temps. Pour soutenir l'effort des héros et des martyrs, il fallait un autre dieu que celui de la géométrie. Le puissant dieu de la Nature, le dieu Père et Créateur, méconnu du moyen âge (Voy. *Monuments*, de Didron), lui-même n'eût pas suffi; ce n'était pas assez de la révélation de Newton et de Lavoisier. Le dieu qu'il fallait à l'âme, c'était le dieu de Justice héroïque, par lequel la France, prêtre armé dans l'Europe, devait évoquer du tombeau les peuples ensevelis.

Pour n'être pas nommé encore, pour n'être point adoré dans nos temples, ce Dieu n'en fut pas moins suivi de nos pères dans leur croisade pour les Libertés du monde. Aujourd'hui, qu'aurions-nous sans lui? Sur les ruines amoncelées, sur le foyer éteint, brisé, lorsque le sol fuit sous nos pieds, en lui reposent fermes et fixes notre cœur et notre espérance.

Page 260 *

Une machine très habile fut employée par les robespierristes pour guérir le mal homœopathiquement, pour neutraliser par un autre culte celui de la Raison. Robespierre, très peu sympathique à Marat (voy. le remarquable ouvrage de M. Hilbey), avait empêché qu'on ne le mît au Panthéon. On fut bien étonné, le 14 novembre, de voir l'homme de Robespierre, David, demander que Marat y fût porté en pompe solennelle. La Raison ne pouvait manquer d'être compromise par la concurrence ou l'adjonction de ce nouveau dieu. La dévotion des Cordeliers avait exposé son cœur à l'adoration perpétuelle avec une autre relique : le cœur du bossu Verrières. Les idiots mêlaient Marat avec le Sacré Cœur, marmottant : « Cœur de Marat, cœur de Jésus, etc. » La tête de Chalier partagea bientôt les mêmes honneurs. Telles et telles sections de

Paris y firent des adjonctions fantasques, celle entre autres du buste de Mucius Scévola. Chaumette eut peur un moment que sa propre image ne devînt un objet d'idolâtrie, et défendit de la graver. Il avait refusé au peuple les plus innocents symboles. Par exemple, le faubourg Saint-Antoine, les forgerons des Quinze-Vingts, auraient voulu que le nouveau culte eût *un foyer,* un feu éternel. Cette idée, nullement idolâtrique, fut repoussée par la Commune. « La seule parole humaine, le seul enseignement moral, disait Chaumette, est avouée de la Raison. » (*Procès-verbaux de la Commune et des sections. — Archives du département et de la Police.*)

Page 289 *

Dans la Vendée, ils abondent. Les guillotinés ressuscitent ; des hommes montrent à leur cou la cicatrice rouge de la guillotine. — Le Diable, sous forme de chat noir, s'est montré au fond du tabernacle, où un prêtre assermenté allait prendre l'hostie. — Pourquoi les républicains, à l'une de leurs victoires, connurent-ils si bien d'avance l'ordre de l'armée vendéenne ? C'est qu'un curé constitutionnel a pris la forme d'un lièvre pour approcher de plus près : on l'a vu entre deux sillons ; on tire en vain sur le diabolique animal plus de cinq cents coups de fusil. (*Mémoires manuscrits de Mercier Du Rocher.*) — Heureusement les Vendéens ont à leur tête un magicien, non du Diable, mais de Dieu, le dévot sorcier Stofflet.

Page 296 *

Chaque jour, Carnot indiquait à Lindet les mouvements des armées. A lui de trouver les ressources : les subsistances, transports, équipements, habillements, effets de campement, etc. La difficulté alla augmentant, à mesure que la *réquisition* produisit ses résultats. La France se rassurait, en voyant ses quatorze armées, ses douze cent mille hommes. L'Administration s'en épouvantait. « Quel

État peut entretenir ce prodigieux peuple armé? Nous périrons, disait Lindet à Carnot, si nous n'envahissons le pays ennemi. » Quand le Comité fit revenir Lindet de sa mission (2 novembre), il demanda où étaient les trois *Administrations* qu'on lui confiait, et on lui montra... le vide. Les administrateurs de l'habillement étaient en prison depuis quatre mois; on n'avait pas songé qu'il fallait les remplacer. Aux questions de Lindet, on ne faisait qu'une réponse : « Nous aurons l'armée révolutionnaire. » Ainsi, dit-il, la France allait devenir un gouvernement tartare à la Tamerlan. Cette armée, courant l'intérieur, eût alimenté de ses razzias les armées, les places fortes. La France eût été défendue peut-être; mais elle n'eût pas eu grand'chose à défendre, n'offrant qu'un désert, des volcans. — Quels moyens emploierait-on? Pouvait-on avoir recours à des auxiliaires étrangers? nullement. La France, serrée de toutes parts, était comme une place bloquée. Ces grands services publics, qu'il fallait organiser pouvaient-ils être confiés à des Compagnies? Nulle n'eût inspiré confiance, et nulle en réalité n'eût répondu par les ressources à l'immensité des besoins. Il ne fallait pas moins que l'emploi de la France même, tout entière et sans réserve, à cette opération énorme, qui était de sauver la France. Un mot magique et terrible y suffit : *Réquisition*. Pour l'habillement, Lindet et Carnot firent requérir chaque district d'habiller, équiper un bataillon, un escadron. Pour les subsistances, le grain fut requis, et versé de proche en proche, de sorte qu'il refluât du Centre aux armées. Pour les transports, on requit le vingt-cinquième cheval et le douzième mulet, ce qui fit cinquante-quatre mille têtes. Ces mesures violentes furent adoucies, autant qu'elles pouvaient l'être, par la sagesse de Lindet. Il remédia à l'abus qui dans les commencements faisait faire au cultivateur, pour la *réquisition des grains* ou les transports militaires, des quarante et cinquante lieues. Chaque district charria son grain seulement *jusqu'aux limites de son arrondissement*. Nul autre transport ne fut exigé *au delà de dix lieues*. Cette tyrannie nécessaire fut conduite avec une douceur ferme qui remplit d'admiration. Les districts de Commercy et de Gondrecourt avaient refusé leurs grains; les agents de ces districts étaient en péril de mort. Lindet les fit venir à Paris, les éclaira, leur expliqua les nécessités générales, les sauva et les renvoya pleins de repentir. — La situation de Lindet était double et difficile. Qui lui permettait de faire ces *réquisitions? La Terreur.* Qui l'empêchait de profiter des ressources qu'il eût trouvées dans le commerce? *La Terreur.* Dès son entrée aux affaires, il avait essayé d'intéresser des négociants à s'associer pour nous faire venir ce qui nous manquait, d'Afrique, d'Italie, des États-Unis. Mais, d'une part, nos corsaires irritaient les neutres, les dépouillaient sans pitié, leur faisaient éviter nos côtes; d'autre part, les aveugles terroristes menaçaient de guillotiner les agents même de Lindet, pour crime de négociantisme.

Page 302 *

Ces pièces sont les lettres de Baudot et Lacoste (décembre 93). Non seulement elles rectifient l'histoire militaire, mais elles dévoilent l'irritation des représentants contre les missions supérieures et *princières* des membres des Comités : « Croiriez-vous que les généraux ont dédai-
« gné de nous faire part de leurs opérations pour en ins-
« truire Saint-Just et Lebas, qui étaient à huit lieues du
« champ de bataille? Voilà les effets de la différence des
« pouvoirs. Notre mission paraît en sous-ordre et sou-
« mise à la bienveillance des chefs à qui l'on prétend
« tout rapporter. Nous ne sommes pas d'humeur à laisser
« ainsi avilir la représentation nationale. Nous répondrons
« à ces petites intrigues en partageant le pain et la paille
« du soldat, en forçant les généraux à faire leur devoir et
« nos collègues à marcher d'égal à égal. » (*Archives de la Guerre.*) M. Moreaux, fils du brave et patriote général de ce nom (ce n'est pas Moreau, le Breton, général des *alliés* en 1812), a bien voulu me communiquer ces lettres avec celles de son père, dont je profiterai plus tard.

Moreaux, outre le malheur d'une telle homonymie, a celui encore, qu'on oublie, qu'entre autres faits d'armes, il a contribué, avec Marceau, à prendre Coblentz.

Page 343 *

Lettre du Comité de Sûreté à Amar : « Nous t'avons envoyé notre collègue Voulland t'exprimer notre impatience sur le *rapport* que tu nous fais attendre depuis quatre mois. Il nous a annoncé de ta part que tu devais te rendre le soir au Comité... Nouveau manquement de parole... Il faut absolument que tu finisses... *Tu ne nous forceras pas à prendre des moyens* qui contrarieraient notre amitié pour toi. Dubarran, Vadier, Jagot, E. Lacoste, Louis (11 ventôse). » — (*Archives nationales, registre 640 du Comité de Sûreté générale.*)

Page 348 *

Absent de Paris, je m'adressai à une personne qui m'inspirait toute confiance, plus que moi-même peut-être, parce qu'en cette grave question, elle arrivait neuve et se trouvait moins émue. Je la priai de demander aux Archives la pièce fatale. Elle subsiste par miracle. L'examen a été fait froidement, consciencieusement, sans système ni parti pris, par un homme très sérieux, d'une probité bretonne (M. Lejean, de Morlaix), jeune homme d'une maturité rare, critique d'un coup d'œil sûr, comme ses livres en témoignent, et qui, par ses études habituelles dans les manuscrits de tout âge, semblait très particulièrement préparé à cet examen. L'écriture de Fabre, forte et vivante plus que belle, allongée, sans facilité, pénible parfois et dure, comme sont souvent ses vers, est frappante : on ne l'oublie plus dès qu'on l'a vue une fois. C'est celle d'un homme ardent, laborieux, habitué à lutter contre sa pensée. L'écriture des deux surcharges n'est ni de Fabre, ni de Delaunay, ni d'aucun des accusés; visiblement, elle n'est pas d'un député, d'un homme d'affaires, d'un homme, mais d'une plume, d'un de ces braves employés dont la définition complète est celle-ci : *une belle main*. Jamais le crime si innocent dans la forme, ni plus manifestement fait en conscience et de bonne foi. L'irréprochable commis y a mis sa meilleure plume, sa meilleure ronde; il a écrit à main posée d'une encre noire et luisante, avec la sécurité de celui qui peut dire : « Je l'ai écrit, mais non lu. » — Ces surcharges auront pu être insinuées *verbalement*. On aura pu dire au bonhomme qui avait écrit la pièce : « Vous aviez oublié ceci. » Il se sera excusé, et consciencieusement, soigneusement, aura fait le faux. — Maintenant les surcharges furent-elles ordonnées par Delaunay, Chabot, Benoît? ou par ceux qui voulaient les attribuer à Fabre d'Églantine? C'est ce qu'on ne peut déterminer, ni le temps où elles furent faites. Nous ne savons quel jour Cambon les a vues pour la première fois.

Page 348 **

Il faut lire la déposition du capucin, très curieuse, et ses lettres à Robespierre. Parmi un monde de mensonges, il y a beaucoup de choses vraies, qui jettent un grand jour sur ce temps. « Le tout vint par un hasard, dit Chabot. Julien de Toulouse nous invita, Bazire et moi, à dîner à la campagne avec des filles. Il se trouva que la maison était celle du petit baron de Batz (agioteur royaliste). Là se trouvaient le banquier Benoît d'Angers, le corrupteur principal, le représentant Delaunay (putain à vendre au premier venu, c'est le mot même de Chabot), la comtesse de Beaufort, maîtresse de Julien, enfin le poète La Harpe. Dans cette rencontre, et autres, Bazire fut inébranlable : il dit aux banquiers qu'on les attrapait; qu'ils seraient bien sots de donner leur argent à des fripons pour des choses impossibles. » Ce baron de Batz était si audacieux, qu'il écrivait à Robespierre même. Connaissant sa mortelle haine pour Cambon, il lui adressait des *plans* de finances pour faire sauter son ennemi.

Chabot, pour plaire a Robespierre, ne manque pas dans sa déposition de placer Cambon parmi ceux qui agiotaient. « On assure encore, dit-il, que Billaud-Varennes spécule sur les blés. » Le scélérat veut tellement plaire qu'il nommerait tout le monde. Il nomme Camille Desmoulins!... Sa furieuse envie de vivre lui fait accuser ses amis. Il fait pourtant exception pour Fabre et Bazire... « Fabre, dit-il, ne spéculait ni dans un sens ni dans l'autre. »

Page 353 *

Loin que cette accusation eût la moindre apparence, ces fanatiques marquaient par leur *désintéressement*. Quand on assigna une indemnité pour l'assistance aux sections, celle des Droits-de-l'Homme, sous l'influence de Varlet, refusa l'indemnité, dans ce temps d'extrême misère! Le faubourg se piqua d'honneur, et les Quinze-Vingts dirent aussi : « Nous avons fait la Révolution sans intérêt, et nous continuerons de même. » (*Archives de la Police. Procès-verbaux des Quinze-Vingts*, 12-13 sept. 93.) — Quant à Jacques Roux, son crime fut d'avoir soutenu (contre le Comité de Salut public) qu'une dictature prolongée était la mort de la Liberté; puis d'avoir demandé qu'on établit des *magasins publics* où les fermiers seraient forcés de porter leurs denrées; l'État eût été *seul vendeur et distributeur*. Doctrine très populaire aux Gravilliers, aux Arcis et autres sections du centre de Paris. (*Voy.* la très rare brochure : *Discours sur les moyens de sauver la France et la Liberté, prononcé dans l'église métropolitaine, à Saint-Eustache, Sainte-Marguerite, Saint-Antoine, Saint-Nicolas et Saint-Sulpice* (vers la fin de 92?), *par Jacques Roux, membre de la société des Droits de l'homme et du citoyen. Chez l'auteur, rue Aumaire, n° 120, Cloître-Saint-Nicolas-des-Champs, par le petit escalier, au second.* (Collection Dugast-Matifeux.)

Page 360 *

Le livre le plus instructif sur l'histoire de la Vendée

(j'allais dire : le seul) est celui de Savary, père du membre de l'Académie des sciences : *Guerres des Vendéens, par un officier*, 1824. Dans les autres, il y a peu à prendre. Ce sont des romans qui ne soutiennent pas l'examen : les noms, les dates, les faits, presque tout y est inexact, faux, impudemment surchargé de fictions. Je le sais maintenant à mes dépens, après avoir perdu des années dans la critique inutile de ces déplorables livres. Savary donne les vraies dates et un nombre immense de pièces; les *notes* de Canclaux, de Kléber et d'O'Benheim, y ajoutent un prix inestimable. — L'*Histoire de Nantes*, de Mellinet, m'avait donné quelque espoir; l'auteur avait à sa disposition les riches dépôts de cette Ville; il en a bien mal profité. Il adopte, par complaisance pour la bourgeoisie girondine, toutes les rancunes de ce parti, suit servilement toutes les traditions hostiles à la Montagne. Rien de plus confus que son récit de l'époque de Carrier : il copie, sans choix, sans dates, tous les *on-dit* du procès, les erreurs mêmes qui ont été prouvées telles avant le jugement (des cavaliers, par exemple, qui s'étaient rendus *et qu'on avait fusillés*, et qu'on retrouva vivants). — Le livre estimable de M. Guépin, très abrégé, n'a pu corriger Mellinet. Il m'a donc fallu marcher seul, préparer un travail immense, que les proportions resserrées d'une *Histoire générale*, comme est celle-ci, ne me permettent pas d'insérer. A peine en donné-je quelques résultats. Les actes imprimés, inédits, en ont été la base, avec un nombre considérable de pièces du temps qu'ont mises à ma disposition M. Dugast-Matifeux (j'ai dit combien je lui devais); M. Guéraud-Francheteau, jeune et savant libraire, très spécial pour l'histoire des Marches; M. Chevas enfin, auteur de plusieurs ouvrages estimés, spécialement de la *Police municipale de Nantes*, lui-même vivantes archives de la Loire-Inférieure, prodigieusement érudit dans toutes les histoires de communes et de familles. Les nuances d'opinions qui pouvaient me séparer de ces savants n'ont nullement diminué leur infatigable obligeance.

Page 362 *

La pauvre ville de Cholet, si cruellement ravagée, et qui un moment n'eut plus d'habitants que les chiens, vivant de cadavres, avait fourni contre elle-même ces mouchoirs, insignes de la guerre civile. La fabrique des mouchoirs, populaire par toute la France, y fut, dit-on, fondée vers 1680 par les Lebreton. Au temps de la Révolution, elle fut illustrée par les Cambon de Montpellier, nombreuse famille qui avait colonisé à Cholet.

Page 362 **

Piet, *Histoire de Noirmoutier*. Ouvrage très rare et curieux, que l'auteur a tiré à seize exemplaires. (*Bibliothèque de Nantes.*)

Page 363 *

Un armateur devait partager une prise fort considérable avec le capitaine Dupuy. L'armateur denonce Dupuy. La mère d'un de mes amis, bon et brave patriote, prend sur elle d'aller voir Carrier. « Ton Dupuy, lui dit celui-ci, me fait l'effet d'être vraiment un b..... de royaliste. Ce serait dommage pourtant qu'il ne mourût pas pour son royalisme, qu'il mourût pour un ennemi. Prends cet ordre, et qu'il se sauve ; mais surtout que l'affaire ne soit pas sue du Comité. »

Page 364 *

Y avait-il alors, comme le croyait Carrier, un parti pris d'affamer Nantes? Je ne le crois pas. Mais la chose est certaine pour 95. J'avais toujours douté de ces pactes de famine. J'en ai trouvé la preuve écrite dans les *notes* du plus croyable, du plus modéré des hommes, M. Grelier, excellent administrateur. Ces curieuses *notes* se trouvent dans la *Biographie de Grelier*, par M. Guéraud.

Page 367 *

On ne devinerait pas l'impertinence du beau monde d'autrefois, si je ne rapportais l'acte singulier qui suit, écrit par Phelippes Tronjolly, magistrat très modéré, favorable aux royalistes: « 30 juin 93, a été conduit au Département un particulier, vêtu d'une veste bleue, mouchoir de col rouge, bonnet blanc, chapeau très mauvais, culotte brune et gilet idem. Dans l'une de ses poches, il s'est trouvé six cartouches, une poudrière, un chapelet, trois bouts de chapelet, un couteau, un sac à tabac, cinq assignats de dix sous, deux de quinze, un de cinq, un billet de confiance de la commune de Saint-Jacques de deux sols, deux cartes de la commune de Rennes, chacune de cinq sols, et quatre petits papiers écrits et une tabatière en bois. Et nous avons procédé à l'interrogatoire, ainsi qu'il suit: — Interrogé de ses nom, surnoms, âge, qualités, profession et demeure. Rép.: S'appelle André Le Bouc, n'ayant pas de barbe sous le nez, qu'il se fera toujours raser de frais. Représenté à l'interrogé que la réponse ne satisfait pas à notre interrogat, et que nous l'interpellons au nom de la Loi de répondre d'une manière catégorique. — Il persiste à dire qu'il s'appelle A. Le Bouc, qu'il demeure dans l'étable. — Dans quelle municipalité demeurez-vous? La municipalité des haies. — Représenté à l'interrogé qu'il contrefait l'imbécile et se joue de la Loi, l'interpellant de dire son âge et son état. Répond qu'il faut aller le demander à sa mère, qui doit savoir l'âge qu'il avait lorsqu'elle le mit au monde. — Représenté à l'interrogé six cartouches et une poudrière, sommé de nous déclarer l'usage qu'il en voulait faire. Répond que c'était pour faire de la fumée. Interrogé d'où il vient et où il a couché la nuit dernière. Répond qu'il vient de la métairie d'auprès de la campagne, qu'il a couché dans l'étable de la métairie. D. A quelle distance est située cette métairie? R. Qu'elle est la plus proche à droite ou à gauche? D. N'avez-vous pas été arrêté, ce jour, à Nantes, rue Richebourg? R. Qu'oui. Interrogé sur ce qu'il était venu faire à Nantes, s'il y arrivait ou s'en retournait. — R. Qu'il arrivait et qu'il était passant. Représenté à l'interrogé que la garde qui l'a arrêté a dit au contraire qu'il sortait de Nantes. R. Qu'il rentre par un côté et qu'il sort par l'autre. Sommé de declarer pourquoi il est en contradiction. Répond que, s'il pouvait p.... encore, il répondrait. Interrogé quelles personnes il connait à Nantes ou dont il est connu. R. Qu'il est connu de la bique, sa mère. Interrogé qui lui a remis les quatre billets ou papiers écrits trouvés sur lui. R. Que ce sont ceux qui les lui ont donnés. Sommé de nous dire leur nom et leur demeure. R. Que nous pouvons y regarder. — A cet endroit, nous étant aperçu que ledit particulier avait mal à une jambe, nous lui avons fait tirer le bas qui la couvrait, et nous avons aperçu une blessure qui nous a paru l'effet d'une balle. Nous l'avons interpellé à dire d'où provenait cette blessure. R. Qu'elle provient de ce qu'il a sauté la haie. Sommé de nous dire si elle n'est pas l'effet d'un coup de fusil ou autre arme à feu. R. Que non, qu'elle lui a été faite par une écotte en sautant une haie. D. Quel jour ? Le jour où il se la fit, au matin ou au soir. Nous avons représenté à l'interrogé que, quoique vêtu en habitant des campagnes, la chemise dont il est couvert est d'une toile tellement fine, qu'il n'est pas possible de croire, surtout lorsqu'on examine le dedans de ses mains, qu'il soit un laboureur ou exerce un état mécanique. R. Que si nous trouvons sa chemise trop sale, il faut lui en donner une autre. Interrogé s'il ne serait point un prêtre. R. Que *sia*, qu'il dit tous les jours la messe. Interrogé où il l'a dite aujourd'hui, — a répondu : Comment vous appel'*ous*. — Tels sont ses interrogatoires, dont lecture lui a été faite ; a déclaré qu'ils sont véritables, et ne savoir ni lire ni écrire.

« PHELIPPES. »

Page 367 **

En 92, des dames de la bourgeoisie girondine, irritées

contre les couvents, ateliers de la guerre civile qui leur enlevait leurs amants, étaient allées battre et fouetter les religieuses des Couets. Les poissonnières, habilement ameutées par les royalistes, allèrent fouetter les fouetteuses. Elles étaient donc royalistes? Point du tout. En 93, dans la cherté des vivres, elles criaient: « Vive Carrier! à l'eau les brigands! » En 94, la sensibilité revint, l'intérêt aussi, et le ménagement des grosses pratiques: elles allèrent déposer contre Carrier.

Page 369 *

J'ai sous les yeux l'autographe du dernier mot lu par Goullain, dans la nuit du 15-16 décembre 1794, au moment où le jury se retirait pour prononcer sur son sort. L'écriture est belle, facile, chaleureuse et vivante, très visiblement hardie: « Ce n'est pas pour moi que je prends la parole... Pendant le cours entier de la procédure, je fus constamment vrai. Je tâchai même d'être grand sur la sellette, comme on me reproche de l'avoir été dans le fauteuil du Comité. Mais je n'ai rempli que la moitié de mon devoir. L'heure de la Liberté ou de la mort va sonner, et ce n'est pas à l'instant du péril que Goullain reculera. Enfiévré de patriotisme, poussé jusqu'au délire par l'exemple de Carrier, je fus plus coupable à moi seul que le Comité tout entier. C'est moi qui fis passer dans l'âme de mes collègues cette chaleur brûlante dont j'étais consumé. C'est leur excès de confiance dans mon désintéressement, mon républicanisme, mes vertus, j'ose le dire, qui les a perdus. Je suis, avec les intentions les plus pures, le bourreau de mes camarades. S'il faut des victimes au peuple, je m'offre. Indulgence pour eux!... Que le glaive de la Loi s'appesantisse sur moi seul! Que j'emporte dans la tombe la consolation de sauver la vie à des frères, à des patriotes! Mon nom, si la Loi le proscrit, vivra du moins dans la mémoire de ceux pour lesquels je me dévouai. Puisse mon sang consolider la République! Puisse-t-il imprimer une leçon terrible aux fonctionnaires audacieux qui seraient tentés de méconnaître les Lois et d'outrepasser leurs pouvoirs. » (*Collection de M. Dugast-Matifeux.*)

Page 372 *

Si l'on n'a le souvenir des scènes de la retraite de Moscou, il est impossible de comprendre l'état de démoralisation, d'abandon de soi et de tout, où était la ville de Nantes. Un marchand, qui vit encore, faisait naguère à un de nos amis l'étonnant aveu qu'on va lire : « Nous étions épuisés de jeûnes et de veilles; de trois nuits, nous en passions deux. Une nuit, deux de nos camarades défaillirent dans une patrouille; nous les mîmes sur des brancards et les emportâmes. Mais les forces nous manquèrent aussi... Le croira-t-on? J'ai peine à le croire moi-même... Nous posâmes les brancards et les laissâmes en pleine rue. Le lendemain, ils étaient morts; on les retrouva gelés. » Des gens qui s'abandonnaient eux-mêmes à ce point, devaient, à plus forte raison, se soucier peu de la vie des Vendéens, auteurs d'une telle misère.

Page 381 *

Ce qui accabla les Vendéens et acheva de les rendre incapables de résistance, c'est qu'ils croyaient que tous leurs chefs avaient été tués. Ceux-ci firent une chose politique sans doute en repassant la Loire pour recommencer la Vendée. Mais leur peuple ne voulut jamais imaginer qu'ils pussent l'abandonner; il crut à leur chevalerie et se tint pour sûr de leur mort. (*Voy.* la très importante *déposition de Fordonet de L'Augrenière*, pièce manuscrite de huit pages in-folio. (*Collection Dugast-Matifeux.*)

Page 384 *

Un jeune médecin, plein d'esprit, me disait : « Nantes n'est qu'un gémissement. » Cela est vrai dans plusieurs sens.

C'est la ville de France où il y a le plus de couvents et le plus de femmes entretenues. Nulle part le divorce dans le mariage n'est réellement plus profond; mais tout en grande décence. On n'aime pas les plaisirs publics. Le théâtre même est négligé.

Page 385 *

Citons entres autres les Mangin, de patriotisme, de talent héréditaires, famille dès ce temps chère à l'art, à la Liberté.

Page 389 *

On peut dater sept noyades; rien de certain au delà. Le Comité ne fit que les deux noyades des prêtres. Les autres semblent avoir été faites par les hommes de Lamberty. — Combien de noyés? De deux mille à deux mille huit cents, selon le calcul le plus vraisemblable. Tous les noyés périssaient-ils? On peut en douter. Cela dépendait du lieu et de la manière dont se faisait la noyade. Ce qui est sûr, c'est que deux des prêtres noyés ont vécu dans Nantes jusqu'aux derniers temps. — La mortalité totale à Nantes, en 93, a été de douze mille. Mais ce chiffre officiel n'en est pas moins fort douteux. Les fossoyeurs, recevant tant par tête de mort qu'ils inhumaient, étaient fort intéressés à exagérer le nombre, et ils le pouvaient assez aisément dans le désordre qui régnait alors.

Page 394 *

Ce progrès de la boule de neige et de l'avalanche qui va grossissant explique le procès de Carrier. Il était, comme on a vu, très coupable. Mais de la manière dont on procéda, il aurait péri de même innocent. Il se défendit très mal, et Goullain le lui reprocha: « Eh! Carrier, ne chicane donc pas ainsi ta vie en procureur... Tout ce que nous avons été forcés de faire, nous l'avons fait pour la

République ! » On n'osait pas trop faire comparaître les véritables témoins à charge, qui eussent été les royalistes. Mais on s'était cotisé à Nantes pour envoyer et pensionner à Paris des témoins sans-culottes, d'autres aussi très récusables, un voleur, par exemple, déjà condamné à quatre ans de prison, et qui, pour la peine, eut sa grâce. Le vrai héros des débats appartient à une classe dont les riches disposaient aisément. C'est une poissonnière, la femme Laillet, admirablement choisie pour ajouter au dramatique : cette femme, d'un bec étonnant, parfois éloquente, interrompt à chaque instant, place un mot, et toujours bien. C'est elle qui a conté, avec une apparence de simplicité qui assénait mieux le coup, la mort de madame et mesdemoiselles de La Metayrie, qui fit pleurer tout le monde. Seulement elle oublie de dire que ces dames étant cousines germaines de Charette, personne ne pouvait les sauver, et si on l'eût essayé, on eût été proclamé traître par le peuple, par les poissonnières et peut-être par Laillet même. — Les légendes de la Terreur *rouge* ont été ainsi très habilement exploitées. J'attends celles de la Terreur *blanche*. Certes, ses assassinats nocturnes en fourniraient de saisissantes. Pourquoi ne les écrit-on pas ? Par égard d'*honorables* familles. Les hommes, souvent très capables, des localités qui pouvaient les recueillir, m'ont souvent fait même réponse : « Nous serions assassinés. » — La prospérité apparente qui a recouvert les ruines ne doit pas faire illusion. Tel département qui, alors, eut comme une pléthore de vie, a vu tous les patriotes d'âge mûr égorgés par les Chouans sur des listes systématiques, puis leurs fils tous morts dans nos grandes guerres, puis leurs petits-fils livrés par les mères, les veuves, à la mortelle direction de ceux qui firent tuer leurs pères. Cette terre, si habilement stérilisée, ne porte plus que *de bons sujets*.

Page 395 *

Fouquet, de Nantes, âgé de trente-sept ans, ex-magasineur, adjudant général, et Lamberty, âgé de trente ans, ci-devant carrossier, adjudant général d'artillerie, ont été condamnés à mort, convaincus du crime de contre-révolution, en soustrayant à la vengeance nationale la femme Giroust de Marsilly, condamnée à mort le 25 pluviôse, et qualifiée par les Comités révolutionnaires de Laval et la Flèche, de seconde Marie-Antoinette, à cause de son acharnement contre les patriotes et son adhésion aux projets des brigands, ainsi que la femme de chambre de Lescure, fameux chef de brigands, et les filles Dubois, suspectes de complicité avec les brigands (*Greffe de Nantes, 25 germinal*).

FIN DU TOME VIII.

TABLE

TABLE

LIVRE XII
(Suite)

Pages

CHAPITRE III. Mort de Marat (13 juillet 1793) 1

IV. Mort de Charlotte Corday (19 juillet 1793) . . . 18

V. Mort de Chalier (16 juillet 1793) 32

VI. Règne anarchique des hébertistes. — Danton demande un gouvernement (juil.-août 1793). 53

VII. Fête du 10 Août 1793 . . 71

LIVRE XIII

Pages

CHAPITRE I. Le gouvernement se constitue.— Carnot (août 1793). 82
II. La *réquisition*. — Victoire de Dunkerque (11 août — 7 septembre). 97
III. Complots royalistes. — Toulon (Août-Septembre 1793). 110
IV. Mouvement du 4-5 septembre. — Lois de la Terreur. 121
V. Toute-puissance des hébertistes dans la Vendée. — Leur trahison (6-10 sept. 1793). . 133
VI. Robespierre compromis. — Sa victoire (25 septembre). 151
VII. Modération des robespierristes à Lyon (octobre 1793) 169

		Pages
Chapitre VIII.	Mort de la Reine. — Victoire de Wattignies (16 octobre). . . .	179
IX.	Suite de Lyon. — Mort des Girondins (13 oct. — 8 nov. 1793). . .	191

LIVRE XIV

Chapitre I.	La Révolution n'était rien sans la révolution religieuse.	211
II.	Calendrier républicain.— Culte nouveau (nov. 93)	225
III.	Fête de la Raison (10 novembre 1793). . . .	243
IV.	La Convention pour le nouveau mouvement (11-21 novembre 1793). . .	256
V.	Papauté de Robespierre (22 nov. — 16 déc. 93).	273

LIVRE XV

Chapitre I. Du renouvellement de la royauté. — Victoires :

	Pages
Landau, Toulon, le Mans	291
CHAPITRE II. Tentatives impuissantes pour arrêter la Terreur, pour subordonner la royauté renaissante (décembre 1793)....	275 315
III. La conspiration de la comédie. — Fabre arrêté (janvier 1794)..	328
IV. Preuves de l'innocence de Fabre d'Églantine...	341

LIVRE XVI

CHAPITRE I. Carrier à Nantes. — Extermination des Vendéens.	356
II. La mission de Carrier..	375

Notes. 397

Achevé d'imprimer

le dix-huit novembre mil huit cent quatre-vingt-huit

PAR

ALPHONSE LEMERRE

(Aug. Springer, *conducteur*)

25, RUE DES GRANDS-AUGUSTINS, 25

A PARIS

www.ingramcontent.com/pod-product-compliance
Lightning Source LLC
Chambersburg PA
CBHW050912230426
43666CB00010B/2128